知理善工集

——大学建设的思考与实践

胡海岩 著

高等教育出版社·北京

内容简介

胡海岩，力学家、教育家，中国科学院院士、发展中国家科学院院士，曾任北京理工大学、南京航空航天大学校长。

本书是胡海岩院士关于大学建设的文集，选自他担任北京理工大学校长期间发表的教育论文、工作报告、讲话和致辞。该文集记载了胡海岩院士对办学强校、人才培养、科学研究、文化建设等方面的理念和实践。文集精编为大学宏论篇、办学强校篇、人才培育篇、治学研究篇和讲话采访篇，每篇的内容以发表时间为序，反映了他对大学建设所经历的实践、认识、再实践、再认识的螺旋上升过程。

本书可供高等院校尤其是理工科院校的管理人员阅读，并可供教育学、高等教育理论研究工作者参考。

图书在版编目(CIP)数据

知理善工集：大学建设的思考与实践 / 胡海岩著. -- 北京：高等教育出版社，2021.1
ISBN 978-7-04-055421-2

Ⅰ. ①知… Ⅱ. ①胡… Ⅲ. ①高等学校-教育建设-研究-中国 Ⅳ. ①G649.2

中国版本图书馆 CIP 数据核字(2021)第 012239 号

知理善工集——大学建设的思考与实践
ZHILISHANGONG JI—DAXUE JIANSHE DE SIKAO YU SHIJIAN

策划编辑 黄慧靖　　责任编辑 黄慧靖　　封面设计 李树龙　　版式设计 张　杰
责任印制 赵义民

出版发行 高等教育出版社
社　　址 北京市西城区德外大街 4 号
邮政编码 100120
印　　刷 北京盛通印刷股份有限公司
开　　本 787mm×1092mm 1/16
印　　张 25
字　　数 354 千字
购书热线 010-58581118
咨询电话 400-810-0598
网　　址 http://www.hep.edu.cn
　　　　 http://www.hep.com.cn
网上订购 http://www.hepmall.com.cn
　　　　 http://www.hepmall.com
　　　　 http://www.hepmall.cn
版　　次 2021 年 1 月第 1 版
印　　次 2021 年 1 月第 1 次印刷
定　　价 98.00 元

物 料 号 55421-00

序

21 世纪以来，特别是党的十八大以来，我国高等教育事业改革与发展的步伐加快，有力推动着中华民族伟大复兴的进程。国家重点建设的一批大学积极服务国家重大战略需求，在人才培养、科学研究、社会服务、文化传承与创新、国际交流与合作方面做出重要贡献，进入了创建世界一流大学的新阶段。

自 2001 年起，胡海岩同志先后担任南京航空航天大学、北京理工大学校长，历时长达 17 年，是 21 世纪以来我国高等教育事业改革和发展的亲历者、实践者和推动者。我和海岩同志是同龄人，同在高等教育领域长期工作，拥有共同的价值取向和事业追求。喜闻他从事高等教育管理工作的文集即将出版，敬仰其人，为书作序。

海岩同志深爱教育事业，深谙办学之道。作为院士，他秉承科学家精神，严谨治学；作为校长，他既有浓厚的教育家情怀，更有政治上的高站位。海岩同志为人儒雅谦和，见其如沐春风；做事锐意进取，常领改革之先；治学求真求实，颇具大家风范。他始终胸怀国之大者，致力于办学治校，不断将现代高等教育理论融入实践，取得了丰硕成果。

北京理工大学是中国共产党创办的第一所理工科大学。海岩同志遵循党的教育方针，坚持社会主义办学方向，坚守一名教师和学者的初心使命，传承北理工的红色基因，学习、实践和发展徐特立教育思想，以系统化、全球化的宏伟视野谋划和推动学校事业发展。在他的精心耕耘下，北理工为国育才，学术创新，英才荟萃，校园如画，综合实力大幅跃升，培养了一大批国之栋梁，打造了一大批国之重器，奠定了建成世界一流大学的思想根基、学术根基、发展根基。

2010年，北京理工大学党委根据学校办学实践和未来使命，集全校师生之智慧，凝练出校训：“德以明理、学以精工”。海岩同志将其诠释为“道德高尚，达到以探索客观真理作为己任之境界；治学严谨，实现以掌握精深学术造福人类之理想”。本书取名为“知理善工集”，既体现海岩同志对“明理精工”的深刻感悟，也体现他对“明理精工”的孜孜追求。在我心目中，他的精神追求和工作实践已进入了“明理精工”的境界。

本书收录了2007—2017年海岩同志担任北京理工大学校长期间的部分教育研究论文、工作报告、讲话和致辞，汇集了他的办学理念和治校实践。这本书既是他担任北理工校长生涯的文献汇集，也是北理工十年历史性转变的真实记录，还是我国高等教育十年发展历程的珍贵缩影。

北京理工大学是我的母校，今年迎来了80周年华诞。在此喜庆之际，特推荐此书，以飨读者。

愿北理工续写华章，再铸辉煌！

是为序。

杜玉波

全国人大常委会委员

教科文卫委员会副主任委员

中国高等教育学会会长

教育部原党组副书记、副部长

2020年7月

目　录

第一篇　大学宏论篇

第二篇　办学强校篇

第三篇 人才培育篇

第四篇　治学研究篇

第五篇　讲话采访篇

第一篇

大学宏论篇

1

大学校长必须朝着人民教育家的目标去努力。不仅要具备优秀的政治素质、理论修养、管理能力，还要具备优秀的工作作风、个人修养、德行垂范，善于把握高等教育、科学技术、政治和经济发展的规律，善于从师生员工中发现思想火花，善于将两者结合并凝练成先进的办学思想，善于将先进的办学思想转化为师生员工的自觉行动。只有这样，才能不辜负国家和人民的期望，不辜负全校师生员工的期望，扎根中国大地，创建出世界一流大学。

系统科学视角下的中国大学发展*

系统科学是顺应科学研究的整体化趋势发展起来的综合性学科，其分支包括系统论、控制论、信息论、协同论、耗散结构论和超循环理论等[1-2]。系统科学认为，世界上任何对象、过程都可以视作由不同部分(子系统、分系统)的有序结合组成的整体；构成系统的各个层次和部分，由于相互联系与相互作用，使得系统的整体功能一般情况下常常是大于各部分功能的简单相加；多数系统是开放的，要不断地与周围环境进行物质、能量和信息交换，以保持系统的活力。系统科学的上述基本思想体现了战略思维的主要特征，其基本原理包括整体性原理、相关性原理、有序性原理、动态性原理、反馈性原理、自组织原理等[2-3]。

20世纪70年代末以来，在著名科学家钱学森先生的倡导下，我国一批学者基于系统科学思想研究中国高等教育的发展和改革问题，提出了一些重要概念和建议[4-6]；若干高等教育管理者基于系统科学思想探索中国高等教育的改革，取得了一些成效[7]。然而，已有研究主要将整个中国高等教育作为大系统，从原则上讨论其整体优化、结构合理、动态平衡、信息反馈、开放与闭合统一等问题，对大学个体的战略研究尚不充分。

尽管近年来中国高等教育发展迅速，但还远不能满足国家经济建设和社会发展的迫切需求，不能满足广大人民群众的热切期盼，甚至受到公众的若干批评。作为一名大学校长，有责任从战略思维高度去研究中国大学的发展问题，进而推动中国高等教育的发展。**本文所指的中国大学，并非指中国高等教育整体，而是指中国的大学个体。**本文试图从系统科学角度研究中国大

* 本文刊于：高等教育研究，2012，33(5)：1-7；获2011年度北京高校领导干部理论文章一等奖。

学的发展，探索大学作为一个复杂动态系统所具有的若干特征，并由此分析中国大学发展中的若干热点问题，探讨中国大学发展的若干改革思路。

一、大学是一个复杂动态系统

从系统科学的角度看，大学是一个复杂动态系统。该系统从国家、社会等外部环境获得的教师、学生、经费等资源是其主要输入，而其主要输出则是各类毕业生、科技研究成果、社会服务成果、文化传承与创新成果等。

大学系统的动态性表现在上述主要输入和主要输出均随着时间变化，且大学系统的自身特性也随着时间发生变化。大学系统的复杂性则主要源于其多种功能所决定的复杂内部结构。如图 1 所示，大学系统的上述四项主要输出决定了大学具有四大功能子系统，即人才培养子系统、学术研究子系统、社会服务子系统、文化传承与创新子系统；而为了实现四大子系统的协调运行，大学还必须有战略决策与管理服务子系统。

对于大学系统的上述五个子系统，还可细分出众多的子子系统来实现大学的功能。例如：在人才培养子系统中，可以进一步划分为本科教育子子系统、研究生教育子子系统；在学术研究子系统中，可以进一步划分为知识发现和创造子子系统、知识应用子子系统和知识传播子子系统；在社会服务子系统中，可以进一步划分为经济发展服务子子系统、为政府决策服务子子系统、为社会发展服务子子系统；在文化传承与创新子系统中，可以进一步划分为文化传承子子系统、文化创新子子系统、文化引领子子系统；在战略决策与管理服务子系统中，可以进一步划分为战略决策子子系统、运行管理子子系统、技术支撑子子系统等。大学内部各子系统之间由通信和控制环节相互联系，各部门之间一般具有强关联性。例如：大学内部的院系是实施上述教育和研究功能的主体，直接将上述子系统关联起来；而学科交叉则进一步强化了各个院系之间的关联。上述子系统及其关联形成了大学的内部结构，直接决定了大学的功能实现和办学水平。

与西方国家的大学相比，中国大学还具有许多政治和社会功能，校内设

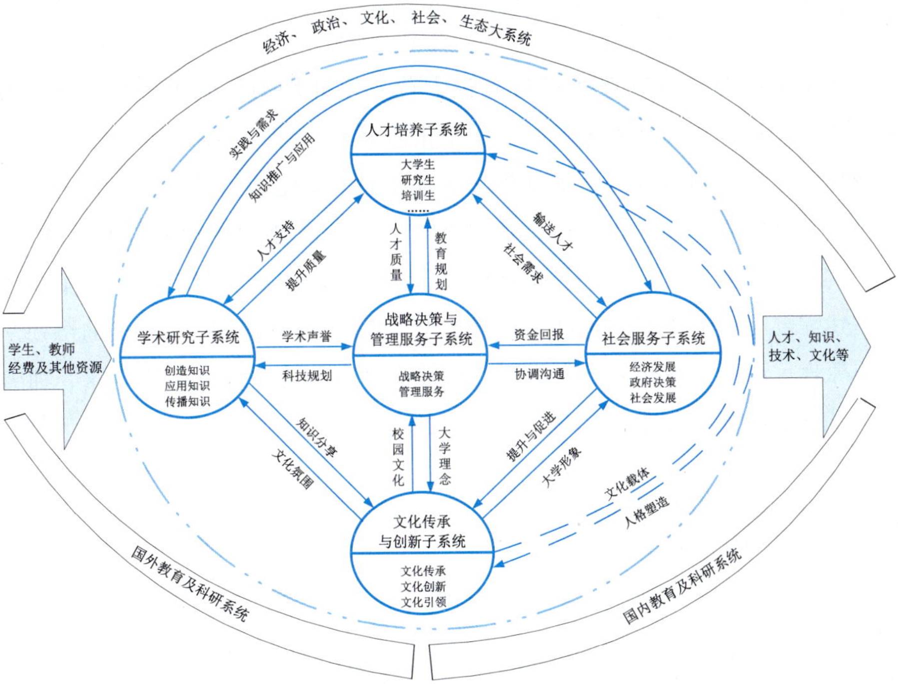

图1　大学系统的结构示意图

有党群工作子系统、离退休教职工子系统、安全与保卫子系统、后勤服务子系统等，整个大学犹如一个小社会。随着系统内部的子系统数量递增，系统的复杂度急剧增加。因此，中国大学拥有全世界大学中复杂度最高的一类系统。

此外，大学系统具有开放性，与外部环境（即更高一级的大系统）密切相关，与之发生物质、能量、信息交换。大学的外部环境主要包括国外教育和科研大系统、国内教育和科研大系统、社会大系统、经济大系统等。

二、大学系统的特征及其规律

从系统科学的角度看，大学系统具有以下特征和规律：

（一）大学系统的多重时间尺度特征

大学系统的运行和演化过程既包含着与短期培训、应用研究、社会服务、校区建设等相关联的随时间较快变化的因素(亦即内部变量)，又包含着与学历教育、基础研究、学术带头人培育、大学文化塑造等相关联的随时间缓慢变化的因素，还包含着变化速率介于上述两者之间的课程与教材建设、教学实验室建设等因素。这些变化快慢非常悬殊的内部变量使得对大学系统的描述需要采用多重时间尺度。根据德国学者哈肯(H. Haken)提出的协同学役使原理，系统在演化转折点附近的内部变量可分为快变量与慢变量，而慢变量是决定系统演化进程的根本变量，主导着系统的整体演化行为。因此，大学系统的建设与发展本质上是一个缓慢变化的动态过程，对其进行考察和评价必须采用长的时间尺度。

（二）大学系统的显著延迟性特征

大学系统的输出与输入之间、测量信息和控制决策之间具有长时间延迟。例如，虽然大学的决策层和管理层通常会根据社会需要设置新的学科和专业，或根据社会对毕业生质量的评价信息调整已有学科和专业设置、更新人才培养计划，但从获取信息到决策显现成效一般需要五六年以上的时间，远远滞后于社会的现实需求。根据作者的研究，系统中的时间延迟将使系统从有限维变为无限维，显著改变系统的动态特性；长时间延迟会使系统平衡态发生稳定性切换，导致系统转迁到其他稳定的平衡态。在无法消除或缩短系统时间延迟的情况下，应适度降低或放弃对系统快变动态特性的要求，提高对慢变动态特性的预测，采取计入延迟的控制手段使系统实现所期待的功能[8]。

（三）大学系统的高度非线性特征

大学系统的输入与输出之间通常具有正关联性，但并不一定是线性关系。从投入产出关系看，大学的学术产出质量并非随着投入经费增加而保持同比例上升，而是逐渐呈现非线性的饱和状态，即投资边际效益将逐步递减；而大学招生规模成倍扩大后，达到原定学术标准的毕业生人数并非同倍数扩大，即简单扩张大学规模将损失其学术产出质量。值得指出的是，当大学招生规模持续线性递增时，大学的内部管理复杂度呈非线性递增，从而迫使大学调整内部管理模式，采用更加扁平化的层次结构，而这种结构变化效应是高度非线性的。研究这样的非线性系统，我们必须摒弃系统输出正比于输入、系统具有单一平衡态等传统观念，更加关注系统的内共振、自激发、自同步、自组织等非线性现象[9]。

（四）大学系统的多重反馈性特征

大学系统具有若干前馈和反馈控制，特别是多重反馈控制。例如：政府通常以教育规划、建设资金来调整大学的学科和专业设置、基础设施和学术条件建设，形成对大学的最顶层前馈控制；近期已采用与评估结果挂钩的资金投入形成对大学的最顶层反馈控制。大学决策层则通过来自校内外的信息调整办学思路、建设重点、管理方式，形成对大学的次顶层反馈控制；大学内的部门、单位则负责运行更低一层的反馈控制。这些反馈控制既有正反馈，也有负反馈。例如，大学既通过引进优秀人才、评聘专业技术职务、出台教学评优政策等对教师进行激励，形成相互竞优的正反馈机制，又通过惩治学术不端、查处教学事故等手段规范教师行为，形成保障人才培养、学术研究子系统稳定运行的负反馈机制。随着大学自身结构和外部环境日趋复杂，简单的前馈和反馈控制有时已不奏效，人们日益关注具有自组织能力、自适应能力的智能控制，将其作为改善大学品质的新手段。

（五）大学系统的广泛开放性特征

大学系统是所在国家这一巨系统的子系统，而且处于其上层建筑。当前，大学比以往任何时代都更加直接地服务于国家的经济、政治、文化、社会、生态建设，与大学外部环境发生更多的物质、能量、信息和知识的交换，包括国家和社会的资金投入、人才供应需求、科技研究项目、文化发展态势、社会管理理念等；而高等教育全球化使得大学具有更加广泛的开放性。传统大学的使命是探索和传播真理，这与现代大学的广泛开放性带来的新使命发生冲突，引起人们对大学本质的讨论。一种观点以认识论为基础，强调大学应以追求客观真理为目的；另一种观点以政治论为基础，强调大学应以为社会大系统服务为目的[10]。大学的价值取向、办学理念、办学模式正在争论中发生着深刻变化。

在以往对大学的研究中，人们已经将其作为一个复杂系统来分析。然而，这些研究对于大学本质所引起的若干系统复杂性还关注不够，特别是对大学作为动态系统随时间演化所呈现出的多重时间尺度、显著延迟性、高度非线性、多重反馈性、广泛开放性等特征及其规律的研究不够深入，这无疑影响到对大学发展的深刻认识。本文试图指出这些大学系统的特征及其规律，并由此研究中国大学发展面临的若干问题。

三、中国大学发展中的若干热点问题分析

当前，公众对中国大学的批评意见很多，其中既包括理性分析，也包括感性抨击，以及两者的混合。本文选择和归纳了三个方面的热点问题，试图从系统科学的角度分析其原因，以便深化对问题的认识并寻求解决问题的思路。

（一）如何看待中国大学的发展态势

目前许多人认为：近年来中国大学获得的资金不少，但办学水平提高得不显著，缺乏比较优势。纵向比，今不如昔，即当今中国没有一所大学能达到 20 世纪 30—40 年代西南联合大学的办学水平；横向比，中不如西，即中国没有一所大学能进入世界高校前列。基于这样的判断，部分公众质疑中国大学的发展，中国大学内部也有不少对学校发展的悲观评价。现从系统科学角度对该问题给出如下分析。

首先，大学是具有多重时间尺度的复杂动态系统，对大学发展的分析需

要考察其不同时间尺度的内部变量，尤其是主导其演化的慢变量。经历“文革”摧残后的中国大学，直至20世纪90年代中期前，整体基础薄弱，生均教育经费居全世界后列，甚至远不如周边的发展中国家。20世纪90年代中后期，国家先后实施“211工程”和“985工程”，一批重点建设大学/学科的教学科研条件得到显著改善，其学术水平（尤其是面向国家重大需求的应用研究水平）迅速提高，进入发展中国家的大学前列。然而，这主要是大学发展过程中的快变量发生了显著变化，对大学发展起主导作用的高水平学历教育、高水平基础研究、学术大师培育、大学文化传承和塑造等内涵建设是慢变量，不可能在短短十几年中一蹴而就。尽管世界上少数国家/地区通过高额投资、引进学术大师等手段迅速提升了个别大学的办学水平，但世界上绝大多数一流大学都经历过长期的内涵建设过程，最终才实现了厚积薄发，这是大学发展的普遍规律。在中国这样一个发展中大国，建设若干所世界一流大学和一批高水平大学是一个漫长的历史过程，不论是大学内部还是外部社会，都不应期盼过急，而需要有理性思考。

其次，大学是具有显著延迟性的复杂动态系统，对大学发展的分析需要追溯其历史发展过程和脉络。抗日战争时期，西南联合大学、浙江大学等高校在非常艰苦的条件下培养了一批优秀毕业生，使人们对民国时期的大学赞赏有加。但我们应该清醒地认识到，这些大学的成功仅仅限于本科生教育，而所达到的学术高度则源自“五四运动”到抗日战争爆发前近20年的积累，尤其是在民国“黄金十年”中政府投资的后效。更重要的是，这些大学的很多教师是由庚子赔款资助赴欧美留学后归国的博士，其文化基础和学术积累可追溯到清朝末年的基础教育。相比之下，长达10年的“文革”几乎摧毁了中国大学的学术根基，而目前中国大学的学术带头人则是“文革”期间接受基础教育的一代中青年人，其文化基础和学术积累均不丰厚。面对这样的历史脉络和大学发展的延迟特征，可以说目前中国大学的发展尚处于内涵建设的积累期。随着国家对大学的持续投入，随着大学内部和外部综合改革的推进，随着“80后”和“90后”逐步成长为学术带头人，中国大学必将厚积薄发，步入世界大学的前列。

此外，不论是大学内部还是社会公众，都应该更加理性地看待"大学排行榜"。事实上，迄今所有的"大学排行榜"都只能选择大学的部分学术产出做量化处理，并据此对大学排序。有些"大学排行榜"甚至不考虑大学的规模和输入，一味考虑总产出，导致高水平大学合并低水平大学就能大幅度提升名次。这显然无法反映大学作为一个具有多种功能的复杂动态系统的品质优劣。如果某些机构年复一年地发布这类"大学排行榜"，则有悖于大学具有多重时间尺度、显著延迟性及其相关的教育规律，还会加剧刺激大学的短期行为，影响大学的科学发展。

（二）如何看待中国大学的教育质量

目前许多人认为：中国大学的教育质量不高，甚至明显滑坡。例如：企业与医院反映工科和医科毕业生的专业基础不扎实、实践能力下降等；研究机构反映理科毕业生的理论素养不高、创新能力薄弱等；政府机构反映文科毕业生的综合素质不强、汉语功底不牢等。这些负面评价与当前大学毕业生就业形势恶化相呼应，对中国大学的发展形成了严峻挑战。学者们普遍认为，中国大学招生规模急剧增加是影响教育质量的主要负面因素。作者完全赞同这一观点，因为这样的急剧转变没有考虑到大学发展本质上是一个慢变过程，因而不符合教育发展规律。基于这一前提，现从系统科学角度对该问题给出进一步的分析。

首先，大学是具有广泛开放性的复杂动态系统，对大学发展的分析要考察大学与社会的联系。当前，社会对大学提出了日益多元化、越来越高的需求。以对工科本科生的培养需求为例：多数用人单位因自主研发能力不强，希望毕业生所学专业能与工作岗位直接对口，到岗后能迅速适应工作，有较强的模仿能力和实际操作技能；少数用人单位具有自主研发能力，则希望毕业生具有宽厚的理论基础和专业知识，有较强的自学能力、发展后劲和创新能力；部分学生家长期望子女获得收入高、强度低、无风险的工作职位，并不太关注子女在校期间的学术水平提升；另一部分家长则期望子女毕业后继续深造，关注子女与继续深造相关的学习成绩。显然，这些人才培养需求彼此相互矛盾，很难在大学本科阶段的4年中得以全面兼顾。有些大学为了兼顾这些相互矛盾的需求，尝试进行复合型人才培养，但由于制订的目标过于宽泛，教育教学改革的成效并不理想。

其次，大学是具有多种功能的复杂动态系统，对大学发展的分析要考察其内部结构是否能保证大学完成这些功能。改革开放以来，中国大学从苏联教育模式转向学习欧美教育模式，但尚未从计划经济时代形成的教育模式得到脱胎换骨的改造，与市场经济的需求尚有显著差距。例如：大学内部结构尚不适应市场经济需求，办学资源不适应招生规模急剧扩大的需求；大学和社会对实施通识教育还是专业教育形不成共识，大学只好在两者间折中；绝大多数大学保持了专业教育，但专业设置的规划和调整却远远滞后于社会需求；课程体系设置则受到许多政治因素、收入分配因素的左右，乃至各门课程的任课教师相互争学时数；教师的行政隶属关系则约束其开设跨专业的宽口径课程。这些大学内部治理结构上的问题严重制约了教育水平的提高。

根据系统科学的观点，整个国家巨系统对大学毕业生群体的多元化需求是一个非常复杂的全局优化问题，不可能由一所大学来完成，而应由众多不同办学定位、不同层次、不同类型的大学来共同完成。每所大学应找准自身办学定位，发挥自身优势，为社会培养某一类人才；而不是趋同化发展，培养所有类型的人才。对于高水平研究型大学，应该积极探索通识教育，培养有发展后劲的将帅之才，引领社会发展；对于其他大学，则可以选择专业教育或通识教育与专业教育的某种折中，培养其他层次的人才。社会要了解各类大学毕业生的潜质，合理使用人才。至于大学内部结构，必须按照大学的办学定位先进行整体设计，再在实践中磨合和调整，使其符合大学所选择的办学定位和教育模式。

（三）如何看待中国大学的道德缺失

许多人认为：中国大学出现了道德缺失，正在失去以往的神圣和尊严。例如：大学日趋行政化、世俗化、功利化；大学师生中频频出现学术不端行为；指导教师与研究生的关系犹如老板和雇工，师生关系中出现权钱交易甚至权色交易；领导干部和职工出现贪污腐败等。相关案例被媒体曝光后引起公众强烈抨击，对中国大学发展形成了严峻挑战。现从系统科学角度对该问题给出如下分析。

首先，回到大学是具有广泛开放性的复杂动态系统这一特征，考察大学发展与其外部环境的互动。改革开放以来，中国大学与外部环境的联系日趋广泛和紧密，形成了强耦合。社会与大学之间产生各种正面和负面的相互影响，导致良性互动和恶性互动并存。在这样的背景下，当前中国社会中普遍存在的“强势政府”和“官本位”等现象必然影响着、诱惑着大学，导致大学普遍呈现行政化、世俗化、功利化色彩，进而发生学术不端行为，直至权钱交易、权色交易、贪污腐败。因此，大学不再是公众心目中的“象牙塔”，反而成为社会道德滑坡的负面典型。当然，这只是事物发展的外因。

其次，根据大学是具有高度非线性的复杂动态系统这一特征，考察事物发展的内因。20 世纪末，中国大学招生规模急剧扩张，用短短的几年完成了高等教育从精英化向大众化的转变。然而，这个急剧转变既导致大学生源的综合素质明显下降，也导致大学教职工的准入门槛降低，还导致大学的管理难度急剧加大、漏洞增多。仅以近年来大学生心理障碍和自杀人数为例，其数量绝非正比于招生规模，而是呈现惊人的非线性倍增关系。近年来，中国大学的决策层和管理层忙于应急处理突发问题、安全问题、稳定问题，尚在探索适应办学规模剧增的有效管理手段，投入大学文化建设、抵御来自社会负面影响方面的精力明显不足。因此，中国大学的许多工作处于非线性系统的临界稳定状态，只要受到微小的负面扰动，就会产生急剧扩散，甚至耦合到社会，放大为无序。

根据系统科学的观点，在不可能切断大学与社会的紧密联系、无法压缩办学规模的前提下，只有通过积极调整大学内部治理结构来改善大学的系统特性，同时施加更有效的反馈控制来提高大学系统的输出品质。从近期看，大学应立即提高对各类违规违纪问题的查处力度，包括严肃惩处腐败分子、开除学术作弊的师生，对学术不端和腐败形成强有力的威慑作用。与此同时，大学需要积极探索更加扁平化的师生管理模式，加强对师生的品行教育，在对师生的考核中提高品行所占权重。从中长期看，大学应该下气力塑造和传承优秀的大学文化，在此基础上建立更加完善的制度体系，规范大学师生的行为，恢复大学的神圣和尊严。

四、中国大学未来发展的宏观思考

从系统科学角度研究中国大学的未来发展，其重点是从全局观、长远观来分析中国大学的发展态势，确定理性的发展目标，通过深化改革寻求新的发展途径，凝聚大学内部和外部的力量实现发展目标。当前，中国大学大多已确定了近期和中期发展目标，当前发展所面临的主要问题是如何深化改革，形成良性发展机制，推进科学发展。以下根据系统科学的整体优化原理和有序性原理[11]，进一步探讨中国大学改革和发展的宏观思路。

（一）基于整体优化原理的大学内部综合改革

系统科学中的整体优化原理指出：系统的整体功能不仅包含各子系统的功能，而且还包含子系统之间相互关联形成的新结构所产生的功能，因此系统的整体功能大于各孤立部分功能之和。当前，中国大学的改革发展已进入"深水区"，要使改革富有成效，不能只对大学内部各个子系统进行孤立的单项改革，而要对大学内部的各个子系统改革进行全面协调，即进行综合改革，这样才能使改革产生最佳的整体效益。

首先，中国大学内部综合改革要谋求全局和长远的优化，而这是很难靠"摸着石头过河"找到最佳途径的难题。鉴于中国大学系统包含的子子系统（如学院和处级机构）比较多，可以先将子子系统分类为子系统群，使群内子子系统的相互关联度较高，而群和群之间的子子系统关联度较低；选择多个彼此关联度低的"子系统群"作为改革样本，采用类似"基因遗传方法"的途径去同时并行改革，在子系统群间相互交流经验和教训，产生"变异"，逐步逼近全局最优/次优结果。

其次，当前中国大学的内部结构仿照政府的层次管理，一般设校、院、系三级管理，缺乏有机的自组织功能；多数大学的学院覆盖学科面不宽，不利于学科交叉和相互融合，甚至造成实验设施的重复建设和浪费；而教师的行政归属直接影响着跨学科的交流和合作。因此，中国大学迫切需要进行内部结构的综合改革，从系统科学角度建立良性互动的自组织功能[12]，将以行政管理为主的层级型结构转向以教授治学为主的扁平化学术网络结构。改革内容包括：组建跨院系的学部委员会，负责学科建设规划、学术标准制定、学术评审、院长工作绩效考核等工作，推进教授治学；改变教授的单一行政隶属关系，使其成为学术网络结构的节点和学术建设的动力；设立跨学科的学术机构，推进学科交叉和融合等。

最后，由于历史原因，中国大学的教师整体水平不高，距离世界高水平大学的差距比较大。为了提高教师队伍的整体水平，有必要大幅度提高新教师的准入门槛和薪酬标准，并在其前两个任期的每期届满后实施部分淘汰；对现有教师进行分类管理，选择学术水平高、人品好的教师作为专任教师，将其他教师向应用研究、工程开发、社会服务、行政管理等岗位分流。

（二）基于有序性原理的大学外部综合改革

系统科学中的有序性原理指出：系统由较低级结构转变为高级结构，系统的有序程度提高，其功能水平也随之提高；而要使一个系统处于有序及高功能水平，其必要条件是系统必须足够开放，必须与外界不断进行信息交换，吸收新信息。根据有序性原理，中国大学作为一个具有广泛开放性的复杂动态系统，其改革要顺利进行并取得最佳成效，必须在大学内部进行综合改革的同时，考虑大学改革与大学以外的其他各级教育系统以及社会巨系统中各个领域改革的全面协调，即更大范围的综合改革。只有这样，才能避免大学内部改革顾此失彼和力不从心，保证整个大学改革的应有后劲和顺利进行，同时又能使大学改革适应整个社会的动态发展，最终取得改革的最佳整体效益。

首先，政府应转变仅从政治论来看待大学的视角，转变仅将大学作为国家和地方发展“工具”的思维；认真借鉴世界各国成功的高等教育管理经验，改善对大学的治理模式。改革的主要内容包括：通过设立由教育主管部门、社会各界代表组成的董事会，由董事会审定大学章程、发展规划、财务预算和决算，遴选和考核大学校长、副校长；根据大学类别确定生均办学经费，减少专项建设经费；将学科和专业审批、教育质量评估等转交给相关学术机构，革除评估频繁、量化过度等弊端，减少对大学的微观管理和直接行政干预。

其次，政府应大幅度减少大学的社会功能。中国大学的社会功能过多，致使大学成为复杂的社会系统，不仅给大学的内部综合改革带来巨大困难，而且也影响着社会的相关改革。因此，政府应尽早剥离大学的离退休教职工子系统、安全与保卫子系统、后勤服务子系统等，大幅度简化大学的内部结构，使其增加办学活力，提升办学质量；而转向社会之后的这些子系统必将获得更加专业化的管理和服务。

最后，政府应积极推进高考制度的改革。现行高考制度虽然保证了高考录取的公平性，但同时也暴露出许多不足。为了进一步提高中国大学的教育质量，培育优秀人才，政府应积极引导整个教育系统以及社会各界共同探索高考制度改革。在这方面，国家“985 工程”建设的大学已自行组建了 3 个大学联盟，可率先在自主招生上加大改革力度，弱化高考对基础教育发展的指挥棒作用，引导基础教育从应试教育向素质教育转变。

五、结语

大学是一个被赋予多种功能的动态复杂系统，具有多重时间尺度、高度非线性、显著延迟性、多重反馈性、广泛开放性等特征及规律。在中国这样一个发展中大国，建设世界一流大学和高水平大学是一个漫长的历史过程。政府和大学决策者要积极面对大学发展中的突出问题，从系统、综合、长远的战略高度思考、谋划和组织大学内部和外部联动的综合改革，推动大学的科学发展。

参考文献

[1] 钱学森，等. 论系统工程[M]. 长沙：湖南科学技术出版社，1988.

[2] 许国志. 系统科学[M]. 上海：上海科技教育出版社，2000.

[3] 钱学森，于景元，戴汝为. 一个科学新领域——开放的复杂巨系统及其方法论[J]. 自然杂志，1990(1)：3-10.

[4] 查有梁. 系统科学与教育[M]. 北京：人民教育出版社，1993.

[5] 王华峰，韩文秀. 系统科学视野下的高等教育转型发展[J]. 教育研究，2002(9)：35-38.

[6] 江玉安. 系统论视野下的高等教育管理[J]. 信阳师范学院学报，2006(5)：66-67.

[7] 胡海岩. 高水平研究型大学的研究生教育科学发展观[J]. 学位与研究生教育，2009(2)：1-5.

[8] HU H Y，WANG Z H. Dynamics of controlled mechanical systems with delayed feedback [M]. Berlin：Springer，2002.

[9] 胡海岩. 应用非线性动力学[M]. 北京：航空工业出版社，2000.

[10] 孙小红. 系统思想与高等教育[J]. 邯郸师专学报，2003(4)：42-46.

[11] 陈传林. 从系统论两个原理看高等教育综合配套改革[J]. 江苏高教，1992(4)：16-19.

[12] 侯宁，朱学群，刘娜，等. 从系统科学到教育的科学发展观[J]. 未来与发展，2009，30(11)：6-10.

观念、内涵、质量*

——我看祖国研究生教育 30 年

在纪念改革开放 30 周年的历史时刻，回眸我国研究生教育，硕果累累，感慨良多。我们不禁赞叹，30 年前邓小平同志做出的划时代决策，不仅改变了满目疮痍、百废待兴的中国，也改变了我们这代人的命运。如果没有恢复高考，我们这代人将学术报国无门；如果没有改革开放，没有国家的改革需求和科技发展的战略需求，我们也难以取得今天的业绩。

30 年来，伴随着改革开放的前进步伐，我经历了多重身份的转变：从恢复高考后的首届大学生成长为硕士和博士，从青年学者成长为中国科学院院士，从大学教师成长为大学校长。上述经历让我从多个角度见证了我国研究生教育改革发展的豪迈历程，深深感受到改革开放的政策给研究生教育带来的勃勃生机。30 年来，我国研究生教育培养规模从小到大，培养能力由弱变强，为我国各项事业的发展培养了大批高级专门人才，为我国社会进步和发展做出了历史性贡献。21 世纪以来，我国研究生教育进入快速发展期，目前研究生教育规模仅次于美国，已跻身研究生教育大国行列。可以说，改革开放的 30 年，是我国研究生教育改革、建设、发展、提高的 30 年。

回顾这 30 年来研究生教育的发展轨迹，结合自己从事研究生教育的实践谈几点感受和思考。

一、注重观念更新，不断为研究生教育提供思想动力

改革开放以来，我国研究生教育每一次重大进步都是坚持“解放思想、

* 本文被收入：我看研究生教育 30 年. 北京：北京大学出版社，2009：39–46。

实事求是”思想路线的结果。无论是恢复研究生招生、颁布学位条例，还是扩大招生规模、提高培养质量，每一项制度，每一次调整，均体现了解放思想、更新观念的重要意义。以北京理工大学为例，1953 年开始培养研究生，1981 年被国务院批准为全国首批具有博士、硕士学位授予权单位，1984 年被批准为全国首批 22 所试办研究生院的高校。学校研究生教育始终坚持更新研究生教育思想观念，以思想观念的更新促进教育教学改革。近年来，学校以“求实、规范、质量、创新”为思路，创造性开展了研究生教育的改革与实践，通过不断凝练学科方向，构筑学科基地，完善培养机制，优化教学内容与培养环节，采取多模式培养方式，不断改善教学科研环境与条件，突出能力和创新意识培养，有效提高了研究生培养质量。学校进行的本硕贯通、硕博贯通、提前攻博、本科直博、优博学位论文育苗工程、博士学位论文隐名评审等一系列改革试验，大力推动了研究生教育的发展。

学校研究生教育成效显著。截至 2008 年 9 月，各类在学研究生共 7 666 人，是 1978 年的 140 倍，其中博士生 2 444 人；累计授予博士学位 3 006 人，硕士学位 20 536 人。许多研究生在校期间即获得了国际竞赛奖励、国际著名学术团体学术奖励与基金，作为主要参研人员完成的成果获得国家科学技术奖。毕业生普遍传承了学校具有的延安精神和国防科技特色，传承了一代代北理工人对事业的执着追求，大多成为所在领域的骨干力量。在改革开放后培养的研究生中，涌现出我国信息领域最年轻的中国科学院院士吴一戎等为代表的一批杰出校友。

总结成绩的同时，我清醒地看到，学校研究生教育质量仍然与国家和社会对研究型大学、对研究生教育、对高层次人才和高水平成果的期待存在差距。今年 5 月初，我主持开展了以“科学发展、质量至上、创办优秀的研究生教育”为主题、历时两个多月的全校教育思想大讨论，就研究生教育在建设高水平研究型大学中的地位和作用、研究生教育的科学发展观和质量观、导师在研究生教育中的使命与职责等重点和难点问题展开讨论，并形成了《北京理工大学关于进一步提高研究生教育质量的若干意见》。通过这次教育思想大讨论，在全校范围内形成了共同关心研究生教育质量的良好局面，广大师生在很多方面达成了共识，为今后研究生教育质量的提高奠定了思想、制度和文化基础。因此，我认为，提高思想认识，更新思想观念，形成解放思想、改革创新的舆论环境和文化氛围对研究生教育来说至关重要。

二、注重内涵发展，树立研究生教育的科学发展观

“培养什么样的研究生，怎样培养研究生，怎样发展研究生教育”，这是我从 1990 年担任研究生导师以来经常思考的问题。有什么样的发展观，就有什么样的发展道路、发展模式和发展战略，就会形成什么样的研究生教育质量观。因此，研究生教育的科学发展观对研究生教育具有根本性、全局性的重大影响。

我认为，研究生教育的科学发展观就是要落实“以人为本”的理念，实现研究生教育的全面、协调和可持续发展。“以人为本”，就是落实以研究生为主体、以导师为主导的观念，树立依靠广大导师和研究生办学的理念；**全面发展**就是以提高质量为中心，全面推进人才培养、科学研究和社会服务的研究生教育使命；**协调发展**就是要理顺研究生教育规模、结构、质量和效益的关系，实现学科布局合理、结构优化、协调一致、有序均衡的发展；**可持续发展**就是要适应社会发展的需求，实现符合经济、社会、环境建设目标的发展，实现与国家重大科技发展的前沿，新兴、交叉学科发展的研究方向相适应的发展。

（一）多层次/多类别是社会对研究生教育的基本需求

在我国恢复研究生教育的初期，研究生教育规模很小，培养目标主要是面向高校和科研院所的学术型人才。随着我国经济的持续快速增长，社会对人才的需求发生了深刻变化，不仅对高层次人才需求量大幅度增加，而且需求日益呈现多样化。因此，需要确立多样化的培养目标和培养规格，不仅要培养学术型人才，而且要培养大批适合社会发展需要的应用型人才。

目前，发达国家的研究生教育大都划分了清晰的层次和类别。例如，美

国的博士生教育具有三种学位。一是哲学博士学位，即创造性科学研究博士学位。具有这类学位的博士生要修完课程和通过综合考试，并提交创造性的论文和通过答辩后才能获得学位。二是专业博士学位，即实践性或专业性学位，如医学、药学、建筑等学科学位。这类学位的要求与哲学博士学位基本相同，但更侧重于专业人才的培养。三是文学博士学位，即教育学学位，其培养目标为本科院校的教师。

面对社会对高层次人才的多样化需求，高水平研究型大学的研究生教育应立足经济社会发展需要，确立多层次/多类别的教育观念，优化办学结构和资源配置，同时培养高层次学术型人才和应用型人才。应根据社会对人才的不同需求，分类确定相应的研究生培养目标和培养标准。以北京理工大学为例：博士研究生教育以培养学术型人才为主、应用型人才为辅；硕士研究生教育则以培养应用型人才为主、学术型人才为辅。对于学术型研究生，根据科学发展趋势，着重培养研究生掌握基础理论知识、探求事物发展规律和从事科学研究的能力；对于应用型研究生，则依据社会需求和自身条件，着重培养研究生对基础理论的应用能力、技术创新能力和社会实践能力。

（二）办学特色是研究生教育发展的生命力

办学特色是一所大学在长期的办学过程中积淀形成的特有的、优于其他学校的卓异风貌，是一所学校的重要竞争优势。高水平研究型大学必须具有自身的发展优势和特色。以北京理工大学的研究生教育为例，新中国成立之初，学校瞄准国防工业发展需求，在国内率先创建了以兵器科学与技术为主的学科，并在苏联专家指导下招收和培养研究生，逐步形成了军用车辆、战术导弹、弹药技术、雷达技术、火力控制等学科特色。改革开放以来，学校积极贯彻国防科技工业实行军民结合、平战结合的方针，调整专业结构，拓宽服务领域，使学校的专业布局由以军为主转变为“以军为本，以民为主，军民结合”，既保持了学校的传统军工特色，又促进了电子、信息、光学、机械、材料、化工等学科的发展，并促使研究生教育由弱变强。

今天，研究型大学所面临的时代和环境发生了很大变化，面对创新型人才的培养目标和《国家中长期科学和技术发展规划纲要(2006—2020年)》所确立的国家重大科技需求，研究型大学的特色发展无论是外延还是内涵较之以往都有很大不同。研究生教育的发展必须实现从“特色立校”到“特色强校”理念的转变，必须实现从过去主要依靠学习、模仿国外研究生教育模式来形成“国内有特色”，到今天主要依靠自主探索和创新，形成国际高等教育竞争条件下的“国际有特色”的发展道路转变。

(三)指导教师是提高研究生教育质量的第一责任人

我是改革开放后的第一批研究生，担任研究生导师近20年，培养的博士生中多人获得全国优秀博士学位论文奖。育人实践使我认识到，研究生指导教师要承担起培养高层次创新型人才的使命，应该比普通教师更多一份责任。指导教师的学术素养、研究能力、培养理念、人生态度、道德情操和学术作风等时刻影响着研究生的成长。以北京理工大学为例，所有全国优秀博士学位论文奖和提名奖的指导教师都是所在领域的著名学者，而且工作在科学研究的第一线，他们直接指导了研究生的学位论文研究工作。

导师是提高研究生教育质量的关键。导师必须在研究生的入学、课程学习、研究领域确定、论文选题、毕业论文审核与答辩等环节上，全过程地坚持高标准、严要求，把握住研究生教育的质量。我自己的体会是，博士生入学后，导师一定要与他们长谈。谈话的核心就是让博士生理解博士学位的质量标准，使博士生从一入学就明确自己的奋斗目标，对照目标看到差距，形成不断进取的动力。作为校长，我坚持学校要关心导师的工作和生活；要加强制度和机制创新，使导师能够充分发挥其在研究生教育中的主导作用；要关心导师，帮助导师解决工作和生活中的实际问题，激发导师的工作热情，调动导师的积极性；要创造条件，提高导师队伍整体素质，强化导师的责任意识，强调导师业务素质的提高和良好师德的养成，使导师切实承担起培养高层次创新型人才的重任。

(四)创新精神和创新能力是提高研究生教育质量的核心

“创新是一个民族进步的灵魂，是一个国家兴旺发达的不竭动力”。创新的主体是人，是具有创新精神和创新能力的人才。培养这样的人才，是高水平研究型大学的使命。我们经常看到一些博士学位论文题目是“基于XX的YY研究”。这样的论文选题通常是将现有方法进行移植或应用，大多缺少真正的创新。究其原因，不论是撰写这类博士学位论文的研究生，还是帮助他们选题的导师，很大程度上缺乏创新意识，不愿在学科前沿开展具有风险的探索性研究。

研究型大学的研究生教育必须转变思想观念，坚持创新教育，把握高层次创新型人才培养的发展趋势，大力培养研究生的进取意识和创新精神，增强他们对创新需求的敏感性，培养他们对科技发展和社会发展的预见性，进而培养他们的创新能力。

（五）培养科学精神是提高研究生教育质量的重要内容

创新的过程就是追求真理的艰辛过程。许多优秀研究生的成长过程说明：创新型人才只有具有崇高的科学精神和为科学事业奋斗的责任感，才能瞄准国家重大需求和人类面临的重大问题，选择具有意义的研究方向和课题。例如，北京理工大学光学工程学科的女博士生程雪岷，在学位论文研究中面对大量枯燥的数据，执着追求，勇于探索，分析了几千组变焦镜头的数据，解决了光学镜头智能化设计的关键问题。在校期间，她的研究论文就获得了国际光学工程学会2003年度唯一的Michael Kidger奖。毕业后，她又获得了2006年度全国优秀博士学位论文奖。

创新型人才只有具备科学精神、事业心、责任感，才能够在科学研究中锲而不舍，从而在追求真理的道路上不断有所发现，有所创造。而培养广大研究生具备这样的科学素质正是高水平研究型大学研究生教育的重要任务。

三、注重质量提升，以研究生教育推动大学发展

提高质量一直是我国研究生教育常抓不懈的工作。改革开放之初，国务院于1980年、1981年先后批准实施了《中华人民共和国学位条例》《中华人

民共和国学位条例暂行实施办法》，制定了学士、硕士、博士三级学位的学术标准，为研究生教育质量提供了法规性保障；相继提出了“质量第一、宁缺毋滥”和“稳定规模、提高质量”等要求，并通过具体举措来保证研究生的教育质量。

作为最高层次的教育，研究生教育在大学发展中具有十分重要的地位和作用，其质量成为推动大学建设与发展的重要因素。正确的研究生教育质量观要体现以下两方面的要求：一是要反映经济和社会发展对研究生培养的质量要求，包括建设创新型国家和高等教育改革对研究生培养的质量要求；二是要反映学校地位、定位、目标的“特殊”质量要求，即根据研究型大学在国内高等教育体系中的地位和任务，确立自己的、有特色的教育质量标准和教育质量内容。

以研究型大学为例，如果把学校看作一个系统，研究生教育则是其中的一个子系统。从功能来看，学校这个系统包括了本科生教育子系统、研究生教育子系统、科学研究子系统、师资队伍子系统、学科建设子系统及文化传承子系统等。对于这样的系统，优秀生源、国家投资、社会赞助、国家政策和社会信息等可以视为系统的输入；而毕业生、学术与研究成果和社会服务活动等可以视为系统的输出；学术声望、知名度和认可度等可以作为系统输出到输入的反馈，理想的反馈可以实现全系统的良性发展。只有树立正确的研究生教育质量观，注重研究生教育质量的提升，才能确保研究型大学的科学发展。

（一）高水平的研究生教育是研究型大学的基本特征

纵观世界范围内的研究型大学，无论其历史长短，组织构架如何，均具有高水平的研究生教育。近年来，《中国大学评价》课题研究小组根据科学研究的产出分析，列出我国已达到研究型大学办学水平的高校为37~38所，约占全国450所培养研究生高校的8%。从研究生教育质量方面看，1999年到2007年，我国高校共有884篇博士学位论文被评为全国优秀博士学位论文，研究型大学产出全国优秀博士学位论文576篇，占总数的65.2%。因此，研究型大学以高水平的研究生教育为其基本特征。研究型大学在向社会提供高水平研究生教育的同时，为其自身办学水平的提升奠定了基础。

（二）高质量的研究生教育与学科建设相互促进

学科是大学内的基本学术单位，是造就学术大师、培育拔尖人才和产出高水平研究成果的平台，其发展水平决定了大学的学术地位。30 年来，我国为了提高研究生教育质量，注重发挥学科优势，建立了一批学科门类齐全、科研基础厚实的研究生培养基地。1986 年，国家在具有博士学位授予权的学科中评选出 416 个重点学科进行重点建设；后来又以实施“211 工程”和“985 工程”为契机，为研究生教育质量提升创造了新的学科平台。实践证明，高水平学科具有优秀的指导教师、研究设施、学术氛围，是优秀研究生的培养基地；而研究生思想活跃、易于接受新事物，其论文选题能够开拓新的研究方向，促进学科发展。统计表明，国家级重点学科与全国优秀博士学位论文数量呈高度正相关关系。例如，清华大学固体力学学科是我国力学学科中最具国际影响力的二级学科，其研究生教育与学科建设相互促进，协调发展。在我国力学一级学科迄今产出的全国优秀博士学位论文中，清华大学固体力学学科占比高达 50%。

（三）高质量的研究生教育与师资队伍建设相互促进

高水平研究型大学的主要标志是具有高水平的师资队伍。高质量的研究生教育与高水平师资队伍建设相互依存、相互促进。合格的指导教师是培养研究生的基本条件。为了培养出优秀的研究生，导师必须不断提高自身学术水平，为研究生选择和确定有难度、能创新的课题；为减少创新的风险，导师必须不断提高学术洞察力和学术判断力，在对研究生充分了解的基础上选好研究领域的切入点；导师还必须到科学研究的一线和研究生共同工作，一起去发现问题和解决问题，实现教学相长。因此，培养研究生的过程也是促进导师在学术上不断进取的过程。近几年，我国高校中新当选的中国科学院院士、中国工程院院士往往又是全国优秀博士学位论文的指导教师，这很好地说明了教学相长的相互促进关系。

（四）高质量的研究生教育与科学研究相互促进

研究型大学中，高水平的研究生教育和高水平的科学研究相互依托、相互支持。一方面，高水平的研究生教育培养大批高层次创新人才，使其成为高水平科学研究的生力军，乃至重大科学研究成果的主要完成者。在我国的重大科技项目中，约 70%的项目有研究生参加。在高校获得国家科学技术奖的项目中，研究生往往是主要完成者。另一方面，高水平的科学研究为培养高层次创新型人才提供成才的方向、成才的物质条件(研究平台)和精神条件(学术氛围)，使高层次创新型人才在科学研究的实践中得到锻炼和成长。

（五）高质量的研究生教育与本科生教育相互促进

研究生教育是在本科生教育基础上的更高层次的教育，可以带动本科生教育沿着研究型大学建设的方向发展。研究型大学应当具有本科生教育与研究生教育协调发展的人才培养体系，其研究生教育的学科覆盖本科专业，形成从学士到硕士和博士的完整教育体系。在这样的体系中，加强本科生教育可为研究生教育提供优秀的生源；而研究生教育则为本科生教育提供研究型学习的范例，营造优良的学术氛围和环境保障。比如，北京理工大学每年举办的博士生论坛都吸收本科生参与，使他们从中获得潜移默化的学术熏陶。这类活动可促进本科生的创新教育，使本科生教育在研究生教育的带动下蓬勃发展。

改革开放 30 年，我国研究生教育经历了不平凡的发展历程，取得了辉煌成就。无数风华正茂的青年学子通过接受研究生教育成长为祖国发展的栋梁之材，接受高质量的研究生教育已成为广大有志于学的青年人的志向和社会的普遍共识。我很幸运，沐浴着改革开放的春风一路走来，亲历了研究生教育的点点滴滴。回首往事，思绪万千，学界前贤为祖国的研究生教育倾注了毕生心血，今天的我们应当树立更新观念、内涵发展、质量至上的研究生教育理想，为推动祖国研究生教育事业又好又快的发展贡献力量。

设立高等教育特区 突破教育改革瓶颈*

温家宝总理在政府工作报告中精辟论述优先发展教育事业，要抓的头等大事就是推进教育改革。教育改革涉及方方面面，难度很大。我建议由国家和地方人民政府共同设立若干高等教育改革试验区(简称高等教育特区)，试点加速推进高等教育改革，进而带动和深化教育体制机制改革。

一、必要性

我国教育改革正处在攻坚克难阶段，必须选择好的切入点。高等教育对整个教育起着龙头带动作用，应该成为改革的切入点。然而，我国 2 000 多所大学的所处地区、办学水平、文化传统等差异极大，难以制定统一的改革思路。因此，有必要选择若干所大学作为高等教育特区，作为改革切入点，进行大胆的体制机制改革探索，从而带动整个教育改革。

温总理提出：要解放思想，大胆突破，勇于创新，鼓励试验，对办学体制、教学内容、教育方法、评价制度等进行系统改革。系统改革涉及面很广，需要政府、学校和社会共同来探索，而不是局限于学校内部管理的若干变革。因此，有必要在经济、文化条件比较适宜的省市设立高等教育特区，开展系统改革的探索。

---

* 本文系 2010 年“全国两会”期间在中央领导与教育界全国政协委员座谈会上代表第 40 组委员的主题发言；刊于：科学时报，2010-03-09。

二、可行性

目前，设立高等教育特区已具有较好的思想基础和实践基础。首先，人民群众热切期盼高等教育走出一条改革之路，高等教育界具有加速体制机制改革的强烈愿望。其次，改革开放的实践证明，设立经济特区对国家经济体制改革起到了探索和引领作用。这个“特”没有偏离社会主义的方向，而是“特”在发展模式和运行机制上，它的成功为设立高等教育特区提供了实践基础。

经济改革开放的排头兵——深圳市，如今已率先开展高等教育改革，策划创建南方科技大学。这是深圳市委、市政府对我国高等教育体制机制改革的有益探索。南方科技大学策划成立之初便有令人耳目一新之感。通过全球校长遴选，最终聘任杰出教育家朱清时委员作为创校校长。该校正在开展的学科设置、教师引进、人才培养等工作充满“特色”。最重要的是，学校实行理事会治理，探索教授治校，明确界定政府与学校、行政与学术的权力界限。我们期盼这所大学成为改革力度大，受限制约少，与国际接轨的典范，期盼设立若干这样的高教特区。

三、对设立高等教育特区的思考

（一）探索一条途径

高等教育特区的基本改革思路是公开遴选最优秀的教育家群体，放手让他们依法治校，创新体制机制。这项工作应选择少量省市、高校和教育家开展小范围试点，既便于操作，又避免一窝蜂，还可对不同发展模式进行比较，做到可行、可控和可比。

（二）明确两个坚持

设立高等教育特区必须坚持社会主义的办学方向，承担培养高级专门人才、发展科学技术文化、促进经济建设和社会发展的重大任务；必须坚持遵循教育规律办学，积极借鉴世界著名大学的成功办学经验，探索体制机制改革的新路。

（三）调整三种关系

一是调整政府与大学的关系。现行体制中，政府“办”大学，政府“管”大学。在特定历史阶段，这种模式可加速发展。但长此以往，政府对大学管得多、统得死、限得严，问题日趋严重。这种强势行政管理自然导致大学内部管理日趋“政府化”，也就是社会热议的高校“行政化”。如果政府对大学的“管”体现在人、财、物的管理权力上，则大学内部管理不可避免地出现资源分配行政化，行政权力“大”于学术权力。如果政府对于大学的“管”体现在行政指令、目标完成和评价上，则大学发展建设必然走上功利化道路。由于政府在管大学的同时“赋予”它太多的社会职能，诸如校园稳定、离退休职工养老、后勤服务等，大学只好用政府管理社会的方式来应对。这些都是高校“行政化”的重要原因。

对于高等教育特区，必须调整政府与大学的关系，将政府对大学的“办”与“管”和“评”有机分离。探索政府“兴办大学”、董事会“谋划大学”、教育家“建设大学”、教授“治理大学”的机制，这是绝大多数世界著名大学成功的经验。对于高等教育特区，政府应全面执行《中华人民共和国高等教育法》，按照温总理的要求，进一步落实高校办学自主权，如取消统一的招生考试、取消专项建设、取消经常性的检查评估等，让教育家享有自主办学的权力，让教师享有全身心投入教育教学、科学研究的快乐。

二是调整大学与中学的关系。现行体制中，大学与中学相对独立，分担不同的人才培养任务，唯一的联系就是高考。高考日益显现出亟待改革之处，特别是相对分离的考试和招生模式使得高等教育与高中阶段教育彼此缺少联系。

对于高等教育特区，要调整大学与中小学的关系。从系统论看，优秀生源是高等教育的输入，是高中教育的输出。我们必须把握这个联系环节，将大学教育和基础教育作为一个大系统看待，改革切入点就是在高等教育特区实行新的选拔机制。南方科技大学将选拔高二优秀学生进行实验班教育就是一种有益尝试。高等教育特区应享有完全自主的招生权力，包括对招生计划、考试内容、录取条件、录取人数的自主决定，进而有效地因材施教。在这种模式的带动下，部分中学将率先摆脱高考指挥棒的指挥，切实提高学生的综合素质。同时，大学与中学可以加深合作，形成高中教育与大学教育的顺畅衔接。

三是调整大学与社会的关系。现行体制中，大学服务社会的能力相对较弱，以被动服务为主，引领能力不强，社会地位不高；而社会对大学缺少必要的支撑，却将过多社会责任转移到大学。例如，我国部分大学曾仿效发达国家，兴建无围墙校园，但几乎没有成功之例。究其原因，发达国家的治安、住宿、餐饮等一系列保障均是社会行为，高校与社会融为一体，且责任分明。当然，国外著名大学的社会性强更多体现在其思想库、知识库的功能上，体现在对社会的引领上，体现在社会对大学的信任上，体现在校友赞助和社会捐助上。

设立高等教育特区，要调整大学与社会的关系。大学要服务社会，要传播文化，要启迪智慧，要塑造人格。大学不仅通过知识创新促进经济和社会发展，先进的大学管理文化、制度文化、精神文化应是国家先进文化的重要组成部分；社会的支持、帮助、捐赠、融合，为大学发展提供良好的外部环境和有力的物质保障。因此高等教育特区应实行更为宽松有效的政策，为大学赢得社会尊重和社会资助提供帮助。

我们期盼，通过设立高等教育特区，还大学以学术本色，建立现代大学制度，并以此为突破口，推进国家教育体制机制的改革和创新。

面向第三次工业革命的大学教育*

自2008年世界经济危机爆发以来，各国政府和学者都在认真研究今后的经济发展方式。21世纪初，美国著名的未来学家里夫金(J. Rifkin)提出了第三次工业革命的概念，指出建立在互联网和可再生能源相结合基础上的新经济是未来最可取的经济发展方式。2011年，他的著作《第三次工业革命》(*The Third Industrial Revolution*)问世以来，其观点正在全世界得到日益广泛的认可。

第三次工业革命将瞄准人类可持续发展的目标，建立新经济体系的5个支柱：一是变燃烧碳基化石燃料为使用可再生新能源；二是将建筑物变成能就地收集可再生能源的采集器；三是利用基础设施来储存间歇性可再生能源；四是利用网络通信技术使传统电网转变为智能通用网络；五是采用插电、燃料电池、可再生能源为动力的运输工具。与这种分散式能源网络和信息手段相对应的，将是分散式、合作式的制造业、服务业等新经济发展模式。

这样的第三次工业革命及其新经济模式将给大学教育带来怎样的需求和冲击呢？近年来，人们在谈论大学教育的同时常抨击，如今的大学规模越来越扩大，校园楼宇越来越宏伟，但教师学生却越来越浮躁，大学精神越来越缺失。虽然，人们对大学精神有不同的理解和诠释，但公认其基本要素是探索和传播真理，关怀和奉献社会。我认为，第三次工业革命及其新经济模式对大学提出的需求就是要弘扬大学精神，并以此推动教育改革。具体来说，这种需求可归纳为以下三个方面。

---

* 本文系2012年11月28日在香港理工大学“杰出中国访问学人”颁奖仪式上的获奖演讲。

一、社会责任：志存高远，关怀社会

尽管大学面临来自就业的压力，但大学教育绝不能等同于职业教育。大学必须要培养志存高远的栋梁之材，引领经济和社会发展。对于列入国家“985工程”和“211工程”建设的重点大学来说，其毕业生就业总体态势良好，后顾之忧较少，就更有责任关注学生的长远发展，引导学生放眼世界，多去思考10年、20年后人类面临的重大问题。中国北宋学者范仲淹在《岳阳楼记》中写道：“先天下之忧而忧，后天下之乐而乐”，展现了中国古代社会精英的思想境界。美国学者里夫金提出第三次工业革命的概念，就是出自他对当前世界经济发展模式的担忧，出自对人类发展的长远考虑。大学教育要有这样的社会责任感，才能培养出引领第三次工业革命和新经济发展的人才。大学教育的目标是既要专业成才，更要精神成人。大学教育不能单单以追求知识和技术为目的，而应通过对人的生命意义的探求，帮助学生树立正确的价值导向，为学生健康成长打下坚实的价值根基。

首先，大学教育必须要解决“如何成为一个真正的人”的问题。在教育内容上，不能仅仅局限于拓展知识，增加文科学理、理科学文的若干课程，或增加技艺型的音乐、舞蹈、美术等艺术活动，而应从人的精神层面去关注学生的人格养成。大学要增加公民教育、伦理教育、中华传统文化教育、世界优秀文化教育等内容。尤其要将中华传统文化中的精髓吸收到教学和实践中，为学生理想的树立、道德的养成提供丰富的思想营养。

其次，大学教育要解决“如何做一个现代中国人”的问题，造就合格的现代公民。现代公民意识最核心的就是能正确处理权利与义务的关系，正确处理人与人，个人与家庭、社会、国家的关系。要引导学生去思考关乎家庭、国家、人类的重要问题，培养热爱国家、关心人类的责任精神，诚实无欺、言行一致的诚信精神，在思维实践上敢于引领潮流、引领未来的创新精神，使学生逐步成为一名和谐发展，人格独立，具有责任意识、道德意识和法治意识的合格的现代公民。

近年来，北京理工大学进一步完善独创的大学生“德育答辩”制度。从学生入学后就开始引导他们去思考未来、规划人生，并引导学生思考若干超越专业知识、超越个人前途的终极性问题，引导他们在面对功利浮躁的社会时能有更深层次的思辨能力。学校通过课堂教育和课外实践，逐步帮助学生建立“精神免疫系统”，以对抗世间种种负面诱惑，成为一个人格完善、心智健全、对自己负责任、对社会有担当的人。学校还大力推进办学国际化进程，使超过20%的本科生在校学习期间赴海外著名大学进行课程学习、从事毕业设计等教学环节，使越来越多的研究生赴海外著名大学接受联合培养，开展合作研究，参加国际学术交流等。学生通过中外比较和亲身感受，显著激发了爱国情怀，逐步具备了世界眼光，日益关心全人类面临的重大问题。

二、知识结构：既要宽厚，又要融合

从科学技术的角度看第三次工业革命对大学教育的需求，今后的大学生、研究生需要掌握能源科技、信息科技、生物科技、纳米科技、生态学、系统科学等，需要具有更多的战略性思维，包括超前的、综合的思维。对于领军人物，更需要理工融合、文理交叉等知识结构，懂得科学、技术、经济、美学、哲学等。只有这样，我国今后才会出现盖茨与微软公司、乔布斯与苹果公司这样的成功案例，才会有里夫金及其第三次工业革命的预言。这无疑对大学教育提出了严峻的挑战。

首先，大学教育需要应对当代科学技术呈现的多学科交叉融合发展态势。我国大学中的学系设置普遍覆盖面偏窄，学科和专业划分过细，学术交流和合作不够充分，由此导致的学科和专业壁垒已严重影响了教育质量与研究水平的提高。对于多科性大学、单科性学院而言，这种现象更为突出，应进行必要的学术体制和机制改革，为大学教育的多科性交叉融合需求提供基本保障。近年来，北京理工大学积极探索以教授治学为主导的学部制度，由教授选举产生工学、理学、人文与社会科学类学部，每个学部覆盖3～5个学院，负责学科发展规划、学术标准制定、各类学术评审，促进不同学科间的交叉和融合。学校通过整合优势资源，设立跨多个学科门类的两化融合研究院、火炸药技术研究院、新能源车辆研究院、微纳米技术研究中心等，为大学教育提供多学科交叉融合的平台。

其次，大学教育要高度重视人才培养体系的顶层设计。对于以培养拔尖创新人才为目标的博士生教育，要从整体上优化本科生、硕士生、博士生三个阶段的课程体系和实践活动，大幅度减少不必要的重复和类似环节。近年来，北京理工大学选择部分优势学科和专业实施“本硕博贯通培养”，打造国防科技工业的后备领军人才。学校从顶层来优化设计学生的知识结构和创新要素，采用高水平基础课、学科交叉课、大学三年级进入实验室、赴世界名校学习等举措，强化数理科学基础、实践创新能力、跨学科研究能力、全球化视野和能力的培养。与此同时，全面实施多元化的研究生培养方案，在学术型研究生培养中重视掌握知识的深度，在专业型研究生培养中重视企业需求与案例分析，在工程博士培养中重视个性化、全球观、战略观。放宽学术型研究生选修课授课要求，制定积极的研究生培养政策，将工程科研能力转化为支撑专业型研究生培养的强有力基础。

最后，面对当今的知识大爆炸，面对文理工结合、宽口径的知识需求，大学的学习方式必须改革。里夫金在《第三次工业革命》中提出了分散式合作学习、扁平式学习等设想，值得我们去深入思考和探索。近年来，北京理工大学加强弹性化、研究型教学的尝试。一方面，构建弹性化模块支撑的教学体系，既兼顾学生拓宽基础，又照顾其提升专业能力；进一步降低总学分要求，创造更宽松的校内专业选择环境，提高学生的学习自主性。另一方面，实施研究型教学，把学科建设、科学研究与本科教学相结合，深化实践教学环节，采用与研究型教学理念相适应的教材体系、授课方式、讨论方式、作业类型、实践训练和考核方式，建立“以学生为主体，以教师为主导”的基于探索和研究的新的教学过程。在已建设的研究型示范课程的基础上进一步加强研究型课程的建设。

三、创新能力：灵活应用，实践创新

掌握知识是开展创新的基础，但知识量与创新能力并非呈简单的正相关关系。一类有说服力的案例是，曹雪芹在撰写《红楼梦》时只使用了约 4 290 个不同的汉字，而金庸撰写的所有武侠小说中也仅使用了约 4 300 个不同的汉字。在中国文学史上，有众多文人掌握更多的汉字，文学功底也非常扎实，但未能创作出这样的名著。面对知识爆炸、国际互联网，人们已经日益充分地认识到，只有能够灵活应用的知识，才是真正掌握的知识。要灵活应用知识，必须通过大量实践。实践是创新思想的源头、是创新过程的平台、是创新得以验证的依据。

首先，相对于理论教学而言，实验与实践教学：更加有利于突出学生主体，促进其主动构建科学的知识体系；更加有利于突出手脑并用，促进理论与实践结合；更加有利于突出研究探索，培养学生创新意识和创新能力。近年来，北京理工大学逐步建设了一批校内教学实验基地、教育创新基地、教学实验基地及校外实践基地，覆盖了宇航、机械、机电、光学、信息、电子、控制、材料、化工、生命、管理等学科领域。这些实践基地有效地激发了学生科技创新的热情，显著提高了学生的实践能力和创新能力。

其次，人才培养环境对创新型人才成长发挥着根本性作用。乔布斯、盖茨虽然不是美国高校直接培养出来的，但他们是在美国社会浓郁的创新环境中成长出来的杰出人物。换言之，只要成长环境好，无须过于刻意地人工栽培，杰出人才也会“冒出来”。人才培养环境的核心要素是人的价值观，以及由此所形成的风尚。对理工科大学而言，人才培养容易侧重于追求知识的传承和技能的训练，形成以学好知识体系、练好专业技能为目标的传统和风尚。随着经济和社会的发展，国家对人才的要求，尤其是对拔尖创新人才的要求，早已不仅仅是学好知识、练好技能，更重要的是创新能力。近年来，北京理工大学在导师选聘制度、研究生招生制度、拔尖创新人才培养体系构建等关键环节制定了一系列政策和方案，从根本上改善人才培养的环境，逐步树立以学术创新和激情创业为追求目标的学风。

综上所述，面对第三次工业革命及其带来的新经济发展模式，我们需要弘扬大学精神，努力营造优良的校风和学风，面向经济、社会发展的重大需求和世界科技前沿，勇于发现、提出和解决重大难题，进一步加快办学国际化进程，用我们的知识、才智和创造力去造福人类。

坚持党的群众路线 提升高校办学水平*

近代以来，任何一个国家的崛起和昌盛都依赖教育，尤其是世界一流的高等教育。中华民族沿着中国特色社会主义道路实现伟大复兴，也必然依赖教育，尤其是世界一流的高等教育。在中国国情下，就是需要坚持中国特色社会主义办学方向的世界一流大学。

作为大学校长，在建设具有中国特色社会主义的世界一流大学进程中，必须深入思考和解决如下三个重要问题，即“为谁办大学”“依靠谁办大学”和“如何做好大学校长”。

一、中国特色社会主义大学——必须让人民满意

在建设中国特色社会主义大学的办学实践中，校长的首要任务是深刻领会和贯彻落实党的教育方针，坚持正确的办学方向，把学校办成人民满意的大学。

（一）深刻理解党的教育方针

回顾我党历史上对教育方针的表述，其内涵曾有多次变化，尤其对于是否强调“教育为人民服务”，经历了一个漫长的、曲折的过程。

在我党早期局部执政时期，党的教育方针中曾有为人民服务的表述。1934年，由徐特立同志（时任中华苏维埃共和国临时中央政府教育部部长、后任北京理工大学前身——自然科学院的院长）主持制定的苏维埃中央政府关于文化教育的总方针中提出“以共产主义精神教育广大劳苦民众……使广

* 本文获2013年度北京高校领导干部理论文章二等奖。

大中国民众都成为享受文明幸福的人”。这一教育方针明确了教育与人民的关系，并且一直持续到新中国成立，指导了党在新民主主义革命时期的教育工作。1949 年 9 月，《中国人民政治协商会议共同纲领》提出：中华人民共和国的文化教育为民族的、科学的、大众的文化教育，应以提高人民文化水平，培养国家建设人才……发展为人民服务的思想为主要任务。由此确立了新中国“教育为人民服务”的指导方针[1]。

然而，自 1958 年 9 月《中共中央、国务院关于教育工作的指示》提出“教育必须为无产阶级政治服务”起，党的教育方针表述中不再提“为人民服务”，而且一度中断了 40 多年。特别在 20 世纪 60—70 年代，我国教育事业受到极“左”路线的严重干扰和破坏，直到党的十一届三中全会后才逐步回到正确道路上。

2002 年，党的十六大报告提出“教育为社会主义现代化建设服务，为人民服务，与生产劳动和社会实践相结合，培养德智体美全面发展的社会主义建设者和接班人”，由此确定了党的“两为”教育方针。2012 年，党的十八大报告进一步提出“教育为社会主义现代化建设服务、为人民服务，把立德树人作为教育的根本任务，培养德智体美全面发展的社会主义建设者和接班人”，进一步完善了党的“两为”教育方针。

（二）追求人民满意、师生满意

改革开放以来，我国公立大学在办学指导思想上非常强调面向国家重大需求、为社会主义现代化建设服务。以建设世界一流大学、高水平大学为目标的国家“985 工程”重点建设高校更是如此，而强调为人民服务尚有不足。

以北京理工大学为例，其前身是中国共产党在延安创办的自然科学院。建校之初，在徐特立院长的领导下，学校确立了为抗战建国培养技术干部的办学目标，培养了共和国总理李鹏同志、核潜艇之父彭士禄院士等杰出人才。新中国成立后，学校的办学目标调整为培养红色国防工程师，服务国家的国防工业发展需求，培养了国家副主席曾庆红同志、国家最高科学技术奖获得者王小谟院士等杰出人才。改革开放以来，学校努力服务国家重大需求，积极拓宽专业领域，全面提升办学层次，步入了创建高水平研究型大学的新阶段。

在新时期的办学指导思想和工作实践上，学校必须坚决贯彻执行党的“两为”教育方针，在面向国家重大需求、为社会主义现代化建设服务的同时，努力为人民服务，创建让人民满意的大学。在办学实践中，要努力实现以下两个“满意”。

一是在办学方向上要服务国家需求，让人民满意。2009年召开的第十三次校党代会确定，学校的近期发展目标是创建亚洲一流理工大学，长远发展目标是创建世界一流理工大学。在瞄准这样的宏伟目标而努力工作时，不仅要以美国佐治亚理工大学等世界同类著名大学作为参照系，千方百计提升学校的综合实力、办学水平和国际声誉，而且要千方百计提升学校服务国家重大需求的能力、提升办学水平和教育质量、提升学生的社会责任感和综合素质、提升学校让人民满意的程度。我们必须牢记，学校肩负着为国家工业化、信息化、国防现代化培育高素质人才和产出原创性成果的重任，肩负着提升我国高等教育和科学技术水平的重任，肩负着传承和创造先进文化的重任，肩负着推进中华民族伟大复兴的重任。我们的理想境界是创建让人民满意的大学，推进“中国梦”的早日实现。

二是在办学举措上要营造和谐校园，让师生满意。为了创建让人民满意的大学，必须凝聚起全校师生员工、广大校友的力量，朝着这个理想境界去共同努力。我们必须牢记，以人为本是学校发展的核心，广大师生员工是创建世界一流理工大学的智慧之源和直接动力。不仅要高度关注国际学术界、国家和社会对学校的评价，追求学术卓越，而且要努力提升全校师生员工的幸福感、广大校友和学生家长的认同感；不仅要高度重视学科带头人队伍、领导干部队伍建设，而且要将更多的人力、物力和财力投向青年教师的培养和成长，投向学生的培养和成长，提高办学水平和教育质量；不仅要努力进一步提高广大教职员工的经济收入和生活水平，而且要从制度建设、文化建设层面提升教职员工的主人翁感和责任感，齐心协力共同建设世界一流理工大学。

二、中国特色社会主义大学——依靠广大师生办学

在建设中国特色社会主义大学的办学实践中，校长应该深入学习和践行党的群众路线，真正依靠广大师生办学，走出一条中国特色社会主义大学的新路。

（一）群众路线与领导模式

从管理学角度看，如何调动组织成员的积极性来实现工作目标属于领导力研究的范畴。美国学者伯恩斯(J. M. G. Burns)的研究表明，领导力可划分为两种模式：第一种是交易型(Transactional)领导模式；第二种是变革型(Transformational)领导模式[2]。前者通过明确的任务及角色需求来引导与激励组织成员，根据工作绩效进行奖励、晋升等手段，促使该组织实现目标；后者通过与组织成员共同形成奋斗目标、道德标准、相互信任和支持，促使成员为上述目标而忘我奋斗，进而达到超过原定期望的结果。

这两种领导力模式都重视处理好领导者与组织成员的关系，即重视在工作中实施"群众路线"。但如果对这两种领导模式进行比较可见：交易型领导模式鼓励组织成员诉诸自我利益，在交换过程中以对领导顺从为前提，未能使其产生工作热情，难以使组织获得更大进步；而变革型领导模式通过让组织成员意识到所承担任务的意义，激发其高层次需要或扩展其需要和愿望，使其能够为组织目标而超越个人利益。

从理论上看，变革型领导模式体现了组织成员的高层次发展需求，能够实现更为宏伟的组织愿景，明显优于交易型领导模式，应该是更好的"群众路线"，但其实践效果却未必如此。例如，20 世纪 50—70 年代，我国政府的领导模式基本上是变革型，以消灭私有制、建设共产主义为特征，只向群众宣传长远奋斗目标，缺少直接的激励手段，因此并未取得成功。改革开放之后，我国政府的领导模式转变为交易型为主，以农业包产到户、工业绩效津贴为特征，重视激励手段，取得了很大成功，但也逐步暴露出不少问题。近

年来，我国政府的领导模式正逐步成为“混合型”，既提出到2020年人均收入翻番这样的近期目标，又提出实现“中国梦”这样的长远目标。

改革开放以来，我国高校内部管理体制和机制的改革基本采用交易型管理模式。尤其是通过改革人事分配制度等手段打破“大锅饭”，实行“多劳多得”，激发了广大教职员工的工作积极性，使高校发展呈现出巨大的活力，显著缩小了与发达国家高校在办学水平指标上的巨大差距。然而，打破“大锅饭”后所采用的量化考核等手段侧重于调动教职员工的个体积极性、短时积极性，有利于促使教职员工追求局部最优结果和短时最优结果，由此刺激和诱发了急功近利、学术浮躁等行为，带来不少深层次的问题。不进行新的改革，已难以进一步凝聚力量完成像“协同创新”等体现全局优化的任务和使命，也难以实现长时期可持续发展，更无法实现创建世界一流大学的目标。

（二）探索混合型领导模式

在中国这样一个发展中的大国、穷国建设世界一流大学，必须对国家将长期处于社会主义初级阶段有深刻的、清醒的认识，既要把握世界高等教育发展所遵循的普遍规律，又要探索具有自身特色、产出投入之比更高的发展道路。

在北京理工大学的办学实践中，我们深切感受到，既要重视各类精英人才在办学中所起的引导作用，又要调动全校师生员工的积极性，才能实现创建世界一流理工大学的宏伟目标。在调动教师和职工投身于高水平人才培养、原创性科学研究、学术创新团队建设、大学精神和文化构建等方面，许多长周期工作不可能仅仅依靠业绩奖励、职级晋升等短时刺激去实现，必须依靠广大教师、职工的“良心”和“自觉”去长期坚持与不懈努力，必须依靠变革型领导模式去引导和开展，必须进行新的体制机制改革。

从领导力模式看，必须很好地兼顾变革型、交易型两种领导模式的优点，克服各自的缺点，探索最佳的“混合型”领导模式。从当前的高校内部管理改革看，需要逐步增加变革型领导模式的权重，逐步克服交易型领导模式的缺点。

在办学实践中，倡导和实施变革型领导模式并非易事。这既是复杂的管理科学、高超的领导艺术，更是如何理解和贯彻党的群众路线的具体工作。采用对个体实施绩效奖励、职级晋升很容易收到立竿见影的成效，而倡导甘于奉献、团结协作则难得多。这既需要在大学的制度建设、文化建设方面做出长期不懈努力，又需要在日常工作中做耐心细致的宣传和说服，更需要领导干部在攻坚克难中率先垂范。

在办学实践中，有些领导干部经常抱怨教师、职工对工作推进不力，工作成效不好。但如果认真检查和反思，则发现问题往往出在领导者自身。要么是这类工作来自上级部署，或借鉴他校，或主观构思，而不是来自广大师生员工的建议，甚至与部分师生员工的意愿相悖；要么是这类工作及其思路尚不为广大师生员工所理解，得不到广大师生员工的大力支持，无法变成广大师生员工的自觉行动；要么是领导干部在这类工作中只说不做，没有率先垂范，带头推进。

因此，要更加深刻地理解党的群众路线，并努力付诸办学实践。要在广泛和深入的基层调研基础上集中师生员工的智慧，酝酿和策划重点工作；要将制订的工作任务、工作思路与师生员工进行深入沟通，让大家理解工作任务的意义，激发其高层次需要或扩展其需要和愿望；要领导干部率先垂范，以自身行动来调动师生员工的积极性、主动性、创造性，超越个人利益而努力完成工作任务。

三、中国特色社会主义大学——离不开人民教育家

在讨论了“为谁办大学”和“依靠谁办大学”这两个重要问题之后，自然会将思考延伸到第三个重要问题——“如何做好大学校长”，即大学校长的使命和职责上。

（一）努力成为人民教育家

目前，我国公立大学校长是政府选拔和任命的领导干部，而且绝大部分

是党员领导干部。党中央对高校主要领导干部提出了要努力成为政治家、教育家的要求，社会各界对大学校长寄予了很高期望。然而，大众媒体对当代大学校长的评价却不高，结论往往是“今不如昔”和“中不如西”。原因何在？

首先是校长的选拔和评价机制尚待改进。以国家“985 工程”重点建设的高校为例，上级部门遴选大学校长的程序是非常严格的，无疑是优中选优。但与世界一流大学的校长遴选过程相比，尚缺少校长候选人与师生员工代表见面、宣讲办学理念等环节。校长就任之后，则要严格按照上级部门的要求办学，积极争取上级部门的投入，实施上级部门部署的各种建设计划和工程。因此，在很多校长的思想上、行动上，完成上级部门下达的计划和任务是硬指标，而“依靠广大师生员工建设人民满意的大学”无疑是软任务。

其次是理解政治家、教育家的双重要求上有偏差。党中央对高校主要领导所提出的政治家、教育家要求无疑非常之高。因此，有人对此做了变通，戏称大学党委书记应是“懂教育的政治家”，而大学校长应是“懂政治的教育家”。在实践中，有些大学校长则将“懂政治”理解为善于领会上级领导意图、紧跟形势变化，曲解了党中央的要求。事实上，党中央之所以对高校主要领导提出要成为政治家的要求，就是希望高校主要领导面对任何复杂政治形势，都能坚持社会主义办学方向。而要做到这一点，必须深刻地、完整地理解党的“两为”教育方针，并在工作中坚决贯彻执行之，这才是“懂政治”的基本要求。

在我国高等教育界，人们最常赞誉的教育家是民国时代的蔡元培、梅贻琦、张伯苓等，他们共同创造了我国高等教育史上的第一个辉煌时代。然而，他们并非集政治家、教育家于一身的大学校长。由于他们所处的特殊时代，其教育思想主要是强调大学的自治性，所追求的是与政治无关的古典大学办学理念。

在我国高等教育史上，人民教育家徐特立同志是真正集政治家、教育家于一身的大学校长。他早年就深入研究教育的价值取向，在 20 世纪 30 年代提出了“教育为人民服务”的思想。20 世纪 40 年代，他担任自然科学院院长时，提出了“教育、科技、经济三位一体”“德育为首”和“实践创新”等办学理念[3]，领导自然科学院在极为困难的条件下进行办学实践，培育了一批抗战救国的优秀人才，为陕甘宁边区的建设、为新中国的建设做出了重要贡献。

我作为徐特立老院长所开创事业的接班人，要以他为榜样，朝着人民教育家的目标去努力。要深入学习、研究和传承徐特立教育思想，并在办学实践中继续丰富徐特立教育思想。

（二）守护和提升大学价值

大学是公共机构，其价值取向不同于政府、军队、企业等机构，与科研机构也有明显差异。大学校长是守护学校价值取向、提升学校价值的主要责任人。

以北京理工大学为例，校长的主要责任是既要守护和提升学校自延安建校以来形成的品牌和文化，尤其是学校所传承的延安精神和服务国家重大需求的传统，又要与时俱进，明确和提升学校在新时期的价值取向，将学校建成人民满意的大学、服务国家重大需求的大学、开拓世界科技和教育前沿的大学、传承和创新中华优秀文化的大学。

在守护和提升大学价值的过程中，大学校长必须要清醒地认识到，大学是一个非常复杂的动态系统，中国的研究型大学因肩负了更多的社会职责和功能，其内部结构尤为复杂。对于这个复杂动态系统，决定其价值的是某些关键的“慢变量”[4]，包括师资队伍建设、高素质人才培养、原创型学术成果、大学精神和文化等需要 10 年甚至 20 年努力才能见到成效的工作，而并非那些几年就可面貌一新的校园环境、教学和科研设施等“快变量”。要提升“慢变量”的质量，就要把工作精力从以量化评价为主的各类办学水平提升工程转移到以人才培养为中心上，远离浮躁，减少功利，弱化短期行为的刺激政策，进而营造优良的校风，守护和提升大学的价值。

大学校长要实现这样的理想和抱负，必须朝着人民教育家的目标去努力。不仅要具备优秀的政治素质、理论修养、管理能力，还要具备优秀的工作作风、个人修养、德行垂范，善于把握高等教育、科学技术、政治和经济发展的规律，善于从师生员工中发现思想火花，善于将两者结合并凝练成先进的办学思想，善于将先进的办学思想转化为师生员工的自觉行动。只有这样，才能不辜负国家和人民的期望，不辜负全校师生员工的期望，扎根中国大地，创建出世界一流大学。

参考文献

[1] 杨天平. 我国现行教育方针的历史演进与创新发展——对党的十八大报告中教育“二为”方针的学理解读[J]. 高校教育管理，2013，7(1)：1-7.

[2] 詹姆斯·麦格雷戈·伯恩斯. 领袖论[M]. 刘李胜，等译. 北京：中国社会科学出版社，1996.

[3] 胡海岩. 学习徐特立教育思想，创建高水平理工大学[N]. 学习时报，2011-11-21.

[4] 胡海岩. 系统科学视角下的中国大学发展[J]. 高等教育研究，2012，33(5)：1-7.

基于战略思维推进高校综合改革*

目前，高校综合改革已成为我国高等教育界普遍关注的热点问题，“按什么思路改”“具体怎样去改”和“改了之后如何”则是高校领导干部、师生员工的热门话题。仁者见仁，智者见智。

对于高等教育改革，早在20世纪90年代初就有学者关注综合配套问题，并从系统论角度提出了若干建议[1]。此后，有若干学者从系统论角度阐述高等教育的发展问题[2]。笔者曾从系统科学角度分析中国大学的发展，指出高校应实施综合改革，并提出了应注意的若干问题[3]。

本文在上述研究基础上，试图从战略思维角度来进一步探讨高校综合改革，着重阐述如何进行顶层设计、把握大局、突出重点、统筹兼顾、循序渐进，并讨论了综合改革实施过程中的任务分解、检查与督办等问题。

一、用战略思维看待高校综合改革

（一）战略思维是观全局、谋长远的思想方法

战略思维属于一类思想方法，它与其他思想方法的主要区别在于：它侧重研究和解决全局性、长远性的实际问题，尤其是对抗性问题。也就是说，战略思维放眼全局，而不是局部；瞄准长远，而不是当前；关注在实践上具有可行性和有效性，而不是虚无缥缈的空想；所解决的问题直接关系到全局性、永久性的成败，而不是局部或暂时的得失。

---

* 本文刊于：中国高等教育，2015(3/4)：52-55；获2014年度北京高校领导干部理论文章一等奖。

我国古代先贤非常看重战略思维。古人云：不谋全局者不足以谋一域，不谋长远者不足以谋一时。从古至今，人们用不同的话语强调战略思维的重要性。事实上，无论是国家、地区、单位乃至个人，都应该具备战略思维。无论何者，都要有一个关系全局、长远的大目标，然后按照正确的方法去实践，最后取得预期目标的实现。

对于大学决策者来说，战略思维尤为重要。如果一所大学的决策者不确立关系全局的、长远的目标，如果不制订一套实现目标的规划和举措，这所大学的建设必然是盲目的、低效的，而这所大学的改革和发展也必然是无序的、混乱的。

（二）综合改革是提升高校办学水平的长远大局

改革开放以来，我国高校的建设和发展取得了长足进步，一批国家“985工程”重点建设的研究型大学逐步进入世界著名高校的行列，为中华民族伟大复兴培养了人才队伍、产出了科技成果、提供了社会服务、传承和创造了优秀文化。但与此同时，我国高校的建设和发展也呈现出不少问题，如人才培养质量不高、原始创新能力不强、研究成果转化率低，甚至出现建设上铺张浪费、学术上道德失范、文化上日趋庸俗等问题，引起了社会的广泛关注和严厉批评。

唯物辩证地看，我国高校出现这些问题并非偶然。在我国从计划经济走向市场经济的转型过程中，高校内部新旧体制机制过渡期内容易产生各种“转型问题”；而长期以来高校靠“摸着石头过河”探索改革，导致各项改革成效没有形成合力，产生了“改革问题”。面对这些问题，是讳疾忌医、躲躲闪闪，还是义无反顾、勇往直前，这是对大学决策者的严峻考验。

关于如何解决这些问题，人们的看法不尽相同。有人认为，许多问题是由于社会转型和分项改革产生的，怀念改革之前的高校内部管理。也有人认为，只要加大对高校的投入，促使其加速发展，这些问题就会自然解决。然而，问题是绕不过去的，更不会自生自灭，只会日积月累。事实上，当前制约高校办学水平提升的问题不仅仅是投入不足，还有多年来多次、分项改革产生的负面因素，例如过度量化的学术评价体系和薪酬分配制度所导致的急功近利行为。解决这样的深层次问题，不仅需要加大投入，更需要瞄准建设一流大学的长远目标、工作大局来谋划和实施综合改革。

（三）战略思维是谋划和推进高校综合改革的重要思想方法

既然战略思维是观全局、谋长远的思想方法，而高校综合改革已经成为当前和今后较长时期学校工作的大局，运用战略思维去看待、谋划和实施高校综合改革，就成为题中应有之义。

高校综合改革的主要任务，是要站在新的高等教育历史起点上，面向现代化、面向世界、面向未来，分析以往多次局部改革的利弊，从全局最优和长远最优来考虑改革的最终目标、指导思想、整体方案、分项方案，尤其是各项改革之间的配套与协调。这样的改革，无疑不可能再依靠“摸着石头过河”的思维，也不可能依靠局部突破、以点带面的思维，而需要从战略思维来看待、谋划和推进。

目前，我国高等教育已完成了规模迅速扩张阶段，进入了以提高质量为主要任务的历史阶段。从高校内部看，学校已具备了一定的办学物质基础、制度基础和文化基础，而广大师生员工期盼学校通过综合改革再上一个新台阶，享受到综合改革成效。与此同时，国家、教育主管部门高度支持高校综合改革。因此，大学决策者若能从战略思维高度来看待高校综合改革，充分调动全体师生员工的积极性，就有能力且有条件谋划好、实施好高校综合改革，完成这一历史重任。

二、用战略思维谋划高校综合改革

（一）重视顶层设计

基于战略思维来谋划高校综合改革，要先进行科学的顶层设计。顶层设计包括深入剖析目前存在的问题和原因，提出高校综合改革的全局性、长远性目标，制订总体方案、分项方案，确定彼此关联和实施步骤等。

目前，人们对高校综合改革的“顶层设计”有各种不同看法。有人认为，以往很多改革不成功就是因为缺少顶层设计。有人则认为，现在难以拿出一个顶层设计方案，“摸着石头过河”较为可行。还有人对顶层设计抱有怀疑甚至不作为的态度。但从战略思维来看，只有进行自上而下的顶层设计，综合改革才能获得最佳整体成效，这也是广大师生员工的期盼和最佳选择。

对于高校综合改革来说，若能把问题调研和分析透彻，完全可以进行顶层设计。以大学内部学术治理结构的改革为例，目前常见的问题是：校、院、系三级管理往往缺乏有机的自组织功能、学院和系的发展活力不足；学院覆盖学科面不宽，不利于学科交叉和相互融合，甚至造成实验设施的重复建设和浪费；而教师的行政归属直接影响着跨学科的交流和合作。因此，顶层设计的目标可勾画为：从系统科学角度建立良性互动的自组织功能，将以行政管理为主的层级型结构转向以教授治学为主的扁平化学术网络结构。顶层设计的改革内容可包括：组建跨院系的学部委员会，负责学科建设规划、学术标准制定、学术评审、院长工作绩效考核等工作，推进教授治学；设立跨学科的学术机构，推进学科交叉和融合，促进协同创新；改变教授的单一行政隶属关系，使其成为学术网络结构的节点和学术建设的动力等。

（二）善于谋划大局

在高校综合改革的顶层设计中，需要涉及的内容很多，通常包括学科建设、队伍建设、人才培养、科学研究、资源分配、开放办学、制度与文化、党建与思想政治工作等，可谓包罗万象。

用战略思维来谋划高校综合改革，并非要面面俱到，让各项内容的改革齐头并进；而是要思考有没有关系到整个改革的全盘大局？有没有能推动整个改革的重点环节？有没有起主要作用的矛盾？用战略思维来谋划高校综合改革，重在要找出这个推进综合改革的大局，围绕大局进行谋划。而不是头痛医头、脚痛治脚；或者让各种力量互相博弈，从而导致整个改革难以深入。

当前，各高校面临的问题不尽相同，谋划综合改革所围绕的大局自然也不一样。以北京理工大学为例，学校于2010年制定的中长期建设和发展目标是：到2020年成为具有理工特色的亚洲一流大学。学校当前面临的突出问题是如何紧紧扣住“学术为基、育人为本、德育为先”的价值取向，调动全员积极性，优化配置资源，提高学科建设长效，强化人才培养，推动协同创新。通过调研和分析，学校拟将调动全员积极性、优化配置资源作为此次综合改革的大局。

在高校内部，如何调动全员积极性、优化配置资源是个老大难问题。以往的改革主要通过调整增量来解决，而这轮改革则要涉及存量的调整。正如人们所说，历经多年改革，容易改的都改了，这轮改革真正进入了“深水区”。但从战略思维来看，只有从这样的大局去谋划综合改革，才能抓住这个关系全局的牛鼻子，才能推进其他各项改革。

（三）务必把握重点

战略思维告诉我们，大局中有重点。把握重点，解决重点，是抓好大局的关键。毛泽东曾说：任何一级的首长，应当把自己注意力的重心，放在那些对于他所指挥的全局来说最重要、最有决定意义的问题或动作上，而不应当放在其他的问题或动作上。

高校综合改革的重点是什么？当前人们见仁见智、莫衷一是。有人认为，改革重点应瞄准高校内部管理体制，要彻底去除“行政化”；有人认为改革重点应是薪酬分配制度，要将有限的薪酬资金向优秀人才倾斜；有人认为改革重点应是学术评价体系，要向国际学术标准看齐；还有人认为改革重点应是资源分配方式，要突出分配公平。

从客观来看，高校综合改革的内容非常多，但归根结底是要围绕办学目标，抓住以人为本的治校理念和制度设计。事实上，深入分析管理体制、薪酬分配、学术评价、资源分配等方面存在的问题，也都归结到尚未以人为本。对于瞄准世界一流、中国特色而奋斗的大学来说，中国特色首先体现在人民满意上，包括全校师生员工满意、校友和学生家长满意。因此，高校综合改革应紧紧抓住从制度上、物质上、文化上调动全员积极性，办人民满意的大学这个重点，进行谋划、设计和实施，并以这个重点来检验高校综合改革的成效。

（四）注意统筹兼顾

在把握重点的同时，注意统筹兼顾，这是战略思维的一个基本要求。在推进高校综合改革的过程中，统筹兼顾是需要特别重视的工作方法和领导艺术。

如果将以人为本作为高校综合改革的重点，由于高校内部师生员工的利益需要极为多样，正确处理和协调各群体的利益成为高校综合改革的最大热点和难点。例如，为了创建一流大学，许多高校的综合改革方案中都提出要建立新的薪酬体系，大幅度增加一流学者的薪酬，但如何调整领导干部的薪酬、如何保障普通教职工的薪酬无疑成为难题。因此，在综合改革中，如何运用统筹兼顾的战略思维方法，处理好各种利益群体的关系，对大学决策者提出了重大考验。

统筹兼顾，不是平铺直叙、面面俱到、和稀泥、大锅饭。统筹兼顾，是在把握大局和重点的前提下，按照同时兼顾其他方面这个原则进行谋划和协调。根据“以人为本”的基本原则，在优先考虑一流学者薪酬的同时，还要充分考虑最基层教职工和最困难群体的利益。只有处处从最广大师生员工的利益出发，才能凝聚力量、克服困难，蹚过高校综合改革的“深水区”。

（五）坚持循序渐进

循序渐进是战略思维的一项基本要求，也是高校综合改革中必须坚持的原则。我国高等教育发展的经验表明：很多挫折都源于决策者的主观主义错误，没有按高等教育发展规律办事，循序渐进地推进工作；要么提前超越历史发展阶段，要么远远落后于时代发展要求。

在推进高校综合改革的过程中，尤其要注意防止过快、过慢，以及冷热病。特别对于薪酬分配等极为敏感的深层次改革，由于涉及广大教职工的切身利益，绝不可超越我国高校的历史发展阶段，脱离学校实际去随心所欲。

必须依照预定的谋划和设计，循序渐进，有组织、有计划、有步骤地推进。否则，就有可能使高校综合改革走上歧途。但另一方面，在现实迫切需要改革，改革时机已经成熟的条件下，犹豫不决、当断不断、错失机会、违背民意，也会付出沉重代价。

在高校综合改革中，如何运用循序渐进的战略思维方法，需要决策者深入基层，倾听意见，不断获得信息反馈，实时进行动态调整。

三、用战略思维来实施高校综合改革

（一）任务分解

大学是一个极为复杂的动态系统，包括人才培养、科学研究、队伍建设、条件保障等一级子系统，下面还有相关的管理部门、学院等相互关联的二级子系统。因此，高校综合改革是一项复杂的系统工程，其顶层设计完成之后，必须对任务进行分解，才能进行部署和落实。在以往的高校内部改革中，通常按照大学内部的一级或二级子系统等来分解任务，分别推进。

从战略思维看，高校综合改革要对大学内部多个子系统进行改革，而且要对这些子系统之间的相互关联进行改革，从而使综合改革产生最佳的整体效益。因此，高校综合改革的任务分解非常重要，有可能关系到改革成效。

如果将高校综合改革的任务分解到一级子系统，有可能过于庞大，如人才培养包括本科生教育、研究生教育、学生日常管理、招生与就业等；但若分解到二级子系统，又可能过细。从战略思维看，任务分解应着重考虑关联性。例如：将二级子系统归类为若干群，使群内二级子系统的相互关联度较高，而群和群之间的二级子系统关联度较低；选择多个彼此关联度低的“二级子系统群”作为改革样本，采用类似“基因遗传方法”的途径去并行改革，在子系统群间相互交流经验和教训，产生“变异”，逐步逼近全局最优/次优结果。

（二）任务实施

高校综合改革有了顶层设计和任务分解之后，成败的关键就在于如何实施。由于综合改革的覆盖面宽、各项任务的关联性强，必须用战略思维来统筹协调各项改革的节奏和进度。某单项改革的快速推进，既可能带动其他改革，也可能给其他改革带来不利。同样，某单项改革的滞后，有可能影响整个综合改革的进度，也可能阴差阳错而损失不大。

因此，在高校综合改革启动之后，就要建立一套行之有效的检查与督办机制，切实纠正时下普遍存在的实施不到位的问题，同时也解决个别工作越位的问题。值得指出的是，检查和督办同样需要从战略思维出发，绝不能把短期行为作为业绩，把局部业绩作为亮点，把表面现象作为成效，回到单项改革的老路上。

与以往的高校内部改革相比，综合改革的成效将更多依赖于各级领导干部的综合素质。近年来，高校各级领导干部经过学习培训和工作实践，综合素质不断提高。但从高校综合改革的任务要求来看，领导干部的素质仍有差距，尤其是具备战略思维能力和习惯的领导干部占比不高。在这样的情况下，领导干部会机械地理解任务分工，只关注自己分内的工作，不关心各分项改革之间的关联，更无从考虑它们的综合效益。有些领导干部甚至有强烈的本位主义思想，不积极配合他人工作，导致综合改革失败。

因此，在综合改革的谋划和实施阶段，都要加强对领导干部的战略思维培训和改革业绩考核。考核中，不仅要看完成本职工作的情况，还要考核配合他人工作情况，进而促使领导干部从长远和大局出发，主动谋划和推进综合改革工作。

参考文献

[1] 陈传林. 从系统论两个原理看高等教育综合配套改革[J]. 江苏高教，1992(4)：16-19.

[2] 王华峰，韩文秀. 系统科学视野下的高等教育转型发展[J]. 教育研究，2002(9)：35-38.

[3] 胡海岩. 系统科学视角下的中国大学发展[J]. 高等教育研究，2012，33(5)：1-7.

大学综合改革破题的思想基础*

“三个和尚没水吃”是人们对计划经济时代发展模式的形象描述和深刻反思。因此，我国各行各业的改革都从引入竞争机制开始起步。但随着改革逐步深入，人们思想观念中的小农意识又开始登堂入室，导致了许多更复杂、更深层次的发展难题。面对国家提出的“双一流”建设任务，我国众多大学已启动和实施综合改革，急需寻找新的破题之策。

一、小农意识严重困扰着我国经济社会发展

我国独特的历史发展轨迹决定了小农意识在全社会具有根深蒂固的影响。改革开放以来，虽然人们头脑中的小农意识受到前所未有的冲击，但并未涤荡干净。时至今日，它还普遍地存于现实社会中，对人们的思想和行为产生着深刻影响，极大地阻碍着社会主义市场经济的纵深发展和国家现代化的历史进程。

2015 年，《中国科学报》上刊登的一篇文章引发了我的思考。文章题为《“累死干部也扶不起典型”为哪般》，讲述了改革开放第一村——安徽凤阳小岗村实施“包产到户”后的成就与困惑。历史上，小岗村自然条件差、生产水平低，年景不好时村民便敲着“凤阳花鼓”外出乞讨。1978 年，该村 18 户农民冒险摁下手印，分田到户单干！农民生产积极性得到释放，小岗村第一年就越过温饱线，两年后则成为全国农村改革的模范样板。虽然“包产到户”解决了亿万农民的温饱问题，但单干的力量在迅猛发展的社会生产力面前日渐微弱。小岗村步入“一年跨过温饱线，三十年未进富裕门”的迷途，只能依

* 本文刊于：中国高等教育，2016(8)：19-21；获 2015 年度北京高校领导干部理论文章一等奖。

靠政府拨款等维持样板村形象。

2004年，安徽省委选派沈浩主政小岗村，力图整合资源，壮大集体经济。他引进大学毕业生，加强村领导班子建设；加强教育和科普，动员村民集中土地、合并开发。遗憾的是，村民们走不出小农经济的桎梏，满足于温饱有余的生活，对协作生产心怀疑虑，致使沈浩倡导的合作农场始终未成气候。令人遗憾的是，沈浩在超负荷工作的拖累下心力交瘁、积劳成疾，带着满心的不舍、不甘和不解撒手人寰。

在工业界，被小农意识影响的例子同样不胜枚举。企业间的无序竞争、缺乏协作，大量项目的盲目上马、缺乏统筹，摊薄了很多行业的利润，到头来伤害企业本身，甚至打击了整个行业。例如，在汽车行业，全球几大巨头已进入合作共赢阶段，“取人之长，补己之短”已成为行业的主流。而在我国汽车行业，却呈现相反景象。几年前，上汽和南汽相互竞争并购英国罗孚，互抬价格，陷入“囚徒困境”。结果一家得到品牌和生产线，一家得到知识产权。这仿佛两个人竞购一双鞋，一个人得到了左脚的鞋，另一个人得到了右脚的鞋；而两个人不得不为自己买的一只鞋，去另配一只。结果两家公司推出的产品同质化严重，在市场上相互缠斗，经营惨淡。最终两家公司艰难地做出合并的决定。

二、小农意识严重阻碍着我国大学争创一流

政治经济学的经典论著中这样定义小农意识：“指为满足个人温饱，在一小块地上自耕自作，无约束、无协作、无交换而长期形成的一种思想观念和行为习惯……形成很大的保守性，本能地排斥变革，缺乏主动进取精神……决定了人们的思想方式的经验性、直观性和不系统性”；并且指出：“小农意识是个体的，但却是普遍的，它作用于农民，影响于全社会。时至今日，其传统依然对中国社会各阶层的人的观念有所制约”。

我国的改革起步于农村，萌芽于小岗村，经历了从效率低下的大锅饭时代，到改革后产能迸发的个体阶段，再到竞争加剧的优胜劣汰阶段，以及当

前协作整合的艰难转型。我国大学的改革进程同样如此，也同样受到小农意识的困扰。

首先，外部需求的增长刺激了我国大学的知识供给。“文革”结束、高考恢复之后，大学教师重新走上讲台、启动学术研究。随着改革开放，经济社会快速发展，高等教育大众化的要求促使大学经历了大规模扩招，人才培养任务量倍增。与此同时，国家科技体制改革逐步推进，诸多亟待解决的科技问题要求大学更多地参与攻关，为经济社会发展提供智力支撑。面对快速增长的社会需求和捉襟见肘的办学经费，大学开始打破“大锅饭”，通过设置课时酬金、组织计划外教学、承接横向工程项目等方式，允许一部分人先富起来，增加了办学活力。

其次，我国大学之间、大学内部通过加剧竞争满足知识供给。近 20 年来，国家通过“211 工程”和“985 工程”对一批大学持续加大投入，地方政府也以不同形式向大学注入资源，大学同产业界的联系日益密切。面对争取资源和社会评价的压力，大学之间的竞争日趋激烈，大学内部不得不强化“包产到户”的竞争机制。例如，各大学通行的考核体系，对教师个体承担的教学工作量、科研经费额、发表论文数划定下限，追求更高的产出效率。

然而，随着社会的迅速发展，改革步入深水区。和小岗村的村民一样，我国大学中教师单干的成效很快释放完毕。在建设创新型国家的崭新要求面前，由于缺乏长远奋斗目标、缺乏有效的组织与协作，我国大学的人才培养和学术产出质量很难与之相适应。教育教学被“计件工资”化，教师责任感弱化，人才培养质量令人担忧；学术研究被过度量化，论文和专利数量不断增长，但学术质量提升缓慢；学校不断新建用房、不断购置设备，资源却日益成为“私有”，资源调配和共享成了老大难问题；稍成气候的团队对外力产生抗拒，引进人才积极性不高，形成学术上的“近亲繁殖”等。

伴随着这些现象，近年来社会对于大学育人质量和学术水平的质疑声一再响起。大学决策者、管理者也和沈浩一样产生着困惑：花费了很多心血，投入了很多资源，推行了很多激励政策，却总是收效甚微。许多举措往往在落实过程中遇到阻力，被困在同院系、干部和教师反反复复的“博弈游戏”当中。追根溯源，我们已经看到，改革的阻力来自小农意识。当前的大学综合改革，除了改体制、改机制，还必须改思想、改观念，否则难以建设一流大学和一流学科。

三、破除小农意识是推进大学改革的关键一环

在我国农民的传统观念中，“两亩地一头牛，老婆孩子热炕头”是令人神往的温饱生活。自然而然，农村经济就脱离不了以户为单元、无规模经营，相对封闭、抱残守缺的状态。在当今我国一些大学中，“每年有3学分的课、3个研究生、30万元的横向课题经费”成为不少教师颇为得意的工作状态，也令这些教师安于现状、止步不前。长此以往，对大学这个整体来说，追求卓越、勇于创新的文化氛围只能沦为空谈，正在谋划和推进的综合改革也必然举步维艰。

从实践上看，大学综合改革正由于部分干部和教师的小农意识而面临挑战。例如，不思进取、小富即安，胸无大志、得过且过；又如，无利不为、少利少为，投入不足、工作消极；再如，擅长对别人评头论足，不会解决自己遇到的问题。除此之外，小农意识的一些其他特征，像“缺乏协作、宗派亲族、故步自封”等，在大学的部分干部和教师身上或多或少都有体现，有的甚至根深蒂固，给工作带来极大的负面影响。

以人才培养工作为例，近年来我国大学的资源投入、激励政策不可谓不多，成效却不是十分令人满意，原因还是出在思想观念上。当年的西南联大之所以杰出人才辈出，最根本的原因在于广大师生的救亡意识和社会责任。因此，大学的干部和教师必须要有强烈的图强意识和社会责任，而不是把本职工作当作无利不为、少利少为的谋生手段。再以师资队伍建设工作为例，不少大学一直难以克服近亲繁殖的惯性。虽然选留的本校毕业生当时是优秀的，在短期内也有助于学校保持学术特色，但从长期发展看，这势必引起学术上的退化，不利于博采众长和学科交叉，甚至阻碍创新和持续发展。在当前我国大学的综合改革中，倘若不能首先克服和纠正这种封闭、排外的陈旧

思想，学校的路将越走越窄，宏伟蓝图将无从实现。

从理论上讲，可以用经济基础与上层建筑的矛盾运动规律来理解转变思想观念对于当前我国大学综合改革的关键作用。对于研究型大学来说，学校既是知识的生产者，又是知识的传播者。其育人、科研等工作产出效率的提升代表了其生产力的发展，并引起内部生产关系的变化。学校的上层建筑(包括思想观念、规章制度、组织架构等)也必须随之发生变革，否则就不能长期存在。与此同时，上层建筑并不仅仅消极地反映和适应经济基础。相反，当积极的思想观念牢固树立起来、先进的体制机制完善建立起来，就会对创造知识、传播知识产生巨大的反作用，促进学校的发展。

经济基础与上层建筑之间这种相互作用推动着一个组织治理体系的不断完善以及产出水平的螺旋式上升。在我国大学中，原有的小而散、不信任、不协作正与学术创新的新形态、新特质背道而驰。今后一个时期，思想观念、体制机制转变的程度和速度将直接决定大学发展的质量与效率。与体制机制的变革相比，思想观念的转变往往要慢许多。但思想观念与体制机制之间密切关联、相互制约。思想观念的转变需要通过体制机制来得以实现，而体制机制的改革需要思想观念来提供深层次的内生动力。因此，干部和教师对改革的自觉意识越强烈，体制机制改革推进就越顺利，整体产出水平的提升就越有成效。

四、推进大学改革中摒弃小农意识的基本路径

小农意识的种种局限性，与已步入工业化中后期的我国经济社会发展不相适应，与中华民族伟大复兴的愿景更不相适应。对于我国大学，尤其是国家和人民寄予厚望的重点大学而言，在建设世界一流大学的进程中，彻底破除小农意识的思想桎梏是题中应有之义，做到这一点应当遵循以下的基本路径。

一是保持办学的高度开放。小农意识所寄生的环境往往有一个显著特征：活动范围狭小，社会交往局限于宗法血亲和地缘，缺乏广泛的社会交往

与社会交换。当今我国大学中，相当一部分学科、学者“具有浓厚的自我中心意识和圈子意识”。一方面，对自己的学术研究盲目自大、孤芳自赏；另一方面，对“圈子”以外的人和事都持怀疑、排斥甚至敌视的态度。为了建设世界一流大学，必须致力于打造全球化的学术交流与合作网络，通过激励机制和舆论引导鼓励师生走出校园、踏出国门、开阔眼界，通过持续、稳定的坚持开放办学政策，让来自各方的先进思想、优秀文化、学术信息在大学校园中传播，不给小农意识提供滋长的环境。

二是抓好学术团队的建设。小农意识所处的环境还有另外一个显著特征：生产的基本单位和组织为家庭，自给自足，缺乏广泛的社会分工和社会联系。学术团队是大学履行育人、研究等职能的基本单元，学术团队的建设应当避免“家族化”。在我国大学中，往往越是历史悠久、学术地位高的团队，其学术队伍的“近亲繁殖”现象就越严重，对团队创始人的“祖先崇拜”也导致团队成员依赖性较强，缺乏自主开拓的魄力。为了建设世界一流大学，既要培育具有战略眼光、德才兼备的团队带头人，未雨绸缪，做好梯队建设，保证团队后继有人；又要通过优化团队学缘结构，从组织构架、学术思维、研究习惯上打破陈旧格局，产生新的交叉融合，形成生物学意义上的杂交优势。

三是培植优秀的大学文化。大学的精神和文化是大学最关键和核心的价值，一流的大学文化是一流大学最根本的体现，而小农意识与之存在根本冲突。高水平的学术研究是敢于冒险和探索未知的崇高职业，而小农意识所形成的狭隘、偏执、不思进取、惧怕竞争等文化心理都与优秀的大学文化背道而驰。为了建设世界一流大学，必须坚决克服小农意识产生的各种惰性，引导师生不断思考前沿问题、重大问题，站在国家和民族的高度谋划自己的发展；要大力弘扬科学精神、创造精神、批判精神等有益的文化元素，逐步清除滋生小农意识的文化土壤。

四是注意方法的循序渐进。在破旧立新的过程中，我们必须清醒地看到，小农意识是我国传统文化的有机组成部分，尽管它在总体上同国家工业化、现代化的进程相抵触，但它也有独善其身等方面的积极要素。我们应该细心和耐心地使它融入现代大学的精神和文化，应当努力创造条件，因势利导，使它逐步改变，决不能采取粗暴的办法予以横扫。否则就是以小农意识来反对小农意识，以小农意识来改造小农意识，结果只会使小农意识对一流大学建设所起的消极作用更加膨胀。

综上所述，大学综合改革破题之处在于勇于自我革新的群体意识。大学的干部、教师必须先从理念上动刀子，在思想上拧成绳子，并在工作中持之以恒地加以改进，改革才能改在要害、革出光明！

三把“尺子”丈量“一流”*

2015 年 10 月，国务院印发《统筹推进世界一流大学和一流学科建设总体方案》(以下简称《统筹推进方案》)，吹响了建设高等教育强国的进军号和冲锋号。近期，不论是高等教育界，还是社会公众，在为《统筹推进方案》而欢欣鼓舞的同时，都在谈论中国大学距离世界一流大学和一流学科有多远？中国大学如何缩短与世界一流大学和一流学科的差距？中国大学如何处理好扎根中国与世界一流的关系？作为大学校长，我建议用三把“尺子”来度量差距，进而探索在中国国情下建设世界一流大学和一流学科的正确途径。

一、第一把“尺子”——大学本源

前些年，有人曾解读大学(University)一词派生于宇宙(Universe)，认为大学应该像宇宙一样包罗万象、覆盖所有学科。他们强调大学与其他教育机构的差异在于其综合性，而且称世界一流大学的主要特征也是综合性，甚至将是否拥有医学院作为重要的特征。随着人类知识体系的不断拓展，现代大学所覆盖的知识结构确实越来越宽广，但 Universe 并不足以体现大学的本质。

事实上，大学一词来自拉丁语的 *Universitas*，其原始含义是教师和学生的共同体，是教师和学生共同探索真理、传播真理的学术机构。随着时代发展，尽管大学的内涵在不断扩展，但大学作为由教师和学生的共同体的本质始终没有改变，其探索真理、传播真理的使命没有变。一所大学如果没有对

---

* 本文刊于：中国高等教育，2017(3/4)：15-17；获 2016 年度北京高校领导干部理论文章一等奖。

探索真理和传播知识的追求，只追求综合性，追求对知识结构的全覆盖，就会脱离大学本源，更无法成为一流。因此，一流大学必然是一流教师和一流学生的共同体，并在探索真理、传播真理的过程中造就学术造诣高深、道德高尚的“硕学宏才”。

作为教师和学生的共同体，大学的第一功能是人才培养，而科学研究、社会服务、文化传承与创新、国际学术交流与合作等功能皆由人才培养延展而来，必须与人才培养互利，有助于提升人才培养质量。历史上，德国教育家威廉·洪堡开创了研究型大学的先河，积极倡导教学与研究并重，使大学既要传播知识，还要发现知识。但他并非将二者简单并列，而是认为从事深入研究工作的教师对发现知识和应用知识有更加深刻的体会，强调教师将自己发现知识和应用知识的感受传授给学生，以利于启迪和培养学生发现知识和应用知识的能力，提高人才培养质量。20 世纪，美国若干著名研究型大学曾过度关注学术研究和研究生培养，忽视本科生教育。但这批大学已在办学实践中经历了挫折，如今无不高度重视本科生教育。

近年来，中国大学经历规模扩大、迅速发展之后，已步入内涵发展、特色发展的新阶段。在这个阶段，如果依旧片面追求大学的综合性、研究型，盲目拓展学科专业而忽视教育教学质量，盲目争取研究项目而忽视人才培养，甚至把研究生、本科生视作从事学术研究和社会服务的劳力，则无疑将弱化大学的第一功能，进而逐渐背离大学本源，距离世界一流大学会越来越远。

对于北京理工大学来说，在建设世界一流理工大学的过程中不刻意追求综合性，而谋求若干学科群的优势和特色；不追求学术指标上的研究型，而谋求学术为基、育人为本，为育人探究学术、将学术融入育人。我们清醒地认识到，学校的人才培养工作与世界一流大学相比、与建设世界教育强国、科技强国的需求相比仍有较大差距。为此，学校开展了为期近一年的人才培养工作大讨论，认真梳理人才培养工作的理念与思路，查找人才培养工作的薄弱环节和短板，在综合改革框架下制定了提高人才培养质量的若干意见和系列配套文件，将立德树人摆在各项工作的首位，努力提升思想认识、加大资源投入、强化政策激励、促进教研融合、有效监控运行，全面提升人才培养质量，完成培养一流人才的第一使命。

二、第二把“尺子”——教育规律

《统筹推进方案》给出了我国建设世界一流大学的时间表。人们有充分的理由相信，在社会主义制度下，举国关注、鼎力投入，进入重点建设行列的一批中国大学的综合实力会得到迅速提升，在世界大学排行榜上的名次不断进步，甚至占据显赫位置。

然而，这不禁让人联想到我国体育界曾实施“奥运金牌战略”，迅速提升一批竞技体育项目的水平，赢得了众多奥运金牌。但在这片繁荣景象的背后，基础性最强的田径、游泳等项目进步缓慢，系统性最强的三大球项目尚未见起色。近年来，人们在反思这种“突击战”模式时产生了许多质疑，即“奥运金牌战略”是否违背了体育事业的发展规律。倘若把建设世界一流大学也看作一场全球大学的比拼，采用类似“奥运金牌战略”的刺激政策，是否会违背教育事业的发展规律？

教育发展规律告诉我们，高等教育具有上层建筑属性，其发展受到经济基础制约。因此，人类历史上还没有任何一个发展中国家建成世界一流大学的先例。即使20世纪50年代以来在西方教育界、科技界赢得良好声誉的印度理工学院，也难以称得上世界一流。因为它不能吸引全世界的优秀学者去任教，更难以吸引全世界的优秀学子去求学，无法构成世界一流教师和一流学生的学术共同体。事实上，随着中国经济和社会的快速发展，近年来一批中国大学已在综合实力上远远超越了印度理工学院，这也从另一个侧面说明了高等教育发展与经济发展之间的正相关性。因此，我们要清醒地认识到，在人均GDP远低于世界平均水平的中国建设世界一流大学，将是人类历史上的一次伟大探索，必定面临来自大学内部、外部的众多困难。我们切不可盲目乐观，而必须用实事求是的态度去查找问题，解决问题。我们不仅要看到和解决一批重点建设大学内部的问题，还要看到整个教育系统乃至社会层面存在的问题，进而通过政府、社会、教育系统的联动，通过综合改革来解决具有系统性的问题。

教育发展规律告诉我们，从上层建筑对经济基础的反作用看，高等教育可以适度超前经济发展和社会发展，进而引领经济和社会发展，推动国家走向现代化。不论是在西方的英国、法国、德国、美国，还是在东方的日本、韩国、新加坡，这些国家的顶级大学在国家现代化进程中都曾起过非常重要的引领和推动作用。在东方后来居上的国家，这样的作用更加明显。因此，我们需要有自信心，建设扎根中国的世界一流大学，来推动科技强国、制造强国、网络强国、文化强国建设，实现中华民族的伟大复兴。

教育发展规律还告诉我们，大学是一个非常复杂的动态系统，不仅包含人才培养、科学研究、社会服务、文化传承与创新、国际学术交流与合作等众多子系统，而且各系统之间具有强耦合关联。对于中国公立大学来说，这个系统还包含了产业、后勤、离退休等子系统，比世界上其他国家的大学更为复杂。对于大学来说，其办学质量主要取决于人才培养、基础研究的水平提升，而这些工作具有建设与发展周期长、输入远远滞后于输出等“慢变”特征。因此，办大学需要小火慢炖、细水长流，而任何急功近利、疾风骤雨般的“建设工程”，肤浅地追求个别办学指标的大幅提升的“大跃进”，均会严重破坏大学的学术生态，导致办学质量滑坡。在我国高等教育发展史上，许多挫折都来自盲目追求发展速度，最终则欲速则不达。

对于北京理工大学来说，建设世界一流理工大学应该有时间表，但更需要有打“持久战”的办学理念和不懈努力。我们清醒地认识到，学校的办学条件、师资队伍、体制机制、文化氛围还远远不适应建设世界一流理工大学的要求，而其中最突出的短板就是教师队伍与一流水平具有显著差距，而这是需要长时间积累才能见成效的建设任务。为此，学校以创建与世界一流理工大学相匹配的教师队伍聘任体系作为综合改革的突破口，大幅度提高新教师入职的学术门槛，为新教师提供优质的工作条件和生活条件，强化新教师的岗位职责，尤其是育人职责，通过预聘、长聘和专聘制度对新教师实现优胜劣汰。与此同时，学校鼓励原有教师申请进入新的教师聘任体系工作，并进行分类评价和管理，促使他们在已有基础上谋求特色发展，用更高的育人标准、学术标准要求自己，提高教育教学质量、学术研究水平。学校计划经过十年左右的努力，实现新老教师体系的并轨，使教师队伍整体质量得到显著提升，推动世界一流理工大学的建设。

三、第三把“尺子”——人民满意

《统筹推进方案》发布之后，不少人试图用世界大学排行榜或文献计量工具来界定世界一流大学，进而衡量中国大学与世界一流的距离。这种办法无疑最为简单和直观，但却非常片面，而且易于误导。

例如，在各种世界大学排行榜中，俄罗斯的莫斯科国立大学基本位居百名开外，落后于若干中国名校。但无论是从人才培养、科学研究、社会服务、文化传承与创新、国际学术交流与合作，还是从历史底蕴和世界影响来看，莫斯科国立大学都是俄罗斯人民的骄傲，在世界大学中的一流地位毋庸置疑。事实上，许多非英语国家的顶级大学地位被低估，尤其是这些大学推动国家经济和社会发展的贡献被忽略。与此同时，我国新闻媒体对美国、英国等国家的大学办学水平过分渲染，甚至盲目吹捧，导致公众对什么是世界一流大学产生误解。

再如，近年来中国研究型大学的论文数量持续飙升，专利授权数量一骑绝尘。中国研究型大学在世界大学排行榜上进步神速，进入 ESI 学科统计前1%的学科数大幅增加，赢得了不少称赞。但这些数字并非世界一流大学的价值取向，因为它们无法全面展示大学的人才培养和学术研究质量，无法度量大学的精神和文化，更无法衡量大学是否明德至善、惠及人民。对此，不论是教育主管部门，还是社会公众，尤其是大学的管理者和学者，应该有清醒的认识，切不可盲目地追随大学排行榜、文献计量指标。

高等教育是一种社会存在，而不仅仅是象牙塔。近代以来，任何一个国家的大学建设，都服务于国家的经济社会发展。纵观当代世界一流大学，它们均在国家崛起、社会进步、产业革命、文化繁荣中担当重要角色，产生了引领和推动作用。中国大学要争创世界一流，既要与世界一流大学同台竞争，又要防止片面用各种大学排名、量化指标来找差距，更要切忌片面追求“国际化”。作为大学管理者，应该坚持历史唯物主义的观点，认真审视当代世界一流大学及其所在国家的发展阶段，厘清现阶段中国大学发展与国家发展之间的关系。在此基础上，勇于坚持自己的价值取向，以推动乃至引领中华民族复兴为己任，建设扎根中国大地的世界一流大学，办让人民满意的高等教育。作为教育管理部门，则应系统征求政府部门、社会各方的意见，精心设计对世界一流大学和世界一流学科建设的评价体系，进而明确正确的办学方向。

在近期召开的全国高校思想政治工作会议上，习近平总书记强调我国高等教育应该做好“四个服务”，即为人民服务，为中国共产党治国理政服务，为巩固和发展中国特色社会主义制度服务，为改革开放和社会主义现代化建设服务。“四个服务”的核心是让人民满意，这正是中国大学应该坚持的办学方向，也是中国大学在争创世界一流过程中不可迷失的方向。

对于北京理工大学来说，要依据世界科技和教育的发展态势，根据国家的工业化、信息化、国防现代化重大需求来谋划学校未来发展，把人民满意作为建设世界一流理工大学的最终目标。我们清醒地认识到，国家的工业化、信息化、国防现代化发展已进入创新驱动发展的新时期，尤其是国防科技发展必须走自主创新、原始创新之路，而学校的人才培养、科学研究、社会服务等能力还不能适应形势要求，远远达不到人民满意的境界。为此，学校在《“十三五”学校事业发展规划》中更加突出人才培养、科学研究中的自主创新和原始创新。在人才培养中，突出立德树人，强化研究型教学、研究型学习；在科学研究中，聚焦重大科学问题和重大工程问题，突出原始创新和协同创新；在社会服务上，进一步突出面向国家重大战略需求、推动京津冀协同发展；在保障条件上，凝聚力量建设高水平科研平台和教学平台，营造自主创新、严谨求实的学术生态；进而提升学校引领和推动国家的工业化、信息化、国防现代化发展能力。

北京理工大学是中国共产党创建的第一所理工科高校，“延安根”和“军

作为经历了这个时代变化的大学决策者和管理者，我深切感受到中国高等教育也发生了历史性变化。进入新时代以来，在世界高等教育的格局中，中国大学的分量迅速提升，引起世人的高度关注。以北京理工大学为例，我们不仅已提出了建设世界一流大学的具体目标和时间节点，而且具备了实现目标的基础；我们培育的青年学子不仅成为国家栋梁，而且受到世界著名学术机构、跨国企业的青睐；我们产出的学术成果不仅服务国家重大战略需求，而且在世界学术界产生重要影响；我们的办学实力吸引了莫斯科国立大学这样的世界名校来华合作，共同创办深圳北理莫斯科大学。我作为大学校长，在工作中深切感受到世界名校对中国大学的尊重不断提升，感受到中国大学加速建设世界一流大学的步伐。

作为进入世界一流大学建设高校的决策者和管理者，我在为学校发展而深感自豪的同时，深切体会到中国必须建成一批世界一流大学，才能成为世界高等教育强国，才能步入世界舞台中央，才能实现从站起来、富起来到强起来的伟大飞跃。因此，我们必须深刻领悟中国特色社会主义新时代的发展内涵，深刻理解建设社会主义现代化强国、实现全体人民共同富裕、实现中华民族伟大复兴等发展内涵对建设世界一流大学所提出的先导性支撑要求，并将其细化为对人才培养、科学研究、社会服务、文化传承与创新等方面的具体任务。面对新任务和新挑战，我们要坚定理想信念，坚持社会主义办学方向，以永不懈怠的精神状态和一往无前的奋斗姿态，提出新思路、制订新举措，加速建设世界一流大学的步伐。

二、把握社会主要矛盾对一流大学建设的影响

中国共产党历来将解决社会主要矛盾作为制定各项方针和政策的重要依据。回顾历史，党的八大提出：国内主要矛盾是人民对于建立先进的工业国的要求同落后的农业国的现实之间的矛盾，是人民对于经济文化迅速发展的需要同当前经济文化不能满足人民需要的状况之间的矛盾，矛盾的实质就是先进的社会主义制度同落后的社会生产力之间的矛盾。党的十一届六中全会

通过的《关于建国以来党的若干历史问题的决议》对我国社会主要矛盾表述为：人民日益增长的物质文化需要同落后的社会生产之间的矛盾。上述政治判断是我们党提出改革开放，设计中国特色社会主义道路的重要依据。

党的十九大报告指出，中国特色社会主义进入了新时代，我国社会主要矛盾已经转化为人民日益增长的美好生活需要和不平衡不充分的发展之间的矛盾。这是对现阶段我国社会主要矛盾做出的新的重大政治判断。不论是从经济社会发展看，还是从人民需要看，这一判断都体现了我们党一贯坚持的“实事求是”的思想路线。

党的十九大召开以来，已有若干理论工作者从经济、政治、文化等角度阐述了这一重大政治判断。作为大学的决策者和管理者，我深感我国高等教育领域面临的主要矛盾也同样如此。一方面，我国已成为世界高等教育大国，不仅拥有世界上最大规模的高等教育，而且进入了建设世界高等教育强国的新时代。另一方面，我国高等教育发展呈现出明显的不平衡和不充分，不仅存在东部地区与中西部地区的巨大差异、重点建设大学与一般大学的巨大差异，而且在大学内部也存在巨大差异，不能满足人民日益增长的对优质教育的需要。以北京理工大学为例，学校建设和发展同样面临上述矛盾。一方面，学校的综合办学实力不断提升，人才培养、科学研究、社会服务、文化传承和创新的能力和水平已接近亚洲一流大学。另一方面，不论是学科专业、师资队伍的建设，还是教学科研设施、大学文化的建设，都呈现明显的不平衡和不充分，优质办学资源的占比还不够高。尤其在研讨式教学、原创性研究、现代大学治理、服务师生和校友等方面，与世界一流大学尚有差距，与广大师生、校友和人民群众的美好期盼尚有差距。这正是我国社会主要矛盾在高等教育领域的表现，反映出社会主要矛盾对一流大学建设的影响。

我们应该充分认识到，我国社会主要矛盾的变化是全局性的、历史性的，而不是局部的、暂时的。因此，它们对高等教育发展乃至一流大学建设的影响将是长期的、深远的。我们要有强烈的问题导向意识，必须直面重大问题，直面突出矛盾，以更加强烈的担当意识，通过综合改革和建立长效机制来解决这类全局性、历史性问题。

我们还应该充分认识到，我国社会主要矛盾的变化并没有改变对我国所处历史阶段的判断，我国仍处于并将长期处于社会主义初级阶段的基本国情没有变，我国是世界最大发展中国家的国际地位没有变。在这样的国情下，建设世界一流大学，不仅极具挑战，而且在世界范围内尚无先例。我们不仅要有远大的目标和愿景，要有坚定的理想和信念，还要遵循经济和社会发展规律，遵循高等教育和科技发展规律，下大功夫去研究面临的矛盾，探索在中国国情下解决问题的新办法。

我们在认识和理解我国社会主要矛盾的变化时，应该把握住“变”与“不变”的辩证法和统一性，把握社会主义初级阶段这个基本国情，立足社会主义初级阶段这个最大实际，坚持党的基本路线这个党和国家的生命线、人民的幸福线。我们在认识和理解高等教育发展、学校事业发展的问题上，同样应该把握住“变”与“不变”的辩证法和统一性，把握在中国国情下建设高等教育强国和建设世界一流大学这个实际，坚持建设人民满意的高等教育强国，坚持办扎根中国的世界一流大学。

三、在“两步走”战略安排下加速一流大学建设

党的十九大报告综合分析国际国内形势和我国发展条件，对 2020 年全面建成小康社会以后的发展做了两个阶段的战略安排。第一步，从 2020 年到 2035 年，在全面建成小康社会的基础上，再奋斗 15 年，基本实现社会主义现代化，把原来“三步走”战略的最后目标提前了 15 年。第二步，从 2035 年到 21 世纪中叶，在基本实现现代化的基础上，再奋斗 15 年，把我国建成富强、民主、文明、和谐、美丽的社会主义现代化强国。按照中国特色社会主义事业“五位一体”的总体布局，可以理解此处的“富强”是经济建设目标，“民主”是政治建设目标，“文明”是文化建设目标，“和谐”是社会建设目标，“美丽”是生态文明建设目标，而“强国”则是总体建设目标。

高等教育属于上层建筑，对经济基础具有引导和推动作用，建设社会主

义现代化强国必须依靠社会主义教育强国。在中国特色社会主义事业的“五位一体”总体布局中，高等教育具有重要的先导性支撑作用，对上述两个阶段战略目标的实现也具有重要的先导性支撑作用。正因为如此，党的十九大报告指出：要优先发展教育事业；把教育事业放在优先位置，加快教育现代化，办好人民满意的教育；加快一流大学和一流学科建设，实现高等教育内涵式发展。

然而，在2015年10月国务院印发的《统筹推进世界一流大学和一流学科建设总体方案》中，没有2035年这样一个时间节点。那么如何根据党的十九大报告对两个阶段战略安排来思考建设世界一流大学的目标与时间？

以北京理工大学为例，它是中国共产党创建的第一所理工大学，将其建设成为世界一流大学具有特殊意义。我们要以勇于担当的精神来思考建设周期问题，谋划加速建设世界一流大学，设想是否能比过去的远景提前5年，在2035年建成世界一流大学。提出这样的目标并非搞“大跃进”，而是自加压力，主动谋服务国家战略发展的大局。开展这样的思考并非是脱离实际，而是根据经济和社会发展预测，根据高等教育发展规律，对最优发展路径的探索。

从外因看，经济学家测算我国到2035年时的人均GDP将达到3万美元，步入中等发达国家行列，这样的经济实力将为建设世界一流大学奠定坚实的物质基础；近年来一大批优秀青年学者、留学归国人员加盟学校教师队伍，为建设世界一流大学奠定了重要的人力资源基础；而在世界高等教育史上，斯坦福大学、加州理工学院、新加坡国立大学、香港科技大学等创造了在15年左右时间内快速发展，成功跻身世界一流大学的先例，为我们提供了可借鉴的经验。

从内因看，学校坚持社会主义办学方向，“学术为基、育人为本、德育为先”的办学理念日益深入人心，建设世界一流大学已成为全校师生员工的共同理想，以教师聘用制度、资源优化配置、创新人才培养、学术研究提升为核心的综合改革已初见成效。只要我们坚持正确的办学方向，优化学校治理体系，提升治理能力，就能进一步调动全校师生员工的积极性，加速建设世界一流大学。

综上所述，我们要认真学习和领会习近平新时代中国特色社会主义思想，把握中国特色社会主义新时代的发展内涵，坚定理想信念，坚持正确的办学方向，以更加开阔的视野和胸怀谋划未来，提高人才培养、科学研究、社会服务和文化传承创新的水平，一步一个脚印，建设人民满意的大学，攀上世界一流大学的高峰。

从社会主要矛盾看科技强国建设*

党的十九大报告指出，中国特色社会主义进入了新时代，我国社会主要矛盾已经转化为人民日益增长的美好生活需要和不平衡不充分的发展之间的矛盾。根据这一重大政治论断来分析进入新时代的我国科技事业发展，可以清晰地看到建设世界科技强国与科技体系发展不平衡不充分的矛盾。一方面，我国已成为世界科技大国，不仅拥有世界上最大规模的科技队伍，而且科技投入不断增加，正在建设世界科技强国。另一方面，我国科技体系发展呈现明显的不平衡和不充分，不仅存在东部地区与中西部地区、国家研究机构与地方研究机构、重点大学与一般大学之间的巨大差异，而且存在热点研究与一般研究之间的巨大差异，尤其是在基础研究、应用基础研究、应用研究到工程实现的科技创新全链条上存在明显短板，不能满足建设世界科技强国的需要。

目前，在我国科技界尚缺少对科技体系发展不充分不平衡的充分认识。例如，不少领导和学者仅仅关注材料、制造、信息、能源、环境、健康等热点研究领域，认为在这几个领域占据了制高点就能成为世界科技强国。再如，有些领导和学者仅关注科学发现、技术发明、工程实现，认为这就是科学技术发展的全部，忽略彼此间的衔接和转换。有些地方政府甚至将所有优势资源集中到少数几个研究领域，试图迅速取得标志性成果，进入创新型地区或城市。这样的思维和实践，无疑将继续加剧科技体系内部的差异，加剧其发展不充分的矛盾，直接影响到建设世界科技强国。

我们应该认识到，我国是一个拥有完整科技体系和工业体系的大国，必须提升整个科技体系的水平，才能推动工业体系升级，并通过强大的工业体

* 本文刊于：《人民日报》专家专栏版，2018-01-22。

系来支撑科技体系发展。虽然当今世界不乏只在少数几个科技领域具有突出创新能力的国家，但这样的国家都是规模较小的经济体，没有完整的工业体系，只能走与其他科技强国合作甚至结盟的发展道路。对于我国来说，如果仅在科技体系中的少数几个领域进入世界一流，而在其他领域位居二流乃至三流，则整个科技体系无法进入一流，更无法建成一流的工业体系来支撑科技体系的可持续发展。例如，目前我国学术机构的日常运行就需要依赖大量进口的计算软件、高档仪器、大规模集成电路，这直接影响到科学发现和技术创新的原始性。对于这样的问题，表面看是工业发展的短板，但本质上是科技体系的短板。更重要的是，由于政治制度和意识形态不同，我国与其他科技强国同台竞争时，将日益受到制约，甚至被它们联合围堵，只有具备一流的科技体系和工业体系，才能不受制于人。

我们应该认识到，一流的科技体系必须有完整的科技创新和产业发展链条。从科学发现到技术创新，再到工程实现和市场化，犹如一场接力赛。取得冠军不仅需要有一流的起跑选手，还要有一流的第二棒、第三棒选手，最后由一流的第四棒选手冲刺。目前，人们较为重视由第一棒选手所完成的重要科学发现或原创技术发明，重视由第四棒选手所完成的工程实现，但对第二棒、第三棒选手所从事的技术科学或工程科学研究重视不足，已呈现许多问题。以我国先进运载装备所需的各种发动机研制工作为例，其涉及众多材料、设计、制造和运行中的技术科学或工程科学难题，而研究和解决这些难题则属于上述接力赛中第二棒、第三棒选手的任务。在现行的科技评价和奖励政策下，很难吸引优秀学者担当第二棒、第三棒选手，长期从事这类难题的研究，通过十年磨一剑取得突破。此外，尚缺少完善的知识产权保护举措，使第二棒、第三棒选手能从最终的工程实现中收益。对于这样的问题，需要调整现行的科技评价和奖励政策，强化知识产权保护，消除整个科技创新和产业发展链条上的短板。

我们应该认识到，科技强国建设的着力点必须落在一流科技队伍建设上，尤其是基础性学科的一流科技队伍建设。只有那些能够自行培育出一代代杰出科学家、工程师的国家，才称得上是世界科技强国。在学术界，人们经常谈论行业文化，即不同领域具有不同的文化，尤其是价值取向和学术标准。可以设想，如果我国科技体系中仅有少数几个研究领域进入世界一流，而其他研究领域长期位居二流乃至三流，尤其是基础性研究领域水平不高，则价值取向和学术标准差异甚大，整个科技队伍的价值追求难以达到一流，甚至认为建设世界科技强国与己无关。

我们应该认识到，科技强国建设面向的不仅是今天的全球科技竞争，而是未来的竞争，一流科技体系建设更是如此。一个国家只有能够不断提出新的学术思想，取得新的发现，发明新的技术，成就新的工程，才能进入科技事业发展的良性循环阶段，才能赢得未来的竞争，才称得上是世界科技强国。要成为这样的科技强国，必须拥有开辟新领域、新方向的学科基础，拥有多学科交叉和融合发展的学科基础，拥有激励创新、宽容失败的学术氛围。可以设想，如果国家将所有经费投入少数几个现有的优势研究领域，制订类似于工程建设那样的实施方案，则难以营造这样的学术发展生态，更无法在未来的竞争中取胜。

我们还应该认识到，我国社会主要矛盾的变化是全局性的、历史性的，不是局部的、暂时的，它们对科技事业发展的影响将是长期的、深远的。我国是世界上最大的发展中国家，尚处于社会主义初级阶段。在这样的国情下建设世界科技强国，在人类历史上尚无先例，不可能通过打速决战，集中力量在个别领域取得突破就能实现。我们必须遵循经济和社会发展规律，遵循科技发展规律，树立打持久战的思想，通过长期的探索和积累，建设起世界一流的科技体系，才能建成世界强国。

综上所述，建设世界科技强国必须着力建设世界一流的科技体系，而不能仅仅关注少数几个热点研究领域，更不能仅仅关注几个热点研究领域的排行榜。我们需要对科技体系进行全局的、长远的谋划，通过优势研究领域带动相关研究领域，持续推动基础研究和应用基础研究，大力加强技术科学和工程科学研究，逐步解决科技体系的短板问题，提升整个科技体系的综合实力、可持续发展能力。只有经过长期努力，在整个科技界形成一流的文化追求和价值取向，才能培育一流人才，产出一流成果，攀上世界科技强国的高峰。

第二篇

办学强校篇

2

世界一流大学无不守护和弘扬来自“象牙塔”的大学精神；不断改革的是办学模式、育人模式、研究模式，而永恒不变的是大学精神。在办学的核心价值取向上，世界一流大学以学术为基、以育人为本，所从事的科学研究与人才培养必须互利，科学研究的出发点和落脚点都在于培养一流人才。

世界一流大学的发展普遍经历了上百年甚至数百年的历史积淀。唯有将这种历史积淀转化为熏陶一代代学子的无形动力，才能推动大学发展长盛不衰，铸造大学的灵魂。纵览全球，那些历史悠久、创新活跃的大学，其立校之根基都在于有高瞻远瞩的发展规划、不断发展和优化的教育教学模式、不断探索和开拓的研究领域，从而才能引领世界科技革命和文化发展的方向，对国家发展和人类文明做出历史性贡献。

落实科学发展观、构建和谐校园，实现学校又好又快发展*

作为新任校长，必须清醒地、客观地看待和分析学校建设与发展面临的机遇与挑战，特别是自身存在的深层次问题。

半年来的学习调研和工作实践使我感受到：北京理工大学具有光荣的革命传统、鲜明的办学特色、较高的办学水平。近年来，学校办学规模跨越式发展，综合实力显著增强；学科建设扎实推进，结构调整成效显著；教育质量逐步提高，科技研究长足进步；学校已站在一个新的起点上。与此同时，在学校建设与发展中，也存在许多亟待解决的问题。以下着重从提高学校核心竞争力的角度进行分析，并提出提升学校核心竞争力的主要思路。

一、面临的主要困难和问题

（一）应对国家重大战略需求、新军事变革的能力不足

研究型大学的使命是人才培养、科学研究、社会服务、文化传承与创新。具体地讲，就是发现知识、传承知识、创造性地运用知识，进而培养拔尖创新人才，产出原始创新、集成创新的科技成果，服务于国家和社会。

北京理工大学作为国家重点建设的理工类研究型大学，应该以建设创新型国家为己任，服务于国家重大战略需求。2006 年初颁布的《国家中长期科学和技术发展规划纲要（2006—2020 年）》确立了 16 个重大科技专项，如核心电子器件、高端通用芯片及基础软件产品，极大规模集成电路制造装备及

* 本文系 2008 年 2 月 25 日在北京理工大学年度工作会议上的工作报告节选。

成套工艺，新一代宽带无线移动通信网，高档数控机床与基础制造装备，水体污染的控制与治理，大型先进压水堆及高温气冷堆核电站，大型运输飞机和客机，载人航天与探月工程，大型对地观测系统等，每个项目均投入上千亿元。然而，学校的优势学科与重大科技专项的关联度很低，而材料、制造、能源、环境、生命等学科的实力尚不足以参与竞争。对此，我们必须予以正视。

党的十七大报告指出：要加快中国特色军事变革……坚持科技强军，按照建设信息化军队、打赢信息化战争的战略目标，加快机械化和信息化复合发展。今后一个阶段，学校必须适应中国特色的新军事变革需求，从兵器科技特色走向现代国防科技特色。

（二）学术根基不宽厚、学术氛围不浓郁

蔡元培先生在80年前就指出："治学者可谓之'大学'，治术者可谓之'高等专门学校'专"。"大学以造就学术造诣高深的、道德高尚的'硕学宏才'为宗旨"。学校与办学历史悠久的百年老校相比，学术根基不宽厚、学术氛围不浓郁。与同类高校相比，在学术上也有差距。

例如，学校的学术带头人阵容尚处于劣势；不论是在老一辈的两院院士人数，还是在中青年一代的"长江学者奖励计划"和国家杰出青年科学基金入选者人数上都存在明显差距，大部分学术带头人在国家层面、行业层面，乃至学校内部的话语权微弱。

又如，与同类高校相比，从学校主持的国家自然科学基金重点项目数量、面上项目数量、经费额度等方面均反映出学校在基础/应用基础研究方面的队伍规模比较小、学术水平不够高、学术氛围不浓郁。

（三）办学国际化水平不高

进入21世纪以来，高等教育日趋国际化，其重要特征是大学教师和管理人员的国际化、学生生源的国际化、科学研究的国际化、社会服务的国际化。按照建设国际知名大学的要求，目前学校的办学国际化进程尚处于初级

阶段，进展比较缓慢。

例如，在教师和管理干部中，获得世界著名大学博士学位者很少，具有海外学习和工作经历者比例不高。多数学科带头人、中层以上管理干部缺少在世界著名大学学习或工作的经历。

又如，在校的外国留学生人数不多，来自发达国家和地区的留学生人数很少，缺乏具有国际竞争力的留学生培养计划和课程体系，留学生的生源质量、培养质量与教育国际化有较大差距。再如，学校与世界著名大学和研究机构的实质性科技合作较少，主办的高水平国际会议和交流活动较少。

正是由于办学国际化进程尚处于初级阶段的影响，学校各级领导干部、学术带头人的工作视野、工作理念、工作方法受到局限，工作思路不够开放；多数研究群体缺少参与国际竞争的意识、目标和能力，所从事的众多研究项目定位于填补国内空白，缺少世界范围认可的原创性。

（四）管理不够科学和规范

建设高水平大学必须依靠科学、规范的管理。在发展中国家，利用低投入建设高水平大学，更需要依靠科学、规范的管理。

目前，学校的管理工作还比较薄弱。从制度层面看，大学章程尚未制定，暂行规章制度居多，现有规章制度的科学性和体系性不强。从执行层面看，管理不够规范和精细，有章不依的现象时常发生，许多重要工作靠临时突击完成，缺乏长效机制。从监督层面看，各种责任制经常不到位，工作奖惩不够分明，干好干坏差不多，甚至干好干坏一个样。

二、主要工作思路

（一）进一步解放思想、科学发展

领导干部需要进一步解放思想、放飞思想。人们常说，思想放飞到多远，脚步才能走多远。在解放思想、放飞思想方面，必须向世界一流大学学习，向国内一流大学学习，甚至向许多综合实力并不强但发展又好又快的高校学习。

一是跳出兵器行业的局限，思考自身发展。应对新军事变革的需求，瞄准武器装备机械化和信息化复合发展的方向，大力建设和加强为军用电子、航天、航空、船舶科技工业发展服务的学科和专业，紧抓机遇，趁势而上。

二是跳出国内军工的局限，思考自身发展。应对经济全球化的需求，瞄准教育国际化、科技国际化的发展方向，从建设具有国际化背景的师资队伍、管理队伍入手，进一步开拓工作思路，加大工作力度，从海外引进学术带头人和管理干部，加强干部海外培训；通过与世界著名大学和研究机构的实质性合作，大力加强人才培养、科学研究、社会服务的国际竞争力。

三是冲破传统束缚，思考自身发展。要针对建设创新型国家的需求，大力加强理科、新兴、交叉学科建设，瞄准世界高技术研究、基础研究的前沿，从制度层面激励和支持教师开展探索性研究，大力提升自主创新能力，尤其是原始创新能力，逐步进入引领国防科技工业、经济社会发展的境界。

四是牢记徐特立院长的教诲："实事求是，不自以为是"。解放思想必须基于实事求是，放飞思想不等于胡思乱想。在新的历史时期讲"实事求是，不自以为是"，就是要按照科学发展观来对学校进行规划、建设、发展、运行和管理。作为正在建设的高水平研究型大学，学校的建设与发展必须设定经过充分论证的有限目标，必须瞄准国家重大战略目标，必须有利于彰显特色，尤其是国防科技特色，必须充分利用已有的传统优势和办学资源，必须考虑投入与产出的效益。

（二）进一步加强学校内涵建设

衡量与评价一所大学的办学水平，一要看其获得的国家与社会重视程度、获取资源能力、生源质量等投入指标，二要看其人才培养、科学研究、社会服务等产出指标。但更加本质的，则是看学校的办学特色、投入与产出关系、可持续发展能力等系统特征和特性。必须更加清醒地认识到，只有通过加强学校内涵建设，才能从根本上解决前述问题。以学术为核心的学校竞争力必须依靠科学的规划、扎实的工作日积月累而提升，不可能靠打“突击战”而一蹴而就。

学校内涵建设的主要内容可理解为：大楼、大师和大气。所谓“大楼”，是指优美的校园和高水平的基础设施、教学科研设施、公共服务与保障体系；所谓“大师”，是指杰出的学科带头人及其创新团队；所谓“大气”，是指高尚的大学精神、先进的大学文化及相应的现代大学制度。“大楼”和“大师”是硬实力，“大气”是软实力，这三者构成学校提升整体办学水平的核心竞争力的三大基础。

（三）进一步加强干部作风建设

要进一步加强领导干部作风建设，大力弘扬我党理论联系实际、密切联系群众、批评与自我批评的优良传统，进一步提高领导干部治理学校、治理学院、治理部门的能力。

一是理论联系实际。首先要努力造就学习型的干部队伍。要通过进一步改进理论中心组学习等措施，提高理论学习的针对性和有效性，尤其是要激励广大干部自觉学习。领导干部要从科学发展观、和谐发展来思考学校建设与发展的深层次问题；要从国家经济与社会发展、国防科技工业发展、学校科学发展的全局思考自己分管的工作；要能将实践中取得的经验总结上升为理论。

二是密切联系群众。领导干部要深入基层，与广大教师、职工、学生交友，倾听他们的呼声，进而充分发挥全校师生员工的办学积极性。要重点关心学术带头人的培养，关心青年教师的成长，关心中青年管理骨干的培养，关心师生员工的民生问题解决。密切联系群众，就要大兴求真务实之风，对群众讲实话、为群众办实事，注重工作实效，不摆花架子，不做表面文章。要把工作的着眼点放在脚踏实地、真抓实干上，把着力点放在解决问题、推动工作上。

三是批评与自我批评。领导干部要坚持实事求是，不自以为是；要勇于面对学校建设与发展中面临的困难和挑战，特别是正视自己工作中存在的问题。要在领导干部中大力提倡批评与自我批评，要做到各项工作责任清晰，奖惩分明，干好干坏大不一样。

应对挑战，激情进取，科学发展*

一、国内外经济形势

自2008年以来，美国若干次贷机构破产、投资基金被迫关闭、股市剧烈震荡引起危机，导致一场自20世纪30年代经济危机以来最大的全球性金融危机。这场金融危机已从局部蔓延至全球，从发达国家到俄罗斯、中国等新兴市场国家，从金融领域到实体经济领域。受金融危机影响，全球市场急剧萎缩，信心极度低迷，流动性严重不足，原材料价格和运价大幅度下降，主要发达国家经济陷入严重衰退，新兴市场国家和发展中国家经济增速明显下降。

国际金融危机对中国经济造成的冲击也日益明显，经济增长速度大幅回落，其中工业受到的冲击最大，外向型企业和原材料严重依赖进口的企业受到严重冲击，不少企业停产和倒闭，工业生产面临着多年未遇的严峻形势。2008年上半年，尽管有冰雪和地震灾害影响，我国工业增加值增速仍保持在16%左右，而下半年则直线下跌到5.4%~6.1%。

这场经济危机的本质是：美国超前消费，导致消费过度、生产不足；而我国低端产品的生产过剩，国内需求不足；一旦国外购买力大幅度下降，我国经济增长就会迅速下跌。它带来的教训是非常深刻的，值得我们深入思考。

---

* 本文系2009年2月27日在北京理工大学年度工作会议上的工作报告节选。

二、国防科技工业形势

同期，国防科技工业总产值增长与全国工业总产值增长水平相当。一批高新武器装备研制取得重要进展，二代步兵战车等科研核心能力建设得到加强；探月二期工程正式启动，新一代大型火箭研制工作全面展开，ARJ21-700成功首飞；大型飞机、新一代宽带无线通信等科技重大专项陆续启动。但国防科技工业也开始受金融危机影响，经济增长速度明显放慢，利润总额明显下降。国防科技工业面临的形势非常严峻。

为了应对经济危机，中央已投资4万亿元拉动内需，特别是振兴钢铁、有色金属、汽车、造船、石化、轻工、纺织、装备制造、电子信息、物流等10个重点产业。

三、学校面临的主要挑战

挑战之一：服务面向亟待拓宽。学校在兵器科技领域具有办学优势，但在国防科技工业其他领域优势不多，在工业和信息化领域同样如此。特别是国家正在启动的16个重大科技专项未纳入学校优势学科的相关建议科技专项，使学校处于竞争劣势。

挑战之二：领军人才严重不足。21世纪的国力竞争日益表现为科技竞争，其本质是人才竞争。当前高校之间的竞争日益表现为办学质量和学术水平的竞争，其本质也是人才竞争。与创建国内一流、国际知名的高水平研究型大学的办学目标相比，与“985工程”建设的其他高校相比，学校的师资队伍建设和干部队伍建设还有不小差距。

挑战之三：运行资金匮乏。学校总收入中的教育事业拨款、教育事业收入占比偏低，而其他专项建设经费和科研经费必须专款专用。各项人员支出费用呈现出日渐增高的发展态势，学校办学业务费用、公用经费、后勤保障、卫生事务等各项费用占比不得不维持在低位。

挑战之四：职工期盼不断增长。全校师生员工，包括离退休职工，期盼学校能获得又好又快发展，期盼学校提供优良的工作、学习条件和住房、生活待遇。这些期盼是合理的、美好的，但学校满足这些期盼并不容易。

四、应对挑战的基本思路

面对经济形势、国防科技工业形势等挑战，我们要激情进取、科学发展。**激情进取**就是要弘扬老前辈们当年创建自然科学院、建设北京工业学院的艰苦奋斗精神，克服困难，推进工作；就是要找到差距、不甘落后，奋起直追，加快发展；就是要努力将学校党建思想政治工作的优势转化为学术优势，凝聚力量，提高办学水平。**科学发展**就是要用科学发展观统领学校的各项工作，统筹兼顾，进一步处理好近期发展与长远发展的关系、重点发展与协调发展的关系、不同师生员工群体之间的利益关系、不同工作任务之间的关系等，谋求更好的发展。

我们要积极应对上述四项挑战，研讨对策，将挑战转化为发展的动力和机遇。

对策之一：自去年起，学校划归工业和信息化部领导，这对于学校拓宽服务面向来说是重要机遇。学校将面向航天科技工业，重点建设宇航学院，以高速飞行器、空间攻防、深空探测、载人航天与探月等国家重大需求为目标，迅速加强航天类学科和专业建设，积极参与国家重大专项研究。学校要积极主动服务各军兵种武器装备的信息化和国家信息化建设，大力加强信息类学科和专业建设。积极配合兵器行业，制定2030年武器装备发展规划，争取在新一代地面武器机动平台、高效毁伤等领域提出富有前瞻性和竞争力的重大专项，振兴兵器科技工业。积极投身于国家工业化进程，加强车辆、机械、材料、化工、环境等学科和专业建设。

对策之二：学校要在全球性的人才竞争中挖掘和利用自身优势，谋求新突破。深入学习和把握党中央引进海外杰出人才的“千人计划”精神，面向海外延揽优秀人才。以更加解放的思想、更加广阔的胸怀、更加积极的态度，充分利用地理位置、岗位设置、激励政策等，引进和培育新一代优秀教师和干部。将学校十分有限的办学资源(包括资金、用房、设备、政策等)重点投向优秀人才队伍建设。

对策之三：我们要充分认识和估计西方金融危机与国内经济形势，以打“持久战”的思路谋求学校长远发展意义下的财务收支平衡。积极向国家呼吁调整拨款方式，特别是增加运行经费。加大开源节流的工作力度，采取更加稳健的财务政策。抓住原材料和进口设备价格走低的机遇，在正确分析财务风险的基础上适度贷款，抓紧进行基础设施和教学科研条件建设。

对策之四：我们要将实现全校师生员工的期盼作为努力的目标和工作的动力。积极向国家和上级主管部门反映青年教师、退休职工等群体的困难，争取得到更多国家经费支持。努力向北京市各级政府反映高校教职工在住房方面的特殊性，争取建设集资房或廉租房。按照统筹兼顾的原则，认真分析各类问题的原因和解决问题的轻重缓急程度，分批分期解决问题。同时，也应当认真与师生员工进行沟通，争取相互理解，同心协力解决困难。

理工并重、交叉融合，构建引领国防科技发展的主干学科*

高等教育改革和发展的实践告诉我们，高水平研究型大学的使命是发现知识、传承知识、创造性地运用知识，进而培养拔尖创新人才，产出原始创新、集成创新的科技成果。对于北京理工大学这所具有国防科技特色，隶属工业和信息化部的高水平研究型大学，完成上述使命还必须体现在服务国家工业化、信息化和国防现代化建设。对照这一目标和使命，学校的办学水平尚有明显差距，必须把提高办学水平作为学校科学发展的切入点，走理工并重、交叉融合的发展道路，目标是构建引领国防科技发展的主干学科。

一、坚持科学发展观，精心谋划学校的未来发展

高等教育界公认，研究型大学的建设和发展以学科建设和发展为龙头，一流大学必须要有一流的学科。我认为，一所大学仅有几个一流学科还未必是一流大学，更重要的在于这些一流学科必须是引领当前和未来国家科技发展的主干学科，是国家科技发展中新兴的“朝阳学科”，而不是传统的“夕阳学科”。

具体到北京理工大学，作为国家重点建设的、以国防科技为特色的高水平研究型大学，应该以建设创新型国家为己任，积极服务于国家重大战略需求，主动应对新军事变革带来的科技挑战。这样的办学使命要求我们，不能满足于在兵器科学与技术领域具有学科优势，必须把构建若干能够引领国家科技发展，特别是国防科技发展的主干学科作为学校建设和发展的战略。

---

* 本文获 2009 年度北京高校领导干部理论文章二等奖。

如何构建引领国防科技发展的主干学科？探究办法和途径时必须面向现代化、面向世界、面向未来，尤其是面向国际范围内的新军事变革，结合学校的实际，坚持全面协调可持续发展，突出重点、突出特色。

具体来讲，兵器科学与技术学科建立在经典力学、物理、化学基础上，现代的国防科学技术，特别是基于各种新概念的武器装备技术则建立在更为宽厚和前沿的数学、物理学、化学、生物学、信息科学和技术基础上，依靠优秀工程师和杰出科学家共同开拓。可持续发展要求学校必须适应中国特色的新军事变革，从以兵器科技为特色走向以现代国防科技为特色，创建引领国防科技发展的主干学科。为此，我们必须高度重视基础学科的建设和发展，坚持走理工并重、相互融合的发展道路。

二、坚持解放思想、以人为本、实事求是、科学发展

我认为：要做到理工并重、相互融合，就必须进一步解放思想，并体现在学校的办学理念和办学思路上；必须进一步以人为本，并体现在学校制度建设、体制机制创新上；必须进一步实事求是，并体现在研究型大学人才培养、科学研究、社会服务的工作之中；必须科学发展，最终体现在创建引领国防科技发展主干学科的中心任务上。

（一）明确办学定位、坚持理工并重的发展思路

随着国家提出建设创新型国家的建设目标，国家对原始创新的重视程度不断加大，学校必须不断强调理科建设的重要性、基础研究的重要性。校第十三次党代会提出建设特色鲜明、理工为主的世界一流大学的宏伟目标，这就需要继续坚持和深化理工并重，加速推进相互融合，并不断转化为内在的发展动力，最终落脚点是创建引领国防科技发展的主干学科。

（二）调整投入和政策，构建理科创新平台

提升理科水平对于提高学校综合实力具有重要意义，一流的理工科大学

不仅要有一流的工科，也要有一流的理科，理工并重是学校创建一流大学的基本途径。要从发展规划、经费投入、基础设施、文化氛围上高度重视理科建设，特别是高水平师资队伍建设。

规划水平决定建设水平，没有投入，就谈不到产出。必须明确理科的建设与发展思路，将理科建设融入学校优势工科的国家重点学科的建设中，努力打造理工结合的国防科技主干学科群。在投入方面，要支持部分理科与理工结合的研究方向，推动其建设和发展。

理科建设突出体现以人为本。在理科建设中，特别要加强教师队伍建设。应该在世界范围内有计划地引进数、理、化学科的领军人才，为高水平理科人才提供优于工科人才的待遇。要引导理科教师既关心理科发展的科学前沿，又关注国家重大战略需求，特别是国防科技的重大需求，有目标地构建理科研究平台。要引导理科教师积极参与到工程研究中解决科学问题，在提升工科的学术价值的同时壮大理科的研究实力。

（三）瞄准原始创新，培养理工结合团队

原始创新要求理工并重发展，培养理工结合发展的团队将是立足原始创新、推动理工融合的行之有效之法。将“以人为本”落实到学校工作中，就要高度重视师资队伍建设，尤其是团队建设。对于高水平的工科研究团队，在规划和建设中应着力建设理工结合的团队。在团队成员中，要既有理又有工。工科教师发现问题、提出问题，理科教师分析问题、解决问题，形成良性循环。这就要求团队带头人要“大气”，有长远的战略眼光，能够包容理科教师的不同的学术思想和学术风格。当然，团队带头人要对学术敏感，要善于从工程中提炼科学问题。

（四）服务大学使命，构建理工结合发展体系

必须从系统论观点的角度出发，建立理工并重、相互融合的发展体系。在构建一流主干学科的同时，服务于人才培养、科学研究、社会服务等研究型大学系统建设的中心使命。

在人才培养方面，要努力培养优秀学生成为理工并重的未来国防科技领军人才。作为具体实践，2009 年，学校在航天类、武器类、信息类学科和专业试行“本硕博贯通培养计划”，实行理工结合、贯通培养。旨在培养面向国家工业化、信息化、国防科技现代化的新一代科技领军人才，追求“刻苦学习理论、勤于动手实践、勇于独立思考、善于自我创新”的培养目标。

在科学研究方面，首先要解决理工结合的“土壤”问题。一个重要的切入点是工科教师邀请理科教师共同论证国家安全重大基础研究计划项目，进而组建联合团队。要大力倡导多学科融合的发展模式，深入挖掘工科提出问题、理科解决问题的能力，深入挖掘理科提出设想、工科予以实现的能力。要倡导工科创造成果和效益、理科提升学术和高度的合作。

在社会服务方面，积极推动产学研合作，尽快将新发现、新理论、新技术转化为生产力，尽快将原始创新能力转化为创新性应用成果。产学研相结合的过程是理工结合的有效载体。一方面，针对国家、社会、企业的具体需求拿出解决方案，实施重点攻关，结合具体问题把工科的工程优势和理科的基础科学优势结合在一起，产生最终的产品效益；另一方面，积极整合凝练理科基础研究成果，主动走出去寻找应用和实践的机会，带动工科应用过程中的创新性和学术性。

（五）创新体制机制，营造理工融合发展氛围

积极尝试新的考核机制。对于理科学术团队、理工结合学术团队，倡导团队考核方式，延长考核时间，使团队中的理科、工科教师能够有充足的时间共同完成科学研究任务，在减轻其压力的同时增强合作的长期性和有效性。

创新机制的另外一些方面是大胆引入风险探索机制，鼓励并支持一部分乐于自由探索的教师从事基础研究和创新探索；重视交叉学科的发展，使其成为理工融合发展的新载体；建立学部委员会制度，使学部成为推进理工结合的学术协调机构；出台政策鼓励教师积极投身于理工结合的过渡过程，将新知识、新概念尽快转化为新的技术；鼓励理科、工科教师联合承担国防科

技项目，特别鼓励理科教师凝练出国防科技研究方向，作为牵头人或主要完成人引领参与相关课题研究；对于从事基础研究的教师，在招生、考核、职称评定等方面实行一定的政策倾斜。

（六）更新思想认识，创建国防科技引领学科

理工并重、相互融合是一种文化，是一个过程，是创建高水平理工大学的基本思路。既然是一种文化，就必然有一个统一思想的过程，需要不断提升广大干部和教师的学术境界。我们必须不断更新观念，摒弃前嫌。要深刻认识到理科、工科本身是科学技术的两个侧面，是需要相互依赖、相互支持的。

各学科之间既相互联系又存在一定的区别。学科发展应该有一个科学的规划和科学的投入产出评价，应该选择正确的研究方向做大、做强。凝练具有国防科技特色、能够引领国防科技发展的主干学科，应该成为学科建设的重要任务。在构建引领国防科技发展的主干学科方面，要面向兵器、航天、军用电子科技的战略发展需求，继续做强原有的国防科技特色学科，同时创建新的国防科技特色学科。

在做强原有的国防科技特色学科方面，必须看到，即使学校在全国排名第一的兵器科学与技术学科也面临着激烈竞争和严峻考验。因此，兵器类学科要解放思想，推陈出新，积极开展电磁、等离子体、次声等新型毁伤机理研究，开展地面无人武器系统等方面的研究。要开展这些创新研究，需要探索理工结合的研究模式，坚决不搞小而全，积极倡导大合作。

在创建新的国防科技特色学科方面，要坚定不移地走理工结合、共同创新的道路。应瞄准我国航天科技的未来发展需求，积极开辟深空探测、空间攻防等新的研究领域，通过将飞行器设计、航空宇航推进学科与力学、控制学科的融合，形成高水平的新方向。

我们应以国家重点学科和重点培育学科的建设作为工作重点，带动理科全面发展，并充分发挥理科在发现新现象、提出新理论、研究新材料和新能源等方面的优势，创建和形成新的学科群。经过若干年努力，实现学校在工

科方面国家重点学科优势突出，在理科方面建成国家重点学科，从而形成引领国防科技的主干学科。

北京理工大学走理工并重、交叉融合的发展道路，是高等教育改革和新军事变革的必然要求，符合建设创新型国家的时代要求，是在科学发展观理论指导下实现学校又好又快发展的重要探索和实践；构建引领国防科技发展主干学科的发展目标，是秉承学校学科优势和学科特色的必然要求，符合国家工业化、信息化、国防现代化的时代要求，是学校未来发展的宏伟蓝图。这种建设思路和这个奋斗目标是学校坚持全面协调可持续发展，即将走出的一条理论联系实际、传统孕育特色、使命融于发展的未来之路。

论学部委员会制度*

为了深入学习实践科学发展观，通过体制机制创新来改善“党委领导，校长负责，教授治学，民主管理”的大学内部管理体制，校党委经过校内外调查研究，决定在学校建立学部委员制度并组建首届学部委员会(简称学部)，规范学术权力，发挥教授作用，促进学科协调，实现科学发展。

近期，校党委确定了学部工作的指导思想、设置方案、工作职能、工作机制等，形成了学部制度的基本框架。经过各学院组织学科推荐选举人和候选人、校学术委员会等学术机构负责人商议正式候选人、各学部民主选举等过程，由一批优秀中青年学者为主组建起第一届学部委员会。与此同时，学校聘请7位全职在校工作的中国科学院、中国工程院院士担任学部顾问委员，指导学部工作。在所有参与此项工作的专家、学者的共同努力下，北京理工大学首届学部委员会终于得以成立。现在，我就学部的使命和学部的工作谈几点意见。

一、充分理解学部的使命

学部制度是北京理工大学探索研究型大学内部管理体制和机制创新的产物。这一探索的主要目的是更好地发挥教授的治学作用，促进学科交叉和融合，进而推进国内一流、国际知名高水平研究型大学建设。

学部委员会是对学科门类和学科群进行学术事务管理的平台，其主要职责是负责所覆盖学科及专业领域建设与发展涉及的规划、论证、标准、人选等重要问题的咨询、审议、评价和评审工作，负责统筹学科和专业发展，特

* 本文系2009年7月15日在北京理工大学学部成立大会上的讲话节选。

别是重点学科和一般学科、传统学科和新兴交叉学科、基础学科和应用学科的协调发展，实现学科建设、队伍建设、平台建设、人才培养、科学研究的有机统一。

确定学部主要职责的背景是学校的建设发展目标和校院两级管理构架。2008年学校实施新一轮学院设置调整之后，学院规模缩小，管理日趋扁平，学院间的学科交叉和融合成为更加迫切需要解决的问题，跨学院的科技创新平台建设成为亟待论证和推进的工作。因此，校党委将学部设计为对学科门类和学科群进行管理的学术机构，承担起跨学院学科、专业、科技创新平台的建设和发展的规划、论证、评议工作，积极促进学科之间的交叉和融合。为了实现学部委员会的这一主要职责，在组建学部过程中强调学部委员来自各不同学科，具有广泛代表性；在理工类的三个学部中，每个学部均有四位来自其他学部的委员；在人文和社会科学学部，拟聘请校外著名学者担任学部委员。希望各学部要充分发挥本学部委员、跨学部委员和校外兼职委员的作用，在促进学科交叉和融合方面做到百花齐放，百家争鸣。

学部是受学校委托，管理、协调所覆盖学科学术事务工作的非行政机构。在学部属性上，与其他高校有所不同，校党委明确学部委员会具有非行政机构属性。因此，学部委员中既不包括校领导，也不包括校机关部门的负责人；各学部委员会的领导均非学院的主要领导，不确定行政级别。这是学校历史上调整行政权力和学术权力关系的一次重要改革，是学校学部制度的重要特色，其目的是充分发挥教授的治学作用，力求学术决策的科学民主。

二、凝聚教师群体的集体智慧

上述使命要求各学部委员会具有很强的全局观念、开拓和创新意识，要努力学习和主动把握世界范围内的高等教育、科学技术发展趋势，充分了解国家在政治、经济、文化、军事发展方面的重大需求，在此基础上对学校的总体建设和发展提出建议及咨询意见，对本学部所覆盖的学科、专业建设和发展提出新思路及新办法，对学部间的学科交叉和融合提出新见解及新举措。

更重要的是，应该充分发挥学部作为优秀学者群体的积极作用，发挥学部委员作为教师群体的学术代表作用。各位学部主任、副主任要善于团结学部委员，积极凝聚学部委员的集体智慧；学部委员要善于团结教师群体，积极凝聚教师们的集体智慧。近期，学部工作得到了学校教师群体的广泛关注、关心和支持，教授们表现出积极参与治学和民主管理的热情。这是做好学部工作的重要群众基础，希望各位学部委员珍惜教师们的信任。

组建学部委员会只是探索和实施学部制度的第一步。下一步，要充分发挥学部委员会的集体智慧意见，制定学部工作实施细则，进一步明确学部与校级学术机构的工作关系、明确学部与学院的工作关系、明确学部日常运行的有关问题，在实践中不断完善学部制度建设。

为了发挥好学部的作用，各学部要建立学习和研讨制度，定期或不定期地举办专题讲座、研讨会。既拓展学部委员们的学术视野，又凝聚学部委员们的集体智慧，对学校、学科、专业发展中的某些重大问题提出解决方案。机械和运载学部应针对世界新军事变革和我军装备未来发展需求对武器类学科、专业带来的巨大挑战，研讨创新的、可行的建设和发展思路；信息与电子学部应针对国家信息化的重大需求，研讨如何组建国家级科技创新平台，积极投身国家重大专项研究；理学与材料学部要针对“985 工程”建设目标和学科发展需求，研讨学部内各学科共享的“校分析测试中心”的建设方案，特别是合理有效的体制和机制；人文与社科学部应瞄准构建高水平“大文科”的目标，研讨学院间的学科交叉和融合。

三、珍惜和用好学术权力

一流大学不仅需要一流人才，而且需要一流的学术制度和学术氛围。如何定义学术权力，进而正确行使学术权力是能否保证上述一流的必要条件。

高校内部的学术权力是指学者们依据其学术水平和学术能力，对校内学术事务和学术活动施加影响与干预的一种力量。因此，我更愿意把这种权力称为学术影响力，而不是与行政权力简单比较而定义的某种权势和力量。

高校的学术权力有其鲜明特征，即科学性和民主性。科学是大学精神的本质要求，是优秀教师群体的共同追求，是正确理解和使用学术权力的基本依据。民主是大学精神的自然推论，是广大教师群体的利益所在，是正确理解和使用学术权力的检验依据。作为掌握重要学术权力的学部，应把追求科学和民主作为己任，发挥好建议、咨询、评议、评审作用。

学部委员应该如何正确行使学术权力，体现良好的学术影响力，共同完成学部的使命？

第一，正确行使学术权力根基于高尚的学术道德。各位学部委员由教授代表民主选举产生，具有比较普遍认可的学术水平和道德水平。这很好地反映了学校组建学部委员会的初衷，即学部委员会应由学术水平高、道德水平高的教授所组成，是学校的优秀学者群体。然而，今日社会上频繁出现学术腐败、学术造假等事件，正不断侵蚀学者的良知，冲击学者的道德底线。各位学部委员应当一如既往地保持高尚学术道德，特别在学部工作中以学术道德为基准，正确行使学术权力，为全体教师树立学术道德的标杆。

第二，正确行使学术权力需要保持学者的良知。学校组建学部工作的特点之一是将候选人和选举人的推荐权交给各学科的教师，充分体现教师的学术权利。这种做法体现了学术民主，同时也对当选的学部委员提出了高标准、严要求，即在今后的工作中必须时刻保持学者本色，以学者的良知对待工作。今后的工作中，各位学部委员在行使学术权力时，应当保持学者的良知，弘扬科学精神；不为个人和小团体说话，更不能滋生学术霸权。只有这样，才能赢得广大教师的信任。

第三，正确行使学术权力必须具有全局观念。各位学部委员应当具有强烈的责任感，要将学部工作作为一项使命，作为一项任务，主动积极地投身到具体工作中。学部在行使学术权力时应以科学和民主为前提，应遵循学术管理的特点与规律。这要求学部委员要能够站在国家和学校的高度看待问题、考虑问题，进而科学地、民主地解决问题。各学部的工作既要体现学术自由、独立探索，又要着眼于国家、学校的整体发展，服务于重大需求。在研讨学科建设和发展规划时，既要积极为本学科的建设发展贡献智慧，又要竭尽所能为相关学科、跨学科的建设建言献策，树立大家风范、营造大气氛围。这样，方才体现学部制度的意义，学部委员会方才不辜负广大教师所赋予的信任和权利。

第四，正确行使学术权力离不开必要的评价和监督机制。如果将学部工作作为一个系统，将行使学术权力作为系统的处理环节，则只有将评价和监督机制作为反馈而作用于该系统，才能达到系统的不断优化。在对行使学术权力的评价和监督中，学校将特别关注各学部是否建立起科学、高效、规范、民主的学术权力体系并有效运行，各学部的工作是否体现了多数教师的学术意愿，各学部是否推进学科、专业朝着正确的方向又好又快地发展，各学部是否使大学精神得以进一步弘扬。评价和监督的根本目的是要正确行使学术权力，使其具有程序的约束和规制，使其沿着规范性和程序性的轨道运行，以避免学术权力行使过程中的绝对性、无序性和随意性。对于评价和监督中发现的学部工作错误，必须及时纠正。对于辜负教师信任、不能履行学部委员职责、不能正确行使学术权力的学部委员，必须进行调换。

综上所述，学部工作是学校学术管理体制和机制改革的新探索，需要在探索的实践中进一步明确其职责和运行方式。只要学部委员们充分理解学部的使命，凝聚教师群体的集体智慧，珍惜和用好学术权力，学部工作必将更好地发挥教授治学作用，促进学科交叉和融合，进而推进国内一流、国际知名高水平研究型大学的全面建设。

紧扣形势、遵循规律，科学制定高水平大学建设规划*

2010年，北京理工大学将全面启动并完成“十二五”教育事业发展规划(简称规划)制定工作。学习实践科学发展观活动为制定规划奠定了思想基础。校第十三次党代会明确了今后一个时期学校的发展目标、发展战略、党建和思想政治工作的基本任务，为制定规划提供了主要思路。充分认识所面临的经济形势、国防科技工业形势和高等教育形势，以它们作为制定好规划方案的基本出发点，对形成做好规划工作的进一步思考，促使规划前瞻性、科学性、可行性具有特别重要的意义。

一、形势分析

（一）经济形势迫切要求培育经济发展新动能

自2008年以来，党中央、国务院面对极其复杂的国际国内形势，以及国际金融危机带来的严峻挑战，坚持宏观调控政策取向不动摇，坚持实施积极的财政政策和适度宽松的货币政策。随着出台的“一揽子”政策拉动内需，较快扭转了经济增速下滑的态势，经济企稳回升势头逐步增强，整体向好态势趋于明显，取得了显著成效。

温家宝总理在2010年“两会”上所作的《政府工作报告》中指出，我国经济增长内生动力不足，自主创新能力不强，部分行业产能过剩矛盾突出，结构调整难度加大；就业压力总体上持续增加和结构性用工短缺的矛盾并存；

* 本文系2010年3月12日在北京理工大学年度工作会议上的工作报告节选。

农业稳定发展和农业持续增收的基础不稳固；财政金融领域潜在风险增加；医疗、教育、住房、收入分配、社会管理等方面的突出问题亟待解决。

当今世界正处在大发展、大变革、大调整时期。发达国家和地区的新科技革命正在金融危机中孕育，全球进入空前的创新密集和产业振兴时代。主要发达国家和地区都着眼于争取金融危机后的新繁荣，把发展教育、科技作为重大战略，积极谋划教育改革发展，大力吸引优秀人才，加速发展能源、材料、生物、制药等新技术和新产业，抢占未来发展的制高点。

综上所述，通过“一揽子”经济政策拉动内需，犹如注射一针强心剂，可有效刺激经济发展速度。但从长远看，要真正解决我国经济发展中存在的突出问题，必须转变经济发展方式。因此，显著提升学校人才培养和科技创新能力，推进国家工业化和信息化的能力，尤其是助推我国经济发展创新驱动并跟上全球新科技革命步伐，是制定规划的基本出发点。

（二）国防科技工业形势迫切要求激发原始创新活力

2009 年，我国的国防科技工业总产值增长与全国工业总产值增长水平相当，一批高新武器装备研制取得重要进展；科研核心能力建设得到加强；大型飞机、探月工程、大型对地观测系统、新一代宽带无线通信等国家科技重大专项进展顺利。我国国防科技工业正站在新的历史起点上，高度重视并大力加强自身科技创新能力建设，在研制一代、生产一代武器装备的同时，将更多的精力投入探索一代、预研一代武器装备。

以中国兵器工业集团公司为例，其已提出要面向未来，走出兵器科技小天地，放飞科技引领的翅膀，拓展新武器概念和新技术领域，畅想兵器科技未来发展蓝图；提出要高水平、高起点地谋划提升高机动轻量化武器平台创新能力、新型强毁伤创新能力，常规弹药智能化创新能力、光电信息总体技术和核心元器件创新能力。这无疑将引起有关高校在武器装备探索、预研、研制和生产中的作用发生显著变化。因此，显著提升学校在国防科技领域的原始创新能力，尤其是探索和预研能力，是制定规划的基本出发点。

（三）高等教育形势迫切要求提升高校人才教育质量

中共中央政治局委员、国务委员刘延东同志在教育部工作会议上对我国教育的现状作了全面分析。她在讲话中说：改革开放以来，我国高等教育事业取得了举世瞩目的伟大成就。一是开辟了中国特色社会主义高等教育发展道路；二是建成了世界上最大规模的高等教育体系；三是实现了由人口大国向人力资源大国的转变；四是为国家发展、民族振兴和人民幸福做出了重大贡献。高等教育的发展，极大地提高了全民族素质，推动了科技创新、文化繁荣，促进了经济发展、社会进步和民生改善，成为大国地位的有力支撑。

然而，我国高等教育与经济社会发展需求、人才培养要求还存在显著差距。在高等教育改革发展中，一些旧问题和新挑战叠加凸显，呈现出以下阶段性特征：一是高等教育尚未满足社会不断增长的高质量、多样化需求，结构不尽合理；二是高等教育的投入不足，资源配置不尽合理；三是高等教育理念和人才培养模式相对陈旧，严重影响创新人才培养；四是高校教师结构性短缺，教师整体水平和素质有待提高；五是高等教育体制的内在活力不足，高校、师生和社会各方面的积极性还没有得到充分发挥；六是高等教育发展不均衡，区域之间、学校之间、校内学科之间差距较大。

这些问题和特征是社会主义初级阶段基本国情在新世纪、新阶段高等教育领域的具体体现。《国家中长期教育改革和发展规划纲要（2010—2020年）》已对此提出若干举措，学校将以此作为今后改革的重点。

综上所述，我国高等教育正面临如何进一步提高教育质量，办人民满意的大学的重大命题。大学建设的任务已从扩大办学规模、增加学科专业数量、征地和基础设施建设为主，转向以提高办学水平为主。显著提升学校的办学水平，尤其是提升师资水平、提高教育质量、创新体制机制、营造先进文化，是制定规划的基本出发点。

二、对规划工作的思考

（一）形势催人、激情进取

当前的经济形势、国防科技工业形势和高等教育形势激励我们，要弘扬当年老前辈创建自然科学院、建设北京工业学院的艰苦奋斗精神，找到差距，不甘落后，急起直追，加快发展；也启示我们，要站在新的历史起点上，紧紧瞄准国家工业化、信息化和国防现代化的重大需求，瞄准世界高等教育和科技发展的前沿来谋划发展。

从经济形势来看，作为一所国家重点建设的理工科大学，要深刻认识到我国科技水平落后导致的众多产业存在高能耗、高污染、低科技含量、低附加值等突出问题，必须瞄准国家重大需求和世界科技前沿来制定学校规划，着重提升学校为国家工业化和信息化培养优秀人才、产出重大科技成果、提供优质社会服务的能力。

从国防科技工业形势来看，作为一所国家重点建设的国防科技类大学，要深刻理解世界范围内日新月异的新军事变革，瞄准我军未来作战方式和武器装备需求来制定国防科技类学科、专业和创新平台的规划，大力倡导和激励原始创新，建设若干引领国防科技发展的主干学科、专业和实验室，通过“强地、扬信、拓天”打造新时期的学校国防科技特色。

从高等教育形势来看，作为一所国家重点建设的高水平大学，要深刻把握世界范围内高等教育的发展趋势，瞄准以美国佐治亚理工学院为代表的世界高水平理工大学来制定学校规划，强化基础、突出创新，振兴理科、理工融合，将学科优化战略、强师兴校战略、教育创新战略、科研提升战略、开放发展战略、深化改革战略落到实处，努力提高办学水平和办学效益。

（二）遵循规律，科学发展

当前的经济形势、国防科技工业形势和高等教育形势给学校的发展带来了激励与启示，也带来挑战与困难。我们既不能妄自菲薄、自甘落后，也不能脱离实际、急于求成。面对国家的持续支持、社会的热切期盼，必须立足基本国情，遵循教育和科技发展的客观规律，科学规划和扎实推进学校各项事业的发展。

科学规划应该是、也必然是遵循规律、把握规律、运用规律的规划，科学发展应该是、也必然是遵循规律、把握规律、运用规律的发展。遵循教育和科技发展规律是转变学校发展方式、促进学校各项事业科学发展的基本要求。在规划工作中，要善于分析形势和已有条件，将国家的要求、社会的期盼与尊重教育和科技发展规律统一起来，要特别尊重教育和科技发展中的若干特殊性。

一是要尊重教学与科研活动的特殊性。高水平的教学与科研工作具有明确的目标指向，富有创造性、探索性，周期长、风险高。因此，相关规划工作必须针对国家重大需求和世界科技发展前沿；必须具有前瞻性、预见性，超前论证和研讨；必须通过学部委员会、学院等途径广泛听取教师意见，减少盲目性和风险性。

二是要尊重教师职业的特殊性。教学和科研是探索性、创造性极强的工作，要求教师必须具有高度的使命感、责任心，静下心来治学、潜下心来研究。规划必须体现如何建设优秀的师资队伍；必须体现如何改善教师的工作和生活条件，为教师解除后顾之忧；必须体现如何改进教师管理制度，改革教师考核评价机制，激励教师瞄准长远目标去奋进。

三是要尊重学生群体的特殊性。本科生和研究生是充满生机活力、具有理想追求、富有个性化发展潜质的青年，其学习和成才过程富有挑战性。规划必须体现如何提高生源质量，必须体现人才培养如何坚持以人为本、全面发展、系统培养，必须体现如何学思结合、知行统一、因材施教。

我们应将遵循、把握、运用教育和科技发展规律作为规划与建设大学的基本要求。在规划工作中，既要积极进取、尽力而为，又要循序渐进、量力而行；统筹考虑各方面要求与现实条件的可能性，避免制定不切实际的目标。既要瞄准长远目标，又要做实近期计划；统筹规划、整体设计，因地制宜、分步实施。

既要打造特色，又要协调发展；重点建设优势和基础性学科专业、创新平台、杰出学者领军的团队，积极培育新兴交叉学科专业、富有潜力的优秀青年教师，形成相互促进。

既要重视教育教学对高水平大学建设的基础作用，又要突出科学研究对高水平大学建设的提升作用；在体制机制改革上进一步处理好教学与科研的关系，形成相互促进。

既要加强基础设施、公共服务体系等“硬件”建设，又要重点推进体制机制、大学文化等“软件”建设；在建设和发展中处理好“硬件”与“软件”的关系，形成相互促进。

学习徐特立教育思想，创建高水平理工大学*

在北京理工大学迎来70周年华诞之际，我们在人民大会堂隆重纪念伟大的人民教育家、学校前身——自然科学院的创建者徐特立院长，共同学习和研讨徐老的教育思想，并以此指导我们当前的工作。值此机会，我代表北京理工大学汇报学习徐特立教育思想的几点体会和相关的工作实践，期盼得到各位领导、专家、学长和师生的指正。

一、深刻领会徐老的“三位一体”教育思想，坚持面向国家重大需求的办学特色

徐老在青年时代就对教育的价值取向进行深入思考。在领导自然科学院期间，他以经济发展、社会进步和群众需要为价值取向，提出了教育、科技和经济“三位一体”的教育思想。他指出：“科学教育与科学研究机关以方法和干部供给经济建设机关，而经济建设机关应该以物质供给研究和教育机关，‘三位一体’才是科学正常发育的园地”[1]。徐老的这一思想不仅为当时陕甘宁边区的教育、科技和经济发展指明了方向，而且在同时代的教育家中最早预示了高等教育发展的趋势。70年来，世界范围内高等教育的发展，尤其是当今盛行的产学研相结合和大学科技园区实践，充分证明了这一思想的科学性和前瞻性。

在徐老的“三位一体”教育思想指导下，自然科学院紧密围绕边区经济发展需求，开展教学和研究工作。师生们勇于创新，因地制宜地进行科学研究

* 本文系2010年9月24日在“徐特立教育思想研讨会”上的演讲；刊于：学习时报，2011-11-21；获2010年度北京高校领导干部理论文章一等奖。

和教学实践，发现了适宜垦荒的南泥湾，发明了马兰草造纸、新方法制盐等技术，为边区的经济建设做出重大贡献，与当时的其他大学形成鲜明对照。新中国成立后，学校围绕国家重大需求开展人才培养和科学研究，创建起我国第一套完整的军工专业和学科体系，培养了我国第一代国防工程师，创造了我国科技史上多个第一。

在新时期的办学实践中，校党委深刻领会徐老的“三位一体”教育思想内涵，在办学指导思想中明确要“主动适应国家重大战略需求和经济社会发展需要，大力提升为工业化、信息化、国防现代化建设服务的能力”，在发展战略上明确要“积极推进产学研合作”。通过国家“985 工程”和“211 工程”建设，学校全面提升了服务国家重大需求的能力。如在国庆 60 周年阅兵的 30 个武器方阵中，学校参与 22 个方阵装备的研制，数量和层次位居全国高校之首。学校大力提升产学研合作的规模和层次，在能源、材料、制造、生物技术等领域瞄准共性技术和关键技术，以学科群、人才群和信息群对接产业群，培育高素质人才，产出高水平成果，已成功地将先进的毁伤技术、制导技术、导航技术、信号处理技术、电动车辆技术、绿色电池材料技术等转向企业，形成了先进生产力。

二、深刻领会徐老的“德育为首”教育思想，坚持培育又红又专人才的办学特色

在徐老的教育思想体系中，德育为首是主线和灵魂。他特别强调，教育首先就是要塑造人。他倡导的德育包含思想教育、政治教育、道德教育和个性心理品质教育四个方面，是一个相互联系、相辅相成的整体。他的德育原则和方法可归纳为：言传身教，以身作则；从实际出发，因人施教；严格要求，尊重人格；积极疏导，耐心说服；“诗教”陶冶，情感扬抑；教书育人，渗透教学[2]。在同时代的教育家中，徐老对德育的论述最为系统，实践最为丰富，成效也最为显著。

在徐老的领导下，自然科学院以“培养既能通晓革命理论又懂得自然科

学的专业人员”为办学目标，坚持德育为首，并将德育贯穿于教学和实践环节，为抗战、新中国成立培养了一批德才兼备的领导干部和工程师，包括李鹏委员长、叶选平副主席、彭士禄院士等杰出校友。新中国成立后，学校将培养“红色国防工程师”作为育人目标，坚持德育为首、又红又专，为国家培育了一大批国家栋梁，包括曾庆红副主席、刘振起上将、徐更光院士、王小谟院士等杰出校友。

在新时期的办学实践中，校党委深刻领会徐老的“德育为首”教育思想，大力加强和改进师德师风建设工作、学生思想政治工作。学校培育了以全国优秀共产党员毛二可院士及其创新团队为代表的师德典范，大力弘扬该团队在国防科技攻关中所展现出的爱国精神、科学精神、探索精神、团队精神、先锋精神。学校创造性地开展了“德育答辩”工作，并将其发展为从入学开题到毕业答辩首尾贯通的全过程教育体系。李长春同志已多次对这项工作给予高度评价，要求向全国高校推广。作为德育工作成效的直接体现，近年来学校毕业生就业于国家重点行业和艰苦行业的比例保持在60%以上，到总参系统、兵器系统的毕业生数均位居全国高校第一，到航天系统的毕业生数位居全国高校第三。用人单位对学校毕业生的政治业务素质和工作稳定性给予高度评价。近年来，一批年轻校友成长为各行各业的领军人物，他们中有吴一戎院士、庄钊文少将、许勤市长等杰出校友。

三、深刻领会徐老的“实践创新”教育思想，坚持通过实践环节培育创新人才的办学特色

在徐老的教育思想体系中，一个鲜明特点是崇尚创新，崇尚实践、崇尚两者之统一。他指出：“我们处在困难的环境下，更需要更多的创造”[3]。他明确将教育的任务归纳为“接受遗产和创造新产”[4]，倡导“培养敢于发挥其个性，有脑筋辨别是非，有主张、有试验、有创造、有行动的青年”[5]。他将“劳力与劳心并进，手脑并用”[6]作为培养创造性人才的重要途径。在同时代的教育家中，徐老对理论、实践、创新三者间关系的论述最为丰富，并在

最艰苦的条件下领导教育实践，培育了一批优秀人才。

在徐老的领导下，自然科学院致力于培养“手脑并用”的新型科技人才，教学计划中有比较多的实践环节，师生共同动手建设校舍，研制仪器，采集标本，形成了理论联系实际、勇于自主创新的良好学风。新中国成立后，学校建立了比较完整的导弹、毁伤、坦克、光电、雷达等军工人才培养体系，其中实践性环节占有很高比重，培育了一届届理论基础扎实、实践能力突出的国防工程师，实践创新逐步成为办学特色。

在新时期的办学实践中，校党委深刻领会徐老的“实践创新”教育思想，进一步加强和完善教育教学中的实践环节，通过实践培育学生的创新能力。对于本科生，学校通过加强实验、实习、实训三个环节，培养其实践创新能力；特别是通过实践教学基地建设、科技创新基地和科技类社团建设、与企业共建科技创新基地等措施，营造浓厚的实践创新氛围。本科生积极参与全国性科技创新竞赛，年获奖人数由 2005 年的 260 多名增加到 2009 年的 400 多名。对于研究生，学校则在培养过程中通过“真刀真枪”的科研实战和工程实践，使其历经磨难而提高创新能力。以车辆工程学科为例，近 5 年获得 4 项国家科学技术奖，每个获奖项目均有研究生作为科研生力军，其中 3 项国家科学技术奖的主要获奖人包括研究生。学校毕业生以富有实践创新能力而受到社会欢迎。

四、深刻领会徐老的“学术互动”教育思想，坚持走理工并重、交叉融合的发展道路

在徐老的教育思想体系中，关于科学技术教育占有相当比重。早在延安时期，徐老率先指出：“科学和技术是国力主要因素之一”[7]。他发表了《怎样进行自然科学的研究》《怎样发展我们的自然科学》《对牛顿应有的认识》等论文和演讲，分析当时中国的科技发展现状，从辩证唯物主义角度阐述如何开展科技研究和培养科技人才。徐老的重要观点之一是，科学和技术具有相互依赖的发展规律。他指出：“学科和术科伴着发展，互相转化，互相帮

助”[3]；“实利主义的偏向，对于学术是有害的”[8]。

自然科学院最初设置物理、化学、生物、地矿4个系，侧重自然科学教育；后因抗战需要将前3个系改为机械、化工、农业系，培养抗战救国急需的技术人才。尽管如此，学校在徐老领导下“重视对学生的基础知识教育，进行严格的科学训练”[9]。新中国成立后，学校与中法大学数学、物理、化学3个系合并，具备了理工并重发展的条件。后因全盘学习苏联教育模式和国防工业发展急需，发展为学科较为单一的军工院校，未能充分实践徐老的办学理念。

在新时期的办学实践中，校党委深刻领会徐老的“学术互动”教育思想，从科学发展、可持续发展的角度，提出要“坚持理工并重、工理管文协调发展、多学科交叉融合的理念，按照‘强地、扬信、拓天’特色发展路径，构建引领国防科技发展的主干学科”，即大力加强理科建设，强化基础研究，进而促进工科特别是具有原创性要求的国防科技学科发展。学校启动了“理科振兴计划”，引进多位理科“长江学者奖励计划”特聘教授，获批建设军工院校中第一个理科重点实验室——原子分子簇科学教育部重点实验室。学校选择了航天、毁伤、信息3个大类学科专业开展理工结合模式的“本硕博贯通培养”，造就具有理科基础和工科专业的研究工程师。学校努力提升基础和应用基础研究水平，近几年获国家自然科学基金重点项目、国家杰出青年科学基金、国家技术发明奖的数量显著提升，位居全国重点大学前列。学校的工程、化学、材料学科相继进入美国ESI(基本科学指标数据库)对全球研究机构排名的前1%，其中化学学科位居国内军工院校第一名。近年来，理工并重、相互融合的学科可持续发展格局正在形成。

五、深刻领会徐老的“民主治校”教育思想，坚持走依靠师生办学的发展道路

在徐老的教育思想体系中，民主治校不仅占有相当比重，而且是他一生进行教育实践的指导思想。他强调教育是科学的、大众的、民族的教育，人

积极进取抓重大机遇，改革创新促理科发展*

在2011年的工作重点中，校党委提出：按照理工并重的学科定位和理科振兴计划的要求，以做大、做强理科为目标，强化理科的覆盖面和适应性，进一步改革体制和机制，促进理工交叉、理工融合。根据校内外调查研究和广泛征求意见，校党委决定对理科学院设置进行调整，成立数学、化学、物理三个学院。理科学院设置调整的下一步工作怎么做？我谈以下几点意见。

一、提高认识、统一思想，深刻领会理科学院调整的意义

（一）理科学院设置调整是建设一流理工大学的整体需求

许多国内外高水平大学的办学实践证明，没有一流的理科，就没有一流的工科。近年来，清华大学、上海交通大学、华中科技大学等工科高校成功转型，成为理工并重一流大学的实践再次证明，在以基础研究、原始创新为主要特征的现代科技发展进程中，强大的理科日益成为高水平研究型大学核心竞争力的重要标志。由于历史原因，北京理工大学的传统优势学科是工科，理科的发展水平严重落后于工科，尚无法对学校发展形成强有力的支撑。因此，校第十三次党代会将加强理科建设作为学科建设的重点，实施“理科振兴计划”，扩大理科办学规模，提升理科办学水平，进而提升全校的人才培养质量和科学研究水平，推动高水平研究型大学建设。对理科学院设

* 本文系2011年6月29日在北京理工大学数学学院、物理学院、化学学院成立大会上的讲话。

置进行调整——分别设立数学学院、物理学院、化学学院将有利于“理科振兴计划”的实施，有利于把理科做大做强，实现从以工为主到理工并重、交叉融合，是学校创建一流理工大学的整体需求。

（二）理科学院设置调整是理科发展的内在需求

数学、物理、化学虽然同属理科，但学科之间具有较大的差异，其价值取向、发展途径、评价体系等也各不相同。在一个理学院的框架内，学院的管理和运行很难充分兼顾各个学科间的差异性，甚至会束缚部分学科的发展。近年来，学校对部分工科学院设置进行调整——以一级学科或相关学科群为主设置学院的工作实践表明，适度缩小学院规模、降低学科跨度有利于调动各学科发展的积极性，增强发展活力，增加发展空间和发展机遇。兄弟高校的办学实践也表明，当某个学科实力比较薄弱而又需要大力扶持时，独立设置学院、实施扁平化管理有利于其加速发展。因此，学校决定将这一经验用于理科学院设置调整。经过校党委工作小组征求理学院和各系负责人意见，召开数学、物理、化学三个系教师座谈会等多种形式听取意见，绝大多数干部和教师赞同按照一级学科分设三个新学院的方案。因此，设立三个学院是理科发展的内在需求。

（三）理科学院设置调整是创新体制机制的迫切需求

理科发展的关键是要有一支高水平的学术队伍和管理队伍，而前提是营造有利于理科发展壮大的体制机制和学术环境。然而，在以工科为主的高校中探索这样的体制机制要比综合性大学、师范大学困难得多，成功者并不多见。在北京理工大学，这无疑是一项需要充分解放思想、大胆进行探索的高风险改革。分设三个新学院，将有利于各学科调动教师参与改革的积极性，有利于按照各学科的特点去探索体制机制改革，大胆创新，降低风险，彼此交流，相互促进。在本次理科学院设置调整工作中，不少干部和教师对未来学院的体制机制改革提出了若干建议，表现出对于创新理科体制机制的迫切需求。

二、统筹规划、全面发展，着重处理好三个关系

（一）把握好长远规划与近期发展之间的关系

一是明确建设目标，制定发展规划。三个新学院成立之后，面临的首要问题就是要制定学院的发展目标和发展规划。各学院领导班子应组织教师认真学习《北京理工大学“十二五”教育事业发展规划》（以下简称《规划》），充分领会《规划》所明确的学校“十二五”教育事业发展的指导思想、基本原则、发展思路和总体目标，从学科建设、队伍建设、人才培养、科学研究、国际交流与合作、体制机制创新等方面提出新学院“十二五”期间的主要建设任务、建设目标和具体措施。在制定发展目标和规划时，各学院领导班子应在已有工作基础上进行充分调研，既要对国内外理科发展较好的理工类高校进行调研，学习别人的先进经验，又要向学院教师、理学与材料学部委员、学校各职能部门广泛征求意见，寻求适合自身发展的途径，尤其是要突出学科建设的重点和特色。在制定新的学院规划时，要处理好与原理学院建设规划之间的关系，特别要将原规划中涉及数学、物理、化学相交叉的部分规划好，做到规划到位、责任明确、不留空位、避免矛盾。对于原规划中已经完成的部分，如省部级重点实验室、一级学科博士学位授权点数量等，做到清晰定位、及时总结、决不满足、勇于提高。学校将基于“理科振兴计划”对新的学院规划进行评审，加大对理科建设的资源支持力度。

二是做好近期发展工作，尽快步入正轨。数学、物理、化学三个新学院将分别承担起学校数学、物理、化学的学科发展、人才培养、科学研究等任务，肩负起提升学科建设和科学研究持续增长能力、提升学术影响力和竞争力的重要使命。三个新学院的领导班子要尽快进入角色，带领全院师生尽快使常规工作步入轨道，杜绝因学院调整而出现耽误工作、分工不清、彼此扯皮的现象。学校各部门、各单位要积极协助支持三个新学院的工作，全校上下共同努力为其发展营造良好的氛围和环境。

（二）把握好体制创新和内涵发展之间的关系

一是借势创新体制机制，营造良好氛围。成立三个新学院绝非将原来的理学院简单拆分，或将数学、物理、化学三个系进行升格，这是学校加速理科建设的重大战略举措，是创新体制机制的积极探索和重要机遇。在国内兄弟高校中，理科学院的设置和运行有多种方式，但只有那些创新体制机制、激发起广大教师工作积极性和创造性的学校，其发展才又好又快。三个新学院的领导班子在制定学院发展规划的同时，要研究和制定学院体制机制创新的规划。针对学科带头人的引进与培养、教师的绩效考核和评价、教学与科研的均衡发展、科学研究平台的建设等问题，探索适合各自学科发展的举措。三个新学院作为学校的二级学院进行管理和运行，没有任何一个学院比原理学院实力强，仅在争取校内资源方面就面临很大的压力。尽管学校将努力争取加大对理科建设的投入，但只有通过体制机制创新，激发起广大教师的工作积极性和创造性，才能使有限的投入发挥最好的效用，使学校理科形成又好又快的发展态势。

二是提高核心竞争力，走内涵发展道路。学院的核心竞争力是什么？是教师队伍和管理干部的水平，是人才培养的质量，是科学研究的层次，其综合体现是学科实力。三个新学院的领导班子要将提高学科实力作为学院发展的核心目标，引导教师将学术眼光瞄向世界科学前沿和国家重大战略需求，将思想认识提升到千方百计培育高素质人才和产出高水平成果上，将工作兴趣转移到教学与育人相统一、教学与科研相统一、科学研究与工程研究相统一上。在队伍建设方面，要坚持培养与引进并重，特别要为青年教师的培养制定计划和举措；在人才培养方面，要继续提高全校基础课教学质量，同时努力提高理科的本科生、研究生培养质量；在科学研究方面，要制定政策鼓励教师从事科学研究，努力大幅度提高国家自然科学基金面上项目的申报能力，适时组织教师申报国家自然科学基金重点项目、国家“973 计划”和“863 计划”项目；在科研平台建设方面，要做好对“原子分子簇科学教育部重点实验室”的建设，统一认识、搁置矛盾、明确任务、科学发展。通过上述努力，最终提升学科综合实力，争取建设1～2个国家重点学科，实现2015年学校进入全国高校理科前30强的目标。

（三）把握好快速提升与稳定和谐之间的关系

一是激情才能进取，态度决定成效。做好了规划、明确了内涵发展的任务之后，工作态度和工作方针至关重要。三个新学院的领导班子务必在调动自身和全院教师工作积极性上投入精力，建设一支激情进取的队伍，不等不靠，全力工作，实现学院的快速提升。全力激情进取，不是空喊口号，不是盲目冒进，而是积极谋划发展，主动克服困难。一个部门、一个学院是否激情进取，决定了是否有执行力，决定了是否有工作成效。以2008年底分设成立的自动化学院为例，学院领导班子和广大教职工共同努力，在短短的两年多时间里，各项工作取得显著进展。该学院新培育出1名国家杰出青年科学基金获得者、1名教育部“长江学者奖励计划”特聘教授、1个教育部“长江学者创新团队”，2011年获得3项国家科学技术奖。最近，学院又主动提出自筹5 000万元资金建设学院大楼，为下一步建设国家重点实验室奠定基础。三个新学院的领导班子要向自动化学院的领导班子学习，带领全院师生，一年一个新变化，一年一个新面貌，一年一份满意的答卷！

二是稳定关乎全局，发展务必科学。新学院的领导班子务必以学校的发展大局为重、以学院的发展大局为重，妥善处理好存在的问题，秉公办事，院务公开，充分发挥全体教职工的积极性和主动性，让和谐的声音多一些，让分歧的现象少一点。学院要对主要工作进行产出投入之比的衡量，为科学决策提供有力支撑，在对教师工作考核和学术评价中加强对全面性、创造性的要求，建立科学的评价体系。这样的工作才是科学的，这样的发展才是可持续的、才是全体教职工认同和赞赏的。

综上所述，理科学院调整是加强理科建设的重要步骤，是理科振兴计划的重要方式和手段。建设世界一流理工大学的目标要求我们必须持续稳定地加强基础研究与应用基础研究，充分发挥基础学科对其他学科的支撑作用，营造理工并重、多学科融合发展的氛围。因此，理科要加快发展，要培养和汇聚高水平人才，要面向国家重大战略需求、瞄准前沿及应用性问题开展科学研究，与工科进行广泛深入的交叉融合，并通过一定时期的发展，逐步形成集群优势。

开拓新思路、开创新局面，实现办学国际化新跨越*

2009 年召开的校第十三次党代会确立了“拓展国际视野，实施开放发展战略”。这次学校国际交流与合作工作会议是一次实施开放发展战略的重要会议。赵长禄副校长在工作报告中全面回顾了近 5 年学校的国际交流与合作工作，总结经验，查找不足，提出了下一步工作的总体思路、发展目标和主要举措。我再就如何理解和推进办学国际化谈几点意见。

一、推进办学国际化的必要性和紧迫性

推进大学的办学国际化进程，既有来自国家和公众等大学外部的利益需求，又有来自大学内部的发展需求，而且两者相互密切关联。更重要的是，这种需求日益迫切，需要引起高度重视。

（一）开拓视野，认识办学国际化的必要性

新世纪以来，伴随着全球经济一体化的浪潮，高等教育国际化已经成为一股迅猛浪潮。近年来，我国政府对高等教育的国际交流与合作日益重视，在《国家中长期教育改革和发展规划纲要（2010—2020 年）》《国家中长期人才发展规划纲要（2010—2020 年）》《教育部、财政部关于继续实施“985 工程”建设项目的意见》等文件中，对国家重点大学推进办学国际化提出了明确要求。

近年来，公众日益关注大学排名。在最具影响的“世界大学学术排名”

* 本文系 2011 年 12 月 30 日在北京理工大学国际交流与合作工作会议上的讲话节选。

“英国 QS 大学排名”等 6 种大学排名体系中，均对办学国际化相关的指标给予权重，有的关注外籍教师数，有的关注外国留学生数。办学国际化已成为社会衡量大学发展水平的重要标志。当然，仅仅用几个指标和数字尚难以对大学进行全面评价，还需要综合考虑其获得的投入和在人才培养、科学研究、社会服务、文化传承与创新方面的贡献。而要做出高水平的贡献，办学国际化是必由之路。

北京理工大学培育人才的主体是工程师和企业家，大多数毕业生进入大型国有企业或知名外资企业工作，这些企业的属性决定了其对毕业生的素质要求。自我国加入世界贸易组织（WTO）以来，越来越多的企业选择“走出去”的发展战略。例如，长安集团充分利用全球资源布局研发体系，形成了“五国九地，各有侧重”的全球研发格局。又如，联想集团 10 年间从营业额 20 多亿美元的公司成长为营业额超过 200 亿美元的跨国公司。再如，让国人振奋的吉利收购沃尔沃案例造就了新的跨国企业。这些实事说明，“经济全球化和企业国际化”已经成为一种势不可当的潮流。很多大型企业目前都处于全面进入国际市场的关键时期，迫切需要具有全球视野的工程师、企业家。

不久前，温家宝总理到江苏视察工作时指出：中国要有“乔布斯”，要有占领世界市场的像“苹果”一样的产品。这是温家宝总理代表国家向我们提出的更高要求，即要培养世界顶尖人才、创造世界顶尖技术、开发世界顶尖产品。要培养这样的人才，不仅要培养其深厚的理论基础、扎实的专业知识、突出的创新能力，同样要培养其过硬的国际化能力。国际化能力绝不单单是熟练掌握外语，而是具有全球化视野、了解多国文化、掌握国际企业运作模式的综合素质。这无疑对大学的师资队伍、科学研究、管理体制与机制都提出了很高的国际化要求。

中国企业的国际化进程既对大学办学国际化提出了需求，也为大学办学国际化提供了有利条件。北京理工大学必须积极主动融入国家的对外开放进程，在对外交流与合作中抢占先机，大力培养具有全球化视野、通晓国际交往规则和具备国际交往能力的优秀人才。

综上所述，办学国际化是国家、公众等外部力量对大学的客观要求，也是大学完成其中心任务的内在要求。

（二）抓住机遇，树立办学国际化的紧迫感

面对高等教育国际化的大趋势和大潮流，不但要有抓住机遇的决心，更要有抢抓机遇的紧迫感。办学国际化进程可以分为四个层次：第一层次是最高层次，是指大学能够引领世界高等教育国际化的潮流，并发挥主导作用；第二层次是指大学能够积极主动地融入世界高等教育国际化的潮流中，并发挥重要作用；第三层次是指大学尚处于被动地接受世界高等教育国际化，主要起补充作用；第四层次是最低层次，即大学的办学国际化刚刚起步，对世界高等教育发展的贡献甚微，几乎被边缘化。全球排名前100位左右的大学无疑属于第一层次。这些大学能制定国际学术标准，能从全世界获得最优秀的教师和学生，对世界高等教育国际化起主导作用。目前，我国尚无大学能进入这一层次。而世界大学前500强中的后400所大学，其中包括23所中国大学，基本属于第二层次。

近几年，北京理工大学在国际交流与合作方面采取了不少重要举措，已取得显著成绩。然而，学校尚未进入世界大学前500强，办学国际化进程也尚未进入第二层次，在与海外大学交换学生方面，主要角色是派遣学生，教育教学尚处于被国际化阶段，即上述第三层次。这与我国大学前20强所达到的主动融入办学国际化层次还有较大差距。

校第十三次党代会明确提出，经过“十二五”建设，学校要成为国内一流理工科大学。学校的事业发展规划将主要办学指标定位于全国高校前20～25位的水平，这基本上就是世界大学前500强的水平。具体到办学国际化，则应该进入上述第二层次。这要求学校在国际交流与合作工作上要转变发展观念，化被动为主动，积极适应办学国际化的发展趋势。具体来说，就是要围绕办学国际化目标，主动去创新管理体制和机制，主动去创新师资队伍建设，主动去创新人才培养目标和课程体系，主动去创新科研合作平台。为实现从第三层次进入第二层次的办学国际化目标，学校面临着时间紧、任务重

的困难。因此，需要全校师生统一思想，团结一致，抢抓机遇，加速推进办学国际化进程。

二、推进办学国际化的若干重要问题

我们在反复强调推进办学国际化的必要性和紧迫性的同时，必须清醒地认识到，在办学国际化的道路上，还有种种矛盾和困惑，还有很多发展思路没有完全厘清，还有很多行动较为盲目。因此，需要我们共同努力去解惑、去厘清、去行动。

（一）转变观念，处理好国防科技与国际交流的关系

总结学校“十一五”期间的国际交流与合作工作，不难发现很多老牌学院和优势学科的办学国际化步伐相对缓慢，而部分年轻学院和弱势学科的办学国际化步伐相对较快。就此问题，学院领导给出的解释是“优势学科具有国防科技背景，难以开展国际交流与合作”。这个解释有一定道理，但它不足以成为限制学校优势学科推进办学国际化的理由。以美国佐治亚理工学院为例，该校自第二次世界大战起就获得美国军方的大量科研项目，至今其科研经费中半数来自军方和军工企业，但这丝毫没有影响佐治亚理工学院的办学国际化，没有影响其成为世界一流理工大学。

深究这个问题的原因，还是由于我们习惯于传统思维，没有足够的办学国际化意识。长期以来，国防科技与国际交流被习惯性地当作对立面，尤其当保密形势比较严峻时，更是出于安全而将门户完全封闭起来。根据系统科学理论，一个封闭的真实系统，必然是一个耗散的、逐步退化的系统。如果这些优势学科长期封闭，则必将失去优势，甚至走向衰败。

如何处理好国防科技与国际交流的关系，需要开动脑筋、运用智慧。从深层次看，国防科技与国际交流这对矛盾是可以转化的。一方面，国际交流可以带来新信息，有利于在国防科技研究中把握新方向、产生新思想、迈上新台阶。另一方面，国防科技通常属于最先进的科学技术，既是发达国家高

度关注的领域，也是发展中国家急于掌握的领域。各国均有获取他国技术的强烈愿望，而不希望让别人了解自己。因此，在国防科技领域进行国际交流的关键在于如何做到“有所得，而无所失”。

我把处理好这一关系比作“**贴车膜**”，即通过在车窗上贴膜，使我在车里看得清你，而你在车外却无法看清我，我看你是清清楚楚、明明白白，你看我则是雾里看花、水中望月。

多年前，我曾在美国杜克大学、德国斯图加特大学从事研究，两位合作教授都是以国防科技为背景、从事力学研究的世界著名科学家。他们并未拒绝像我这样具有国防科技背景的学者，而且邀请我开展交流与合作。因为双方探讨的是工程科学问题，彼此都把问题的工程背景、核心技术做了处理。这就是所谓的“贴车膜”。我认为，要在国防科技领域的国际交流中“贴车膜”，需注意三点：一是目光敏锐，寻找合适的国际合作伙伴；二是开动脑筋，从国防科技研究中提炼可以进行国际合作的科学问题；三是运用智慧，采取灵活多样、对我有利的合作方式。希望从事国防科技的教师们充分运用自己的智慧，积极开展国际交流与合作，进而提升自身的核心竞争力。

（二）扬长补短，处理好中国特色与世界一流的关系

近几年，学校的国际交往日益增多，队伍建设、人才培养、科学研究等工作越来越与国际接轨，但学校与世界一流理工大学的整体差距依然很大，必须通过办学国际化来提升水平、缩小差距。那么办学国际化是否意味着应该直接移植发达国家的办学模式呢？答案是否定的。我们强调，办学国际化不是目的，而是提升办学水平的重要手段。因此，办学国际化不是简单地与发达国家大学接轨，更不是全盘移植或被同化，而是要在办学国际化进程中结合学校实际，强化自身的特色优势，并使之提升到世界级的特色水平。

事实上，所有世界一流大学在办学国际化进程中均坚持保留本国、本校具有先进性的特色，既有全球视野，又有自己相对独立、完整的教育体系和办学理念，并根据这些理念来指导其教育实践，将学习先进和保持特色很好地结合起来。例如，我国香港和台湾都是高等教育国际化程度很高的地区。

尽管我国香港的大学在世界大学排名中占优势，但我国台湾地区的大学更加注重在吸收先进学术的同时保留自身精华，以很好地推动台湾地区的经济建设和社会发展。目前，国内有些大学、学院的办学国际化程度已比较高，但却呈现出“一切向西方国家大学看齐”的倾向，过度关注在国际期刊上发表论文，过度关注外国学者的评价，淡化了自身的特色，忽视了对国家的贡献。对此，我深感忧虑。

如何处理好中国特色与世界一流的关系，我将其比作“**点菜肴**”。大家在餐前点菜时都注意荤素搭配，形式多样，但更重视菜肴是否合乎口味、是否有利健康、是否价廉物美，努力满足自身需求，才是就餐的真正目的。

办学国际化的终极目标是从人才培养、科学研究、社会服务、文化传承与创新等方面对国家做出高水平贡献。满足国家重大需求和瞄准世界高等教育、科技发展前沿是办学国际化道路上务必坚持与兼顾的重点。我们的使命是瞄准国家重点发展的科技领域和国际科技前沿，培育具有国际竞争力的人才，创造具有国际影响力的成果，提高学校的整体办学水平和国际地位。

（三）注重品质，处理好形式与内涵的关系

北京理工大学的海外合作大学已达到160余所，遍及六大洲近50个国家和地区。这一数量在全国重点大学中排名比较靠前，在工业和信息化部的高校中数一数二。为此，这几年我出席了不少与海外大学合作的签约仪式。

这些漂亮的数据和隆重的仪式反映出学校对国际交流与合作的重视程度和工作成绩。然而，我们的办学国际化不应仅停留在表面的数据和形象，而更应注重深层次的交流与合作。如果关注点仅仅放在校长、院长之间的见面签约等形式上，没有给教师和学生提供“点对点”的合作机会，没有将这些“点”串成学院、学科开展国际合作的“线”，没有将这些“线”交织成全校的国际合作网络，就无法打造真正的国际合作平台。长此以往，数据与仪式就成了政绩工程，而学校的国际竞争力未必能提高多少。因此，提升学校国际交流与合作内涵建设水平的中心任务就是必须开展实质性合作。

在数据的背后，还应该问一个问题：在这众多的国际合作伙伴中，开展

实质性合作的占多少？据我了解，大约占三分之一。在这些实质性合作伙伴中，有多少是世界一流大学呢？据我了解，大约也是三分之一。因此，提升学校国际交流与合作的内涵建设水平的另一项中心任务就是提升国际合作伙伴的档次和水平。

如何处理好这一关系，我将其比作“寻恋人”。大家寻找恋人时，不仅注重外在形象美，更要求内在素质高，尤其是追求两者的完美结合。

在今后的办学国际化进程中，要注重内涵建设，每一项合作都要有深厚的根基，都要有实质的内容。注重办学国际化的内涵建设，就是要把教授与教授之间、教授与学生之间、学生与学生之间都连接成“点对点”的“线”，“线与线”交叉形成网络。在这个网络中，起关键作用的是教授，尤其是作为团队领军人物的教授。在国际化融合和竞争激烈的当今世界，团队合作和团队的可持续发展对于任何类型的组织发展与建设都发挥着重要作用。

在今后的办学国际化进程中，要更加注重质量，提升合作伙伴的层次和水平，特别要发挥教授的积极作用。清华大学张希院士在我校研究生导师培训班上曾谈道，他要求自己团队的年轻教师必须有国外研究经历，他为每位研究生创造一次赴世界一流大学的学习机会，使其团队与世界一流学者的合作发展成常态。我校自动化学院的付梦印教授学术团队、陈杰教授学术团队均已持续将青年教师送到世界一流大学开展合作研究，收到了很好的效果。我希望，北京理工大学的教授们能用这样的眼光去建设团队、用这样的雄心去构架国际交流与合作的平台、用这样的胸怀去培养青年人。

三、推进办学国际化的若干重点工作

（一）加速建设国际化人才队伍

实践证明，推进办学国际化进程的主要动力是人才，是具有全球化视野、通晓国际规则、能够参与国际事务和国际竞争的优秀人才。学校将加大对海外优秀学者和外籍专兼职教师的引进力度，加强对广大教师特别是创新团队和学科领军人才的国际化培养，重视管理干部的全球化视野和国际交往能力培训。要坚定不移地以世界著名大学助理教授以上的杰出人才、具有世界一流大学博士学位的青年学者为重点，加大力度汇聚优秀海外学者加入教师队伍。同时，要坚持做好校内教师的国际化培训，重点结合“本硕博贯通培养计划”的英语授课课程体系建设项目、全英语授课专业建设项目的需要，优先满足英语授课专业人才队伍的建设需求，打造国际化的师资队伍。在今后的专业技术职称评定中，将把国际化作为重要的衡量标准，以鼓励教师开展高水平的国际交流与合作。

（二）加速建设具有国际竞争力的学科专业

实践证明，推进办学国际化要有好抓手，亦即切入点。相关职能部门、专业学院要积极行动起来，充分发挥学科专业和教师在国际交流与合作中的主体作用，大力推进学科专业、教师层面的实质性教学和科研合作，提升学科专业的国际化水平和竞争力。在人才培养方面，要参照世界一流大学的人才培养模式和教育教学体系，瞄准具有全球化视野、通晓国际规则、能够参与国际事务与国际竞争的拔尖创新人才目标去开展教育教学改革，引入国际化环节对育人过程进行优化，提升学生的国际竞争力。同时，要利用良乡校区所拓展的办学空间，抓紧办学资源调整，大力提升留学生的学历教育规模和水平。在科学研究方面，要积极促进学科和教师层面的实质性国际交流与合作，重点推进国家级、省部级重点实验室的国际化进程，重点建设好“111引智基地”和与海外著名大学、机构共同建立的联合研究中心。

（三）探索推进办学国际化的新机制

实践证明，推进办学国际化进程需要学校相关职能部门和专业学院的通力合作，尤其需要发挥学院和教师的积极性。近年来，管理与经济学院领导高度重视办学国际化，积极争取学校相关职能部门的支持，带领教师们科学谋划和扎实建设，学院的 MBA/MPA 顺利通过国际专业认证，学院的英文网站已实现中英文完全对照、实时更新，办学国际化进程走在了全校各学院的前列。这说明，推进办学国际化不能仅仅依靠国际交流合作处、留学生中心等职能部门，而要建立相关职能部门、专业学院、学科与教师通力合作的新机制，促使相关职能部门积极谋划全局、提供保障措施，专业学院、学科与教师积极寻找合作伙伴，推进实质性的国际交流与合作。因此，学校将把办学国际化作为一项重要考核指标，列入对相关职能部门、专业学院的考核体系中，引导大家积极探索共同推进办学国际化进程的新机制。

深刻理解学科建设与学科评估*

校党委决定，2013年上半年的学校重点工作是对“十二五”教育事业发展规划（以下简称“十二五”规划）执行情况进行中期检查，重点检查实施“6+1”发展战略，提升学校核心竞争力方面的任务完成情况。在“6+1”发展战略中，居首位的是“强化优势特色、实施学科优化战略”，是本次中期检查的重点。学校决定以近期的全国一级学科整体水平评估结果为依据，全面检查各学科的建设情况，以加速建设国家重点学科为重点，进一步提升各类学科建设水平和建设效益，努力构建符合工业化、信息化和国防现代化建设需要的学科体系。

自上次评估之后的5年来，学校学科建设取得了不少进展，但同时也还存在着不少问题。我们要通过认真分析问题、科学规划未来，找准今后一个时期的建设方向和建设重点，力争取得更大的进步。

一、深化认识、纲举目张

长期以来，学校各种规划和文件都将学科建设作为各项工作的龙头。但在日常工作中，不少领导干部和骨干教师对于什么是学科建设尚缺乏正确的、全面的、深刻的认识。例如：有的将学科建设视同壮大力量，把主要精力放在争取教授指标和研究生招收指标上；有的将学科建设视同申报项目，把主要精力放在搜集材料、精心包装上；还有的将学科建设视同要钱买设备，把主要精力放在争取经费、满足骨干教师研究需求上。这些认识无疑是狭隘的、片面的，有些甚至是错误的。

* 本文系2013年5月13日在北京理工大学学科建设与评估工作会议上的讲话节选。

事实上，学科是大学教学、科研、服务社会的基本学术单元，其水平是一所大学核心竞争力的集中体现，其特色是一所大学的办学特色体现。因此，一所大学综合实力的提升，本质上就是其学科实力的提升。世界一流大学之所以著名，就是因为它们有一批高水平的学科。以美国佐治亚理工学院为例，其工业工程位居全美第一，生物医学工程位居全美第二，土木工程位居全美第三，航空宇航工程位居全美第四，环境工程位居全美第五，机械工程、计算机工程、电气工程均位居全美第六，材料工程、核工程均位居全美第八，其这些学科的世界排名也同样位居前列。

至于学科建设，则是指学科主体根据社会发展的需要和学科发展的规律，结合自身实际，采取一切必要的、可行的措施和手段，促进学科发展和学科水平提高的一种社会实践活动。学科建设是一个长期的过程，一直伴随着学校的建设和发展，必须常抓不懈，才能水到渠成。

正因为如此，学校的“6+1”发展战略以学科发展战略为首，把学科建设作为学校各项工作的龙头，作为提升学校核心竞争力的主要支撑。只有紧紧抓住学科建设这个龙头，才能做到纲举目张，统揽各个方面的工作。纵观近年来发展态势比较好的大学、学院，无一不高度重视学科建设的龙头作用，而且对学科建设的长期性有深刻认识，用长期的、高强度的精力来抓学科建设。

我们必须在全校范围内高度重视学科建设在学校发展中的基础性、全局性、战略性地位和作用；要以学科建设为纲，凝聚优势方向、配置发展资源、夯实发展基础，进而带动工作水平的全面提升。学校、学院、职能部门在制定有关方针、政策以及规定和办法时，一定要围绕着学科建设，要问问对学科建设尤其是对重点学科建设能起到什么促进作用。

二、重视规划、科学发展

大学是一个复杂的动态系统，其科学发展必须依靠科学规划。2010 年，校党委根据第十三次校党代会确立的中长期发展目标，制定了“十二五”规划。几年来，学校依据规划积极推进工作，综合实力跃上新台阶，进入了亚洲大学百强和世界大学五百强。实践证明，认真制定并实施规划对学校建设和发展起到了重要的指导作用和积极的推动作用。

学科作为大学的基本学术单元，是复杂的动态子系统，其科学发展同样必须依靠科学规划。由于学科建设的主要内容是选择和凝练独特的研究方向、培育高水平学术队伍、打造科技创新平台、营造学科文化，其建设内涵充满挑战和风险，而建设周期往往长达 10 年以上。因此，学科建设比其他工作更需要前瞻性、全局性的规划。

近年来，校内各学院的办学实践已为推进规划实施工作提供了有力的依据。凡是认真调研与反复讨论确立学科发展目标和定位、主要研究方向、发展思路和举措、资源配置和优化的学院，其学科建设成效都明显要好于其他一些对规划过程重视不足、学科建设目标和定位不切实际、发展思路和举措不清晰、资源配置不合理的学院，其带来的效果在学校范围内是有目共睹的。

三、提高质量、打造精品

我国高等教育已经完成了规模快速扩张阶段，进入了质量稳步提升阶段。如果不加速提升学科建设水平，学校近半数学科将被其他高校超越。

因此，学校的当务之急绝不是继续扩大学科数量和学科规模，而是提升学科建设质量。在学科建设方面必须“有所为，有所不为”，真正把追求特色、优势作为高水平学科的标志。对个别水平不是很高、发展趋势又不是很好的学科，要下决心“关停并转”。虽然这项工作涉及部分教师的利益，难度非常大，但为了学校乃至国家的大局，必须下决心去做。

在近期的调研中，我向各学院领导班子和骨干教师提出了提高质量、打造精品的要求。什么是精品？处于不同发展阶段的学科有不同的理解和诠释。对于已长期获得“985 工程”和“211 工程”建设支持的重点学科来说，就是要成为名副其实的国家队，建设国家级教学和科研平台，产出代表国家水平的人才和成果。对于综合实力相对薄弱的学科来说，就是要尽快做到有特色、重交叉、入主流，成为与学校声誉相称的学科。无论是哪种情况，学院领导和骨干教师都要鼓足勇气、解放思想，去探索、开辟和凝练具有前瞻性的研究方向。目前，学校不少主干学科的研究方向老化，缺少应有的前瞻性，这种情况必须要转变。确立研究方向之后，要把有限的办学资源汇聚到有发展前途的研究方向上，把有限的精力投入培养创新人才和从事原创性研究中，尤其要探索和形成有利于内涵发展的激励机制和文化氛围。

四、转变作风、求真务实

学校的建设和发展，尤其是学科建设、“985 工程”建设和“211 工程”建设等项目，都要从仅仅重视申报时整合力量和撰写材料转向重视科学规划、内涵建设和水平提升。各有关部门、学院和学科都要认真细致地分析此次学科评估结果，不但要看到学科建设中的特色与优势，更要找出存在的问题和不足，科学制定和认真实施建设规划，一步一个脚印地建设和发展。要大力弘扬求真务实的工作作风，认真做好每个环节的工作，尤其要认真查找问题，认真进行整改，绝不弄虚作假，绝不敷衍了事。毛主席曾经说过：“世界上怕就怕认真二字，共产党就最讲认真。”作为中国共产党创立的第一所理工科大学，我们应该用踏踏实实的工作来提升办学水平。

1975 年，英国经济学家古德哈特(C. Goodhart)提出了一条后来以他名字命名的古德哈特定律：某种评价一旦被选择用来做决策时，这种评价就开始失去其价值了。原话是“Once a measure is chosen for making policy decisions, it begins to lose value as a measure”。大量实践证明，评估会刺激人们去关注指标并试图通过短期努力来改进指标，从而诱发急功近利的行为。

因此，我们必须全面、深刻地理解全国一级学科整体评估所蕴含的高等教育质量提升导向，不仅要看到学科建设工作已取得的成绩，更要看到已显现的差距，尤其要看到这些差距背后的深层次问题，进而谋划更长远、更高层次的发展，为建设世界一流理工大学奠定坚实的基础。

把握规律、深化改革，全力推进一流理工大学建设*

党的十八届三中全会对全面深化改革做出重要部署。教育部、财政部贯彻十八届三中全会精神，制定了《关于加快推进世界一流大学和高水平大学建设的意见》，决定统筹"985 工程"和"211 工程"建设，推进一批大学全面深化改革，提升治理能力，到 2020 年前后，有若干所大学跻身世界一流大学行列，一批大学整体水平和国际影响力跃上一个新台阶，成为国际知名、特色鲜明的高水平研究型大学。

对北京理工大学来说，实施上述"推进行动"就是要谋划好改革和发展之路，到 2020 年将学校建设成国防科技特色鲜明、理工为主的亚洲一流大学。面对这项任务，我们既要看到，通过连续三期的"985 工程"和"211 工程"建设，学校综合实力显著提升，具备了实现目标的必要条件，又要看到，学校发展已进入改革攻坚期和深水区，既面临思想观念的障碍，也面临利益固化的藩篱。全校干部、教师要深化对研究型大学发展规律的认识，把握改革正确方向，探索科学发展之路。

一、研究型大学应以育人为第一价值追求

在人类历史上，"大学"一词源于拉丁语 *Universitas*，其含义是"教师和学生的共同体"。现代大学是按学科门类培养人才和开展研究的学术机构。随着人类知识体系的不断扩充，大学覆盖的学科越来越多。这导致人们日益关注"大学之大"，而经常忽略了"大学之学"。

---

* 本文系 2014 年 2 月 24 日在北京理工大学年度工作会议上的工作报告节选。

事实上，“大学之学”是大学的本质，它源于两千多年前希腊学者柏拉图在雅典讲学的阿卡德米(Akademus)学园。这是古希腊学者追求和探索真理、自由和平等交流、分享和传授知识的乐园，由其演变成的“Academy”特指犹如“象牙塔”的学术团体。它提醒着人们，大学要保持源自“象牙塔”的大学精神。

从19世纪初由德国教育家洪堡倡导教学与研究并重到20世纪在美国兴起大学服务社会，大学功能不断扩充，但“大学之学”始终是大学的本质。例如，美国哈佛大学第25任校长博克(D. C. Bok)在1984年出版《走出象牙塔》一书中，曾呼吁大学适应政治、经济、社会发展的趋势。但若干年后，他在撰写《回归大学之道——重塑大学教育的目标》时，则警告“醉心于追求利润”将对教育体制造成伤害，称其是“聚敛财富和道德缺失的噩梦”。

我国近代高等教育诞生于“象牙塔”之外，创建之初正值中华民族危难之时，致力于“教育救国”和“科技救国”，难免带上了实用主义烙印。20世纪50年代，模仿苏联工程教育模式建立和改造而成的工科大学更是如此。改革开放以来，特别是伴随着招生规模剧增、教师薪酬与工作量挂钩、大学建设工程化，我国大学日渐远离“象牙塔”，呈现过多的世俗、功利、行政色彩。

虽然人们对于当代大学与“象牙塔”关系的争论颇多，但世界一流大学无不守护和弘扬来自“象牙塔”的大学精神；不断改革的是办学模式、育人模式、研究模式，而永恒不变的是大学精神。在办学的核心价值取向上，世界一流大学以学术为基、以育人为本，所从事的科学研究与人才培养必须互利，科学研究的出发点和落脚点都在培养一流人才上。

因此，建设研究型大学的要点在于如何守护和弘扬大学精神，难点在于如何使人才培养和科学研究达到和谐统一，使育人成为学校的核心价值取向和永恒追求。

学校建校70多年来，几代北理工人共同绘制了一幅精彩的历史画卷。在这幅画卷中，不缺少面向国家需求的行动、面向行业的研究、面向工程的开发等精彩画面，而学术为基、育人为本的画面则不够绚丽夺目，甚至有令人担忧之处。弘扬大学精神、强化“大学之学”已成为学校下一步改革和发展必须解决的首要问题。

因此，校党委将张德江同志的校庆题词“坚持一切从提高教学质量出发，一切从培养学生全面发展出发，一切从奉献伟大祖国出发”写入了学校章程总则，提出了“三服务”理念等。在今后的改革和发展中，学校要大力落实这些理念，加大在人才培养方面的人力、物力、财力、政策和舆论支持；干部、教师、职工都要将自己的职业理想厘定到人才培养这个第一价值取向上，要共同引导和教育学生从教育消费者转变为学校的主人，成长为大学精神的传承者。

二、研究型大学应以长时间尺度谋划发展

从系统科学角度看，研究型大学是一类非常复杂的动态系统。决定这类系统品质的因素有许多，既有非学历教育、应用研究、社会服务等快变因素，更有人才培养、基础研究、文化传承等慢变因素。根据系统科学理论，上述慢变因素是决定研究型大学品质的根本因素，并主导其整体演化行为。

世界一流大学的发展普遍经历了上百年甚至数百年的历史积淀。唯有将这种历史积淀转化为熏陶一代代学子的无形动力，才能推动大学发展长盛不衰，铸造大学的灵魂。纵览全球，那些历史悠久、创新活跃的大学，其立校之根基都在于有高瞻远瞩的发展规划、不断发展和优化的教育教学模式、不断探索和开拓的研究领域，从而才能引领世界科技革命和文化发展的方向，对国家发展和人类文明做出历史性贡献。

例如，美国麻省理工学院将其发展战略表述为：“致力于研究基础科学，但应在把研究、学习和行动整合成一体的新模式中处于领先地位”；“致力于学术、探究和批判精神，并擅长把工业、政府和学术界联合起来，共同探索、解决世界面临的主要问题”。又如，北京理工大学的“985 工程”建设对标高校——美国佐治亚理工学院，其从事基础研究和应用基础研究的学者比例、投入力度都非常高，而其学术发展定位是“通过研究和教育贡献，以帮助建立指导技术未来的科学、技术和政策”，强调“进一步发展已位居世界领

先的研究领域，并走向新的领先领域”。

因此，建设研究型大学绝非一日之功，对其建设进行考察、评价和谋划应该采用长时间尺度；衡量理工类研究型大学成功与否，需着重考察其基础研究和理工结合的水平。

北京理工大学今天的办学成就和社会影响，是几代师生奋斗的结果，是长期办学的积累。今天的工作，有些可能很快见到成效，但更多的则要等若干年后才见成效。20 世纪 50—60 年代，如果我们的前辈满足于在苏联专家指导下建立起的常规兵器专业，不去克服困难创建火箭、导弹、雷达等专业，学校就不会有今天的地位。当前，如果我们不瞄准世界科技发展的前沿，不谋划未来的尖端武器发展，不打牢学术研究的基础，学校也不会有未来的地位。

鉴于研究型大学的品质是受慢变因素所支配，我们要高度重视发展战略研究，重视建设和发展规划，尤其要重视学科和专业规划。要进一步加强基础研究，特别是理科建设，加强新兴和交叉学科建设。要大幅提高理科教师数量，大力促进理工结合，为发展未来尖端武器和高新技术奠定学术基础。既要充分认识理工结合的必要性和重要性，也要清醒认识这项工作的长期性和艰巨性。我们需要通过理工结合来突破发展瓶颈，刻不容缓；但理工结合取得成效绝非一蹴而就，必须从长计议。

三、研究型大学必须坚持走开放发展之路

当今世界，经济全球化、教育国际化乃大势所趋。以印度为例，通过与西方国家高度接轨的培养模式，仅在 2007 年就向跨国公司输送了 35 万名工程师，到 2015 年该数字几乎高达 140 万。面对这样的大趋势，我们必须考虑未来的毕业生是否具有全球化视野、跨文化思维，是否能够参与国际交流、合作与竞争。

近年来，我国一流大学无不努力推进办学国际化，借鉴海外先进办学理念和教育经验、促进教师融入国际主流的研究领域和方向、为学生提供多元

的文化资源和学习资源。例如，清华大学、北京大学等招聘了一批世界著名学者从教。又如，上海交通大学与美国密歇根大学成功开展人才培养合作。特别值得一提的是，国防特色最鲜明的国防科技大学正加速探索其国际化发展之路。

高等教育界的共识是，若一所大学定位于服务某个行业，则至多是该行业的一流大学。而要建设世界一流大学，必须在办学定位上面向世界，凝聚来自全世界的优秀学生、优秀教师、优秀管理人员，并从理念和制度等多个层面鼓励现有学生、师资、管理队伍走向国际化。

因此，建设研究型大学必须面向现代化、面向世界、面向未来，走开放和改革之路；封闭和守旧必然导致衰败和消亡。

回顾北京理工大学校史，只有坚持自力更生和开放办学相统一，才能又好又快发展。新中国成立之初，学校在苏联专家的指导下建设起国防科技专业，这无疑是在当时国情背景下对外开放的成果。改革开放之后，学校走开放办学之路，引进的吴嗣亮、王富耻、吴锋等教授已分别在高速交会目标测量、穿甲材料、绿色电池材料等领域取得重要科技成果，提升了学校的学术水平。近年来，学校加大开放力度，新引进的一批优秀中青年教师开辟了深空探测、仿人机器人、飞秒激光制造、精密测量、生物力学、低维纳米器件、能源和农业政策等新的研究领域，为学校未来发展奠定了基础。

开放办学带来的不仅是人才和技术，还有内外对比之后发现的差距以及由此引发的观念更新和改革举措。通过比较和分析，我们认识到必须在教师分类管理、研究生培养模式、学术评价体系、科技投入政策等方面进行综合改革。我们也认识到：必须强化育人观念、优化教风学风，以育人为第一价值追求来谋划改革和发展；必须着眼长远发展、瞄准世界前沿，以长时间跨度来谋划改革和发展；必须扩大开放办学、推进系统改革，以汇聚全球优质资源来谋划改革和发展。

全面谋划综合改革，加速建设一流大学*

2014年5月，教育部召开部分大学校长座谈会，就实施“高等学校争创一流行动”征求意见。同年7月，教育部召开直属高校工作咨询会议，研讨贯彻落实党的十八大和十八届三中全会精神，全面深化高等教育改革。这两次会议的主题归结为一点，就是全面深化高等教育综合改革，加快推进一流大学建设。

对北京理工大学来说，这既是机遇，更是挑战，与学校未来长远发展利害攸关。全校干部和教师务必深入学习刘延东副总理在教育部直属高校工作咨询会议上的讲话精神，结合教育部即将启动的“高等学校争创一流行动”，用综合改革的思路来谋划学校下一步的发展。

在校党委暑期务虚会上，党委常委已经就深化综合改革问题进行了深入交流，并达成了高度共识。学校今后的发展能否跟上时代的潮流，关键在于我们能否正视自身存在的问题并下定决心推进综合改革，关键在于我们是否确立了一条方向正确且明确的改革路径，关键在于全校师生员工能否同心同德共同拥护改革，并推动改革取得预期成效。在此，我主要谈三个问题：为什么改？改什么？怎么改？

一、为什么改？

首先，改革是国家发展的紧迫要求。习近平总书记指出，35年来，我们用改革的办法解决了党和国家事业发展中的一系列问题。同时，在认识世界和改造世界的过程中，旧的问题解决了，新的问题又会产生，制度总是需要

---

* 本文系2014年9月5日在北京理工大学年中工作会议上的讲话节选。

不断完善，因而改革既不可能一蹴而就，也不可能一劳永逸。党的十八届三中全会针对全面深化改革所做出的一系列深度部署清楚地预示了党和国家即将通过全面深化改革开启一个全新的时代。

其次，改革是高等教育发展的客观需要。历经30年的改革与发展，我国高等教育发生了历史性变化，进入了一个全新的历史阶段。高校结构的多样化、水平的差异化、人民群众教育诉求的个性化不断增强，新情况、新问题、新矛盾不断涌现，全面深化高等教育综合改革，是破解新时期高等教育深层次矛盾的必然要求。不改革，就会丧失发展机遇，被时代的车轮碾压；不率先改革，就会丧失良机，永远跟在世界名校后面望洋兴叹。

再次，改革是学校自身发展的客观需要。按照学校的发展目标，到2020年将建设成国防科技特色鲜明、理工为主的亚洲一流大学。面对这样的任务，既要看到，通过连续三期的“985工程”和“211工程”建设，学校综合实力显著提升，具备了实现上述目标的必要条件，也要看到，学校在人才培养、科学研究、人事分配、资源利用上受到若干制约，如不全面深化综合改革，很难摆脱当前相对封闭、依赖资源投入型的发展模式，人才培养质量和科技创新能力将很难有新的全面提升，制度和文化建设将很难有新的实质性进步。

二、改什么？

习近平总书记指出，改革是由问题倒逼而产生，又在不断解决问题中而深化。所以，我们首先要有强烈的问题意识，坚持问题导向，有什么问题就改什么，同时，也要意识到，当前的改革，已不同于以往的单项改革，必须是全面、综合、深入、内涵式发展的改革，涉及价值争论、利益博弈、体制改造、机制转换等诸多复杂问题。面对这些复杂问题，要善于抓住“牛鼻子”，以重大问题为导向，抓住重大关键问题进行研究解决，由此带动解决其他一系列矛盾和问题。

这次教育部直属高校工作咨询会议提出了当前高等教育综合改革的五项

重点任务：办学体制改革、管理体制改革、人才培养机制改革、人事制度改革、科学研究体制改革。就北京理工大学来说，最急需研究解决的是人才培养机制、科学研究机制、人事分配机制、资源分配机制等的改革。

在人才培养方面：要充分调动起教师和学生的积极性；使教师不仅善于从事工程和应用研究，更要重视教学，加强对研究生的培养与管理；要加深学生对学校的感情，通过提升学生对专业的认同来增强学习积极性和学术创新欲望，让学校能留得住学生，学生丢不下学校。

在科学研究方面：要强化创新意识、战略眼光、未来谋划；创新优势学科的研究方向，提高学科的产出效益，改变论文单纯追求数量、忽视质量的现状；提升教授及其团队跨领域突围的能力，将自身研究与创一流学科、出原创成果紧密结合起来；改变个体户式经营、家庭作坊式研究的状况。

在人事分配方面：完善现有人事分配制度，充分发挥好激励约束作用，让绩效津贴这种激励方式真正能够激励高水平的教学、产出高水平研究成果，极大地提升教师的工作动力和积极性。

在资源分配方面：要显著提升资源分配利用的公平性、合理性以及使用效率，促使资源真正对实验室建设、学科建设和人才引进等工作发挥积极正向作用。

三、怎么改？

高等教育综合改革，具有系统性、艰巨性和长期性的特点，是一项涉及长远、牵动全局的重大任务。在改革过程中，必须坚持好以下几个原则。

一是育人为本。育人是大学的根本任务，是我们的第一价值追求。改革要围绕育人来开展并促进人才培养工作。要通过改革，培养具有国家使命、全球化视野和领导力的拔尖创新人才，为实现“两个一百年”奋斗目标提供人才和智力支撑。

二是提高质量。提高质量是现阶段办学的要务，改革要着眼于调动各方面积极因素，切实增强办学活力，促进学校内涵式发展，努力提高建设成效、办学质量和水平。

三是系统谋划。要用系统科学的思想来思考、设计和谋划整体改革，改变传统的、局部的调整和修补。既要充分考虑学校内部各改革要素之间的内在联系，将各项改革有机组合并产生整体效应，又要考虑校内改革与校外其他领域改革的全面协调，实现两者耦合共进、相得益彰。

四是统筹兼顾。要加强顶层设计，整体推进，还要突出重点，抓主要矛盾，达到牵一发而动全身的效果。既要立足解决当前的突出问题，又要谋划长远，尽可能考虑到改革在将来会产生的影响。

五是双管齐下。坚持推进综合改革和党风廉政建设双管齐下，把惩治和预防腐败的要求寓于改革发展之中，以深化改革推进党风廉政建设和反腐败工作创新与制度保障，以扎实有效的党风廉政建设为全面深化综合改革提供有力的政治保证。

刘延东同志强调："高等教育综合改革的关键就是推进现代大学制度建设。"针对前面提到当前急需解决的人才培养机制、科学研究机制、人事分配机制、资源分配机制等问题，我们要在以下几方面进行综合改革。

一是优化学科布局，建设一流学科。要按照学校学科特色发展战略和梯次划分，强化重点学科建设，针对世界科技前沿和国家重大战略需求深化学科方向的凝练。进一步做好学科规划、聚焦学科方向，邀请校内外专家深入研讨，凝练学校未来着力研究的若干重大科学问题和工程技术问题，提出研究方向。围绕这些研究方向，打破学科壁垒，大力促进理工结合，推进学科交叉融合，进而确立学科、队伍、平台建设重点，建设一流和前沿学科、培育战略性新兴学科，为发展未来的前沿科学、高新技术和尖端武器奠定基础。集中资源建立公共大平台，构建高水平学科平台和基地，产出有重大影响力的原创性成果和工程应用研究成果。与此同时，停办若干师资力量偏弱、生源质量平平、发展态势不佳、对提高学校整体水平影响不大的学科专业，积极争取调整若干博士授权学科，将有限的人力、财力和物力向优势学科专业集中。

二是完善奖惩机制，不断加大教学环节的投入。进一步修订完善人才培养方案、课程建设、实践教学、质量保障、成绩与学籍管理、教学成果与奖励等教学规章制度体系，加强教学秩序巡视、课堂教学质量评价、教学事故处理、教学督导等工作，建立完善过程性评价与终结性评价相结合的学生网上评教制度，严格实行教学质量公示和问责制。加大本科教学工作量和教学质量在专业技术岗位聘用、教师绩效考核和津贴分配体系中的比重，大幅度增加教学经费投入，大力推动教授为本科生上课，推动教学和科研协同育人。要对学术评价、职称评审等环节进行改革，在评价中大幅度提高课堂教学效果、课外育人实践、学生评价反馈等方面的权重。要认真总结学校实施“明精计划”和“课外科技创新”等教育教学改革取得的经验，推进更大范围的人才培养改革；通过增加小班教学比重、增设高端交叉课程、引导研究型学习、推进“慕课”教学、加强创业教育等模式，提高人才培养质量。

三是瞄准国家重大战略需求，推进科研体制机制创新。继续坚持两个始终瞄准，引导教师安心学术，长期持续开展原始创新研究，从跟踪性研究转移到原创性研究上。在服务满足国家战略需求的同时，步入世界学术前沿，产出一流科研成果。进一步优化科研管理和组织模式，制定新的科研管理政策，引导鼓励教师突破院系概念和学科壁垒，加强科研协同合作，深入交叉融合，组建多学科、多团队、产学研用一体化的协同创新研究队伍，提高解决重大科技问题和重大社会问题的能力。进一步改革和完善学术评价机制，根据研究类别建立以创新质量和实际贡献为核心、各有侧重的评价标准体系，尊重差异、鼓励创新、宽容失败。进一步重视加强高水平科研平台建设，从政策和资源上给予重点支持，积极与国内外著名高校合作，努力建设一批高水平联合实验室。

四是强化激励约束，深化人事制度改革。继续深入推进教师分类管理、分类评价，细分岗位，分别制定评价标准，实行以质量和绩效为导向的分类评价，做到教师分类与专业技术职务晋升的统一、教师分类与考核评价的统一，为各类优秀人才提供成长空间。要对主要从事教学的教师，单独进行职称评定。要建立岗位流转聘用制度，对考核不合格的教师，坚决辞退、转岗或降级聘用。要加大绩效津贴分配制度改革，下放考核自主权，简化考核程序，逐步开展由学院/部处主导的考核奖励。要加大教师绩效奖励力度，逐步提高绩效奖励在教师总收入中的比例。

五是推进资源配置改革，提高使用效率。在努力争取增加办学资源的同时，下大气力改革现有的资源分配格局。在建立健全学校土地、房屋、大型仪器设备等重要公共资源统筹使用机制的基础上，以成本补偿方式提高使用效率，发挥现有资源的最大效益。要制定新的学科分类用房标准，促使学院提高实验室利用率，激励学院按照规划向良乡校区搬迁。要针对部分大型仪器和设备利用率不高等问题，完善大型仪器设备网上预约和使用监控功能，培养相关的高水平实验技术人员。要在科研资源的配置上，从以项目为中心转向以人为中心，从支持项目转向支持重点实验室、实验基地、公共平台等的建设和运行。

瞄准一流大学目标，全力推进改革攻坚*

2015 年，学校除了要完成“十二五”规划所确定的各项工作，还将召开校第十四次党代会，制定“十三五”学校事业规划，确定综合改革方案。其中心任务是确定学校今后一个时期的建设目标和发展战略，通过综合改革，加速建设一流大学的进程。

创建一流理工大学是几代北理工人的梦想和抱负。2009 年，校第十三次党代会提出了分三步走，建设国内一流理工大学、亚洲一流理工大学、世界一流理工大学的愿景。经过 5 年的努力，学校已朝着这个愿景前进了一大步，并在实践中进一步深化了对愿景的认识。为了完成上述中心任务，需要运用战略思维来观全局、谋长远，尤其是要明确“到 2020 年建成亚洲一流理工大学”的目标内涵，找准关系到全局性、长期性成败的深层次问题，通过综合改革解决这些问题，进而实现建设目标。

一、一流大学建设的目标内涵

习近平总书记指出，“中国特色、世界水平的现代教育”是“两个一百年”奋斗目标和中华民族伟大复兴中国梦的重要组成部分。教育部实施的“争创一流”计划以“中国特色、世界一流”为统领，到 2020 年建成若干所具有鲜明中国特色的世界一流大学和一批一流学科。因此，一流大学建设的目标内涵应具备中国特色、世界水平、时代特征等基本要素。

首先，一流大学必须扎根中国大地。中国一流大学必须在践行中国特色社会主义道路、服务中华民族伟大复兴、传承中华文化血脉等方面走在时代

---

* 本文系 2015 年 3 月 12 日在北京理工大学年度工作会议上的工作报告节选。

前列；必须坚持以服务经济社会发展为根本，以支撑国家创新驱动发展战略为导向，以深化改革为动力，着力提高人才培养质量，大力提升创新能力，推进教育治理体系和治理能力现代化。

其次，一流大学必须赢得国际竞争。当今世界，经济全球化、教育国际化是大势所趋，中国一流大学必须加快提升自身整体实力、国际合作力和全球竞争力，在教师队伍、人才培养、学术水平与社会贡献等方面产生重大国际影响，与世界一流大学同台竞争，推动人类文明的进步。

从国家层面看，近年来，我国高等教育事业加速发展，深化改革，一批重点建设大学的学术水平、创新能力和国际影响力跃上新台阶。“争创一流”计划突出强调“强化目标、明确标准、分类支持、突出绩效”。一方面引入国际通行的评价体系考核高校建设水平；另一方面尊重各高校办学历史和特色，鼓励各高校有所侧重、集中精力，汇聚若干学科高峰，避免千校一面。

从学校发展看，近年来，北京理工大学瞄准世界科技前沿，瞄准国家重大需求，坚持国防特色，促进理工融合，扩大开放办学，办学水平显著提升。面对国家和人民对一流大学的殷切期望，学校既要紧紧瞄准国家重大需求，坚持“有所为，有所不为”，办出自身特色；又要敢于“亮剑”，与世界一流理工大学同台竞争。因此，学校一流大学建设的目标内涵包括解决国家急需和跻身亚洲一流乃至世界一流两个方面。

二、解决国家急需的目标内涵

一是面向“两个一百年”奋斗目标，持续培育杰出人才。近代以来，世界范围内的高等教育中心迁移与国家崛起息息相关。在全球性的政治经济博弈、科学技术竞争、文化传承创新中，世界一流大学培育的杰出人才往往起着引领性、决定性作用。在中华民族实现伟大复兴的进程中，迫切需要我国高等教育提供持久强劲的人才动力，尤其需要我国大学培育出一流人才。中国大学只有能持续培育出影响世界的杰出人才，才能称得上是世界一流大学。

对于北京理工大学来说，持续培育杰出人才是建设一流理工大学的首要目标，其内涵包括：将立德树人牢牢置于一切工作的核心位置，将培育和践行社会主义核心价值观融入教书育人全过程；将“学术为基、育人为本、德育为先”作为第一价值追求，更新人才培养理念，创新人才培养模式，探索和打造独具特色的课程体系和育人方法，营造杰出人才不断脱颖而出的大学文化等。

二是面向经济发展“新常态”，为创新驱动战略提供有力支撑。我国经济已步入“新常态”，进入从高速到中高速的增长速度换挡期、结构调整阵痛期、前期刺激政策消化期，而且是“三期叠加”的关键阶段。经济发展从要素驱动、投资驱动转向创新驱动，经济结构不断优化升级。为此，工业和信息化部向中央提出以智能制造为核心的“两化深度融合建议”，推进信息化与工业化在更多的行业、更广的领域、更高的层次、更多的智能等方面彼此交融，破解经济发展方式转变中的难题。

对于北京理工大学来说，提升支撑国家创新驱动发展的能力是建设一流理工大学的重要目标，其内涵包括：敏锐把握“新常态”下面临的新任务、新机遇，做好两化深度融合这篇大文章；构建促进两化深度融合的创新人才培养体系，积极为两化深度融合提供强有力的科技支撑，开展两化深度融合的高水平政策法规研究等。

三是面向新军事变革和未来作战方式，切实提升创新能力。自 20 世纪末起的新军事变革以武器装备智能化、作战空间多维化等为显著特征，深刻影响着国际局势演变以及国家战略布局。我军武器装备建设已从跟踪追随向比肩发展转变，要在新的起点推进武器装备建设，关键是要自主创新。

对于北京理工大学来说，提升武器装备自主创新能力是建设一流理工大学的重要目标，其内涵包括：瞄准我军未来作战方式和武器装备需求，坚持“强地、扬信、拓天”的特色发展路径，建设若干引领国防科技发展的主干学科，打造若干高端人才集聚、创新成果荟萃的国防科技创新平台，持续提升服务国防现代化的能力。

三、跻身亚洲一流的目标内涵

世界高等教育界并没有统一标准来界定一流大学，但常用具有国际可比性的办学指标来评价大学。现基于国际公认度很高的评价工具 ESI(基本科学指数据库)来分析北京理工大学与其他 6 所著名理工大学在学术研究绩效方面的差异，进而阐述亚洲一流理工大学建设的目标内涵。

这 6 所著名理工大学分别是美国佐治亚理工学院(GIT)、日本东京工业大学(TIT)、韩国科学技术院(KAIST)、印度理工学院德里分校(IITD)、印度理工学院孟买分校(IITB)、我国哈尔滨工业大学(HIT)，这些大学不仅是其所在国家的一流理工大学，而且对国家工业化、信息化、国防现代化发挥着不可替代的重要作用。以下从五个方面进行比较分析。

一看总体水平。在进入 ESI 的学科数量上，GIT 以 17 个居首位，北京理工大学仅有 5 个，居第六位，仅优于 IITB。GIT 在 ESI 的总排名进入世界前 200 位，代表了世界一流理工大学水平；TIT、KAIST 进入前 500 名，亦即 ESI 排名前 10%，代表了亚洲一流理工大学水平；HIT 很接近上述两校，北京理工大学、IITD 和 IITB 尚处在 1 000 位左右。结合 3 个最著名世界大学排行榜——QS、TIMES、ARWU 来看，上述结果基本反映了 7 所大学的办学水平。近年来，北京理工大学被 SCI 收录的论文数量迅速提升，但论文的篇均被引次数大约是亚洲一流理工大学的 2/3，仅是世界一流理工大学的 1/2。因此，今后学校应全力提升原始创新能力和学术产出质量。

二看办学规模。北京理工大学的全日制本科生、硕士生的数量均高于国外的 5 所大学，但博士生、博士后、留学生数量处于中游，全日制学生中的博士生占比仅高于 IITD 和 IITM，这表明学校应控制学生规模、调整结构。北京理工大学的全职教师数明显高于国外 5 所大学，但学术产出总量尚有差距，表明基础研究水平和国际竞争力不强。学校年度总经费和研究经费均已超过 TIT，接近 KAIST，占地面积略低于 GIT、KAIST，比 TIT 多 1 倍左右，总建筑面积甚至比 GIT 也多出 1 倍，这表明学校的资源利用效率不高。因此，要控制办学规模，提高资源利用率，努力提升人均学术产出。

三看主干学科。这 7 所大学均以工程学科群作为主干学科。目前，GIT、KAIST、TIT、HIT 的工程学科群已进入世界前千分之一行列。HIT 作为国防科技特色高校，在工程学科群的基础研究方面已比肩 GIT；尤其是该校近 5 年的论文总数、被引频次都迅速提升，有望在 2020 年前后赶超 GIT，跻身世界前万分之一行列。值得指出的是，HIT 取得如此业绩并非单纯因为其工程学科群的教师规模大、论文数量多，而是单篇被引数、高被引论文数、高被引学者数名列前茅，表明其工程学科群的原始创新能力强。北京理工大学在 ESI 各学科排名中，工程学科群的权值最重，覆盖航天、力学、兵器、机械、动力、光电、仪器、信息、控制等主干学科，拥有学校最优质的办学资源，直接服务国家重大需求。今后，学校应提升工程学科群的创新能力和学术水平，在 2020 年前进入世界前千分之一行列。

四看基础学科。除工程学科群外，北京理工大学还有 4 个学科群进入 ESI 排名，按照 ESI Top 指数高低依次为化学、材料、数学、物理。其中，化学、材料学科群排名进入 ESI 的学术机构的前 50%，数学、物理学科群则分别位列 83%、92%，已基本实现了对 IITD 和 IITB 的超越。学校这 4 个学科群的共同特点是：近年来论文数量迅速增长，引用频次正逐步接近亚洲一流理工大学水平。从 7 所大学进入 ESI 排名的学科分布看，这 4 个学科群是一流理工大学必备的基础学科，不仅代表学校探索科学前沿的能力，更决定着学校发展后劲。学校上述学科群的教师规模不大，能进入 ESI 已属不易。今后，要做大做强这 4 个学科群，进而推动理工交叉、融合发展。

五看发展潜力。在时间尺度上，北京理工大学 2009 年前的论文数量和质量都偏低，之后迎来一段提升期；近几年，GIT、HIT 同样提升较快；KAIST 处在平稳增长期；TIT、IITD、IITB 则出现停滞甚至衰落。北京理工大学有望很快全面超越 IITD 和 IITB，逐步接近亚洲一流理工大学水平。在学科宽度上，学校的计算机科学、生物与生物化学、社会科学是为数不多、有望通过努力进入 ESI 的学科群。计算机科学是学校最接近 ESI 门槛值的学科群，也是当代一流理工大学的主干学科群；生物与生物化学、社会科学领域的论文数量距离 ESI 门槛值还很远，但论文质量呈现一定的竞争力。今后，学校要加强这些学科群的建设，尤其要提升其创新能力。

基于上述对比分析，为了实现“到 2020 年建成亚洲一流理工大学”的目标，学校必须提升教师的学术水平和国际竞争力，进而提高人才培养和科学研究的质量，形成基础学科提供动力、新兴学科位居前沿、主干学科跨入一流的新局面。

值得指出的是，解决国家急需和跻身世界一流绝不是相互矛盾的，而是辩证统一、相辅相成的一对目标。从表面看，跻身世界一流的目标内涵似乎主要体现在基础研究水平，而解决国家急需的目标内涵似乎更加侧重应用研究水平。但从本质看，国家急需尤其是与世界军事强国博弈产生的国防科技急需是原创性研究的“源头活水”，能引发世界一流的科学研究；与此同时，只有面对世界一流的科学研究，才能通过协同创新，培育杰出人才，解决国家急需，引领社会发展。

在建设世界一流大学的漫长进程中，将“解决国家急需”和“跻身世界一流”这两大目标内涵有机统一起来，才能放眼全局，而不是仅盯局部；瞄准长远，而不是只顾当前；着力解决全局性、长远性、深层次的问题，而不是获得局部的、暂时的、表面的小胜。只有这样去谋划和推进工作，才能早日建成亚洲一流理工大学，为迈向世界一流理工大学铺平道路。

精心谋划“十三五”规划，狠抓落实创一流大学*

过去5年的奋斗，使我们更加增强了建设世界一流理工大学的信心和勇气，更加清醒地认识到自己的优势和不足，更加深刻地领悟到必须脚踏实地、真抓实干。要最终实现建设世界一流理工大学的伟大目标，必须从发展中增强自信，在改革中真抓实干。

一、坚定三个自信，提振精神面貌

（一）坚定对办学目标的自信

校第十四次党代会进一步明确了学校的近期和长远发展目标。国务院颁布“双一流”方案以来，我们在“十三五”规划中深化和细化了近期发展目标：到2020年，要把北京理工大学建设成为亚洲一流理工大学。不仅要在“地、信、天”等领域具备突出优势和鲜明特色，而且要在ESI排序等国际可比指标上有大幅提升，包括实现工程学科群进入ESI前千分之一等世界一流学科目标。

这样的发展目标能否实现？让我们回顾一下历史。2009年校第十三次党代会确立了学校“三步走”的发展目标，第一次提出到2020年建设亚洲一流理工大学。过去5年，我们锁定目标、全力建设、强化基础、着力创新，已完成阶段性目标。学校综合实力和办学水平明显提升，在英国QS世界大学排行榜中大幅进步，已位居亚洲大学前80名，在5年内前进了50多位。从

* 本文系2016年3月1日在北京理工大学年度工作会议上的工作报告节选。

主要办学指标看，取得不少重要进展，例如：学科布局更加优化，若干学科专业进入世界先进行列；汇聚了50名以国家“千人计划”专家、“长江学者”特聘教授、国家杰出青年科学基金获得者为主体的学术带头人；学生实践创新能力大幅提升，留学生规模超过1 500人；基础研究和创新能力显著提升，新增多个国家级科技创新平台，首次获得国家技术发明奖一等奖等。

这些可喜的阶段性成果表明，北京理工大学正在显著缩短与亚洲一流理工大学的差距。我们更应该坚定信心，通过不懈努力实现上述目标。

（二）坚定对办学理念的自信

办学理念是大学发展的指南，只有科学的、符合国情和校情的办学理念，才能引导大学不断追求卓越。

近年来，校党委审时度势，不断与时俱进，调整和发展办学理念。我们提出：要运用战略思维来谋划学校发展；要从全局最优、长远最优来谋划学校各项事业发展，设计和推进综合改革；要坚持辩证唯物主义的工作方法，深入剖析学校建设与发展中的主要问题，着力解决主要矛盾。我们提出：要坚持以学术为基、育人为本、德育为先的价值取向；要针对瞄准科技前沿不足、自由探索不足的校情，努力营造探索真理、实践创新的文化氛围；要加强基础研究和自主创新，提升学生的实践创新能力。我们提出：要在工作中突出特色、守正创新；要坚持正确的价值取向，既要服务国家重大需求，又要积极参与国际竞争；要依据世界科技和教育的发展态势、国防科技和两化融合的重大需求，在“军工主阵地”和“前沿新战场”齐头并进。

实践证明，这些办学理念符合当代高等教育发展和科技发展规律，符合国情和校情，有助于广大领导干部和骨干教师正确思考和解决办学中遇到的实际问题，提高办学水平。

（三）坚定对发展战略的自信

校第十三次党代会确立了“6+1”发展战略。“十二五”期间，我们全面实施这套战略，取得显著成效。例如，通过坚持“强地、扬信、拓天”的学科特色发展路径，学校在三大领域的人才培养、科学研究、社会服务能力明显提升，催生了新一代含能材料、高速运动目标交会测量、深空探测轨道设计等解决国家战略需求的学术成果。又如，在经过校内外院士评审遴选出的首批10位讲席教授中，有7位是近年来引进的优秀学者，他们来校后开辟了智能机器人技术、激光微纳制造技术、基于量子力学的功能材料设计、碳-碳共轭结构的纳微米材料技术、能源经济与政策研究等新领域，为学校未来发展奠定了重要基础。

“十二五”期间，部分学院、学科对“6+1”发展战略的理解深刻，实施有力，建设与发展进步较快，综合实力和办学水平显著提升，未来发展态势良好。而有些学院、学科对“6+1”发展战略理解不深，实施不力，综合实力和办学水平的进步缓慢，甚至出现下滑，发展态势令人担忧；各学院的关键绩效指标(KPI)表现也基本如此。

实践证明，“6+1”发展战略是一套正确的发展谋略。因此，校第十四次党代会明确指出，“我们要一张蓝图干到底”，坚定不移地继续实施“6+1”发展战略。

综上所述，校党委确定的办学目标切实可行，办学理念和发展战略符合规律、国情和校情。因此，要坚持目标自信、理念自信、战略自信，以一流的精神状态、一流的进取心态，坚定不移地沿着正确的发展道路阔步前进。

二、贯彻三项原则，着力抓好落实

（一）解放思想、勇于改革

在攸关学校未来发展的关键要素上，我们必须要解放思想，深化改革，开放办学，走创新发展之路。

21世纪以来，工业和信息化部高校的新增院士大多具有多元学缘结构和海外学术经历，有开阔的学术视野；他们并非在传统的研究领域耕耘，而是面向学术前沿探索和创新；他们不满足于配合行业研究所解决若干具体工程问题，而是面向国家战略需求解决重大工程科学问题。他们的成功提示我们，在领军人才的培育和成长方面，必须破除陈旧观念，走创新之路，才能获得成功。

在学校整体发展布局、校区功能定位和资源调整、人才培养的模式创新、科学研究的领域选择等问题上，同样必须解放思想，通过改革和创新谋求发展。

（二）学术为基、育人为本

在近年来校内重要工作会议上，我们反复倡导要坚持学术为基、育人为本、德育为先的价值取向。价值取向绝不能停留在理念层面和口号层面，必须拿出行之有效的举措，必须付诸实际行动。在此，着重谈谈学术为基、育人为本。

坚持学术为基的价值取向。一方面，要加强学术研究的顶层设计和战略规划，深化、细化学术评价机制改革，着力凝练重大科学问题、重大工程技术问题，通过长期、稳定的支持，提升学术研究的层次，开阔学术研究的眼界。另一方面，要统筹推进“前沿交叉科学研究院”建设，促进“地、信、天”融合发展，继续推进理工交叉，通过相互融合、相互支撑形成新的优势领域，在世界上产生重大影响、在支撑国家战略发展中发挥重大作用。

坚持育人为本的价值取向。一方面，要加大教学激励投入，让教师投入足够精力用于教学；要强化研究生导师在招生和培养过程中的责任和权力，把各类资源向培养质量高的单位和导师倾斜。另一方面，要促进科教有机融合，鼓励教师开展研究性教学，用最新学术成果来丰富教学内容，使专业教学跟上学科发展；要设置模块化、高弹性、组合配置的课程体系，尊重学生的个性化成才需求，调动学生学习的主动性和探索精神。

（三）群策群力、真抓实干

领导干部和骨干教师是学校的关键少数，基层组织的活力是学校的事业基石。必须紧紧依靠全校教职工，聚焦、聚神、聚力抓落实，才能攻坚克难、梦想成真。作为领导干部，必须舍得花时间、下气力与教职工沟通思想，形成共同的奋斗目标。从最低要求来说，必须解决信息逐层衰减的问题。

要通过强化政策的执行，把正确的目标、理念和战略不折不扣地转化为正确的行动和结果。在实践中，常常是有了正确理念和举措，但因执行力不强而成效不佳。从执行层面看，管理不规范和不精细，缺乏长效机制，许多重要工作靠临时突击完成。从监督层面看，许多责任制不落实，工作奖惩不分明，干好干坏一个样。下一步工作中，必须强化执行力，做到责任清晰，奖惩分明，鼓励先进，鞭策后进。

从严治校 攻坚“一流”*

2017年1月，教育部、财政部、国家发展和改革委员会联合印发《统筹推进世界一流大学和一流学科建设实施办法（暂行）》（以下简称《实施办法》）。《实施办法》提出，建设高校实行总量控制、开放竞争、动态调整。支持建设一百个左右学科，支持一批接近或达到世界先进水平的学科，加强建设关系国家安全和重大利益的学科，鼓励新兴学科、交叉学科，布局一批国家急需、支撑产业转型升级和区域发展的学科。这标志着“双一流”建设正式拉开帷幕。这是北京理工大学的又一次重大历史机遇，也是北理工人必须担负起的历史重任。我们务必坚定信心、从严治校、聚焦落实，交出一份让人民满意、让全校师生、让广大校友满意的优秀答卷。

一、坚定自信，心无旁骛谋发展

（一）充满信心才能攀上高峰

习近平总书记指出，中国共产党人要坚定“四个自信”，“不忘初心、继续前进”。我们扎根中国大地，创建世界一流理工大学，同样要坚定对自身发展道路的信心。回顾历史，几代北理工人一直传承着以“延安根、军工魂”为主线的光荣传统，坚持激情进取、科学发展、特色办学，综合实力、办学成就、国际声望不断提升，努力走出一条凸显国防科技特色的中国一流理工大学建设发展之路。展望未来，越是接近亚洲一流理工大学的目标，越是向世界一流理工大学的高峰前进，道路的坡度就越大，遇到的困难就越多，也

* 本文系2017年3月6日在北京理工大学年度工作会议上的工作报告节选。

越需要树立攀登的信心、汇聚攀登的力量。唯有坚定发展信心，不为任何风险所惧，不为任何干扰所惑，勇于攻坚克难，敢于迎难而上，才能攀登上世界一流理工大学的高峰。

（二）提振自信激发工作热情

要从思想认识和氛围营造这两个层面来提振自信心，形成激情进取谋发展的新局面。

在思想认识层面，要让师生员工全面了解学校的发展态势、发展谋略和政策举措。大学发展是个慢变过程，通常要以 10 年为尺度才能观察到其内涵变化。今天我们所看到的学科水平、杰出人才、重大成果，绝大多数都来自 10 年前的谋划布局和启动实施，来自 10 年以上的辛勤培育和攻坚克难。基于提前规划、苦干 10 年的考量，在 2009 年召开的校第十三次党代会上，我们提出到 2020 年跻身亚洲一流的目标。时至今日，经过 7 年来的奋斗，当时提出的许多办学目标已成为现实，我们正在接近亚洲一流理工大学的目标，与世界一流理工大学之间的距离也正在缩短。因此，在 2016 年的学校工作会上，结合“十二五”以来的办学经验和成绩，学校提出目标自信、理念自信、战略自信。每一名干部、教师都应审视自己对学校的发展蓝图是否真正读懂、参透，要反复学习领会，不断在实践中深化认识、统一思想。

在氛围营造层面，全校各级领导干部必须首先振奋精神，以上率下，要把传递正能量、遏制负能量作为“四个意识”的具体体现，以率先激情进取的工作状态调动教职工的工作热情，组织大家讨论解决问题的办法，以优质的本职工作推动学校发展。要在教职工中，特别是在教工党支部书记、青年教师中加强爱校荣校教育，引导他们时时关心、思考学校事业发展，维护学校声誉，坚定发展自信，营造团结向上、正面积极的文化氛围。

二、从严治校，激浊扬清树新风

（一）以从严治党带动从严治校

党的十八大以来，中央坚定不移推进全面从严治党、依规治党。党的十八届六中全会强调，党要管党、全面从严治党是党的建设的一贯要求和根本方针，必须坚持不懈抓下去。我们党以前所未有的力度推进全面从严治党，解决了很多过去长期想解决而没有解决的问题，取得了卓著成效。对北京理工大学这样一所党员人数过万、党员在教职工中占比高达65%的大学来说，全面从严治党同样是工作的重中之重，必然体现在全面从严治校上，要将全面从严治党的要求落实到学校中心工作之中，将全面从严治党的精神落实到学校的管理机制和工作推进中去。治党不严、治校不严，制约发展的突出问题势必难以解决，学校迟早会在“双一流”建设的竞争中掉队。

（二）从严治校夯实工作抓手

我们要从干部队伍建设和提升工作标准这两个方面着力加强从严治党、从严治校，形成争先恐后求发展的良好局面。

领导干部是学校事业发展的“关键少数”，各级党组织领导班子要肩负起从严治党、从严治校的主体责任，班子成员要认真执行“党政同责”和“一岗双责”。要健全工作责任体系，强化责任分解和压力传导机制，坚持一级带一级，加强督促和检查，完善考核机制，加大问责力度。要改进干部选拔任用工作，把敢于担当、真抓实干作为选人用人的鲜明导向。要系统开展理想信念教育、作风教育及现代大学治理能力培训，切实推进实施干部领导能力锻造计划。

全面提升工作标准要对标“一流”，注重“抓两头”，强化正面引导和底线思维。例如，在年终考核方案中，要兼顾考核的激励和鞭策作用，不仅要对A类单位和个人设定比例，还要对C类单位和个人设定比例，更加看重部门和学院的工作业绩增量，看重领导干部攻坚克难的业绩。再如，在师德师风建设方面，要不断挖掘和树立新时期北京理工大学的党员标兵、师德模范，用德学双馨的学术楷模引领正面风气；同时对学术不端行为要发现一起，查处一起，从严处理，决不姑息，并在全校开展警示教育。此外，要在学生综合素质培育、校园综合环境治理等方面从严要求，明确党建思政、安全保密、学术道德等若干指标作为单位考核、个人评价的“一票否决”项，做到真管真严、长管长严。

三、聚焦落实，踏石留印干事业

（一）落实好坏决定事业成败

习近平总书记曾形象地将干事业比作钉钉子。钉钉子往往不是一锤子就能钉好的，而是要一锤一锤接着敲，直到钉实钉牢。他多次强调，要发扬钉钉子的精神，不折腾、不反复，切实把工作落到实处，做出经得起实践、人民、历史检验的实绩。

对于北京理工大学来说，发扬钉钉子精神，就要坚持一张蓝图绘到底。所谓“政贵有恒”，干事业要保持稳定性和连续性。事实证明，校党代会确立的办学目标、发展战略是科学的、切合实际的、符合师生愿望的。我们只有一茬一茬接着干，才能干出实绩、跻身一流。如果只说不干，则会逆水行舟、不进则退。所谓“一分部署，九分落实”，就是要把具体工作抓实、再抓实，而不能只是做规划、写文件、喊口号；就是要针对推进工作中出现的问题，以踏石留印、抓铁有痕的劲头，去攻克难关，直到取得成功。

（二）聚焦落实攻坚克难

我们要从完善政策体系和加强督办检查这两个方面强化落实，形成真抓实干促发展的新局面。

在完善政策体系方面，要处理好五个关系——整体政策安排与某项具体政策的关系、系统政策链条与某个政策环节的关系、政策顶层设计与政策分层对接的关系、政策统一性与政策差异性的关系、长期性政策与阶段性政策的关系，对学校发展中的薄弱环节精准发力、精准施策、务求实效。在已出台的《关于全面提高人才培养质量的若干意见》、将要出台的《全面提升科研创新能力的若干意见》《推进“双一流”建设的若干意见》的基础上，尽快完善支撑配套文件，用干脆利落的抓手和举措逐项落实工作任务。对队伍建设、资源配置等综合改革关键环节，要严格按照时间表，一个节点、一个节点地抓，把工作进度往前赶。

对干部工作作风问题，要锲而不舍、驰而不息地紧抓不放。要完善督办问责机制，在坚持学校年度工作要点任务清单、责任清单制度基础上，建立各部门和学院工作台账，加大对落实校党委重要决定的监督检查力度。强化党委全委会、党委常委会、校长办公会等重大决议事项的督查督办，制订督办台账，明确时间表、路线图，定期催办、加紧催办。通过加强事中事后监管，坚决制止为官不为、工作不实、服务缺位等不良现象，切实提升领导干部的工作执行力，尤其是攻坚克难的能力。

第三篇

人才培育篇

3

近代以来，世界范围内的高等教育中心迁移与国家崛起息息相关。在全球性的政治经济博弈、科学技术竞争、文化传承创新中，世界一流大学培育的杰出人才往往起着引领性、决定性作用。

在中华民族实现伟大复兴的进程中，迫切需要我国高等教育提供持久强劲的人才动力，尤其需要我国大学培育出一流人才。中国大学只有能持续培育出影响世界的杰出人才，才能称得上是世界一流大学。

科学发展，质量至上，创办优秀的研究生教育*

为进一步贯彻党的十七大精神，落实科学发展观，提高北京理工大学研究生教育质量，促进高水平研究型大学建设，校党委决定开展第十五次教育思想大讨论，就研究生教育工作的指导思想、教育质量、导师队伍建设、管理制度建设等问题进行深入研讨，以期达成共识，调整政策，推进工作。

今天，我从五个方面谈谈学校研究生教育的现状、存在的问题和原因、解决问题应具备的思想准备。

一、研究生教育在研究型大学中的地位与作用

纵观世界各国，研究生教育均是最高层次的教育，承担着为国家经济建设和社会发展培养高层次创新性人才的历史重任。同时，研究生教育对大学自身建设与发展具有重要的促进作用。

如果把研究型大学看作一个系统，研究生教育则是其中的一个子系统。从大学功能的角度看，研究型大学这一系统包括本科生教育子系统、研究生教育子系统、科学研究子系统、社会服务子系统、学术交流及文化传承子系统等。对于这样的系统，优秀生源、国家投资、社会赞助、国家政策和社会信息等可以视为系统的输入，而毕业生、学术与研究成果和社会服务活动等可以视为系统的输出。学校的学术声望、知名度和认可度等可以作为系统输出到输入的反馈，理想的反馈可以实现全系统的良性发展。

学校定位、办学理念、培养目标、文化积淀等要素对研究型大学这一系

* 本文系 2008 年 5 月 6 日在北京理工大学第十五次教育思想大讨论动员会上的讲话节选。

统的运行、优化、演变和发展有引领、促进和制约等作用。师资队伍、物质资源、资金投入、管理体制和运行机制等都不同程度地作用于各系统。系统的组织结构和资源的优化配置决定着系统的发展方向与发展进程。这次教育思想大讨论首先要正确认识研究生教育子系统在研究型大学这一大系统中的地位和作用，了解子系统间的相互影响，寻求在有限输入的条件下，实现系统的稳定、优化和发展，推动研究型大学建设。

（一）高水平研究生教育是研究型大学的基本特征

研究型大学一词来自英语 Research-Oriented University。顾名思义，它以科学研究为导向。然而，仅仅望文生义是片面的。纵观世界范围内的研究型大学，无论其历史长短，组织构架如何，均具有高水平的研究生教育。事实上，研究型大学作为一类高等教育系统，具备两个基本特征：一是具有高水平的科学研究子系统；二是具有高水平的研究生教育子系统。

近年来，《中国大学评价》课题研究小组从科学研究的产出角度进行分析，列出我国已达到研究型大学办学水平的高校有 37~38 所，约占全国 450 所培养研究生高校的 8%。从科学研究方面看，如果以应用基础研究为例，高校作为主体承担的国家“863 计划”项目占总数的 48%，而这些高校绝大多数是上述研究型大学。再从研究生教育方面看，从 1999 年到 2007 年，全国高校共有 884 篇博士学位论文被评为全国优秀博士学位论文，上述研究型大学产出全国优秀博士学位论文 576 篇，占总数的 65.2%。由此可见，研究型大学不仅是以科学研究为其主要特征，而且其研究生教育水平要远远高于其他类型的大学。研究型大学正是在向社会提供高水平研究生教育的同时，为其自身办学水平的提升奠定了基础。

（二）研究生教育与学科建设相互促进

学科是大学的基本学术单位，是教师从事学术活动的土壤，是承载高水平科学研究和产生创新成果的平台，是造就学术大师、孕育拔尖人才的基础。学科发展水平是一所大学学术地位的主要标志。一个学科是否在学术界有地位，与它能否培养出大批优秀研究生密不可分。例如，清华大学固体力学学科是我国力学一级学科中最具国际影响力的二级学科，其学术影响的重要标志就是该二级学科获全国优秀博士学位论文奖数量占全国力学一级学科获奖总数的 50%。

实践证明，提高研究生教育质量是提升学科水平的根本途径之一，发展研究生教育能够促进新兴学科和交叉学科的发展。当今世界，科学发展的趋势是既高度分化又高度综合。随着社会、经济、科技、文化的发展，自然科学、人文与社会科学各学科的交叉、渗透、综合已成为必然，正形成众多的新兴学科和交叉学科。研究生年轻、思想活跃、接受新事物能力强，其论文选题能够开拓学科新的研究方向、发现新的学科生长点，由此而形成新兴学科和交叉学科新方向，从而促进学科发展。

（三）研究生教育与师资队伍建设相互促进

在高水平研究型大学的建设中，师资队伍是关键。美国哈佛大学第 23 任校长科南特(J. B. Conant)曾说："大学的荣誉不在于它的校舍和人数，而在于它一代又一代教师的质量。"梅贻琦先生的名言则是："所谓大学者，非谓有大楼之谓也，有大师之谓也。"大师，对于一所大学而言，是实力、地位和声望的象征。例如，在美国斯坦福大学现任教授中，有诺贝尔奖获得者 15 人、国家科学院院士 114 人；在美国麻省理工学院现任教授中，有诺贝尔奖获得者 12 名、国家科学院院士 97 名。这些大学正是拥有具有世界影响力的师资队伍，才建立起世界顶级的研究生教育，从而产生影响人类文明进程的重要研究成果，不断培育出诺贝尔奖获得者。

高水平研究生教育与高水平师资队伍建设是相互依存的，具有相互促进的作用。为了能培养出高水平的研究生，导师必须面向现代化、面向世界、面向未来，不断提高自身学术水平。例如，导师要为研究生选择和确定有难度、能创新的课题，让他们在学科前沿领域开拓和创新。创新就有风险，导师是承担风险的第一责任人。要减少风险，导师就要不断提高学术水平、学术洞察力和学术判断力，在对研究生充分了解的基础上选好研究领域的切入点；导师还应到科学研究的一线去和研究生共同工作，一起去发现问题和解决问题，教学相长。因此，培养研究生的过程也是促进导师在学术上不断进取的过程。

（四）研究生教育与科学研究相互促进

在研究型大学中，高水平的研究生教育子系统与高水平的科学研究子系统相互依托、相互支持。一方面，高水平的研究生教育培养大批高层次创新人才，使其成为高水平科学研究的生力军，甚至成为重大科学研究成果的主要完成者。在我国的重大科技项目中，约70%的项目有研究生参加；在许多获得国家科学技术奖的项目中，研究生是主要完成者。另一方面，高水平的科学研究为培养高层次创新人才提供成才的方向、成才的物质条件（研究平台）和精神条件（学术氛围），使高层次创新人才在科学研究的实践中得到锻炼和成长。

（五）研究生教育与本科生教育相互促进

研究生教育是在本科生教育基础上更高层次的教育，可以带动本科生教育沿着研究型大学建设的方向发展。研究型大学具有本科教育与研究生教育相互促进的人才培养体系，其研究生教育所对应的学科能覆盖本科专业，形成从学士到硕士和博士的完整教育体系。在这样的体系中，加强本科生教育可为研究生教育提供优秀的生源；而研究生教育则为本科教育提供研究型学习的范例，营造优良的学术氛围和环境保障。例如，学校每年举办的博士生论坛都吸收本科生参加，使他们从中获得了潜移默化的学术熏陶。这类活动必然会促进本科生的创新教育，使本科教育在研究生教育的带动下蒸蒸日上。

综上所述，要创建高水平的研究型大学，必须具有高水平的学科、高水平的师资队伍、高水平的本科教育、高水平的科学研究等，而这些都需要有高水平的研究生教育来牵引、推动及相互促进。因此，科学发展，质量至上，创办优秀的研究生教育，是学校现阶段发展的必然选择。

二、学校研究生教育的现状

近年来，学校研究生教育的发展可归结为如下五个变化。

（一）教育规模大幅提高

近年来，学校研究生教育规模经历了快速发展阶段和渐趋稳定阶段。目前，各类在校研究生从2000年的4 171人增加到2007年的10 050人，其中学历研究生从2 807人增加到7 097人，博士生从821人增加到2 170人，硕士生从1 986人增加到4 927人。

（二）学科门类显著增加

根据从“以工为主，理工结合”向“以理工为主，工、理、文多学科协调发展”转变的办学指导思想，学校的学科与学位授权点建设得到了较快发展。目前，博士学位授权点涉及工学、理学和管理学3个门类，硕士学位授权点则涉及工学、理学、医学、管理学、经济学、哲学、法学、史学、文学、教育学10个门类。与2000年相比，博士学位授权点中的工学从占90.6%降低为88.5%，理学从6.3%上升到8.2%，管理学从3.1%上升到3.3%；硕士学位授权点中的工学从占80.7%降低为60.4%，理学从12.2%上升到15.3%，其他门类从7.1%上升到24.3%。学校建成4个国家重点一级学科、5个国家重点二级学科、25个部级重点学科。此外，学校加强理科和基础学科建设，积极发展人文社会学科，加速新兴学科和交叉学科的发展。

（三）导师队伍实力提升

学校研究生导师队伍总量从2000年的674人增加到目前的1 108人，博士生与导师之比和硕士生与导师之比，分别从最高时的8.48∶1和7.13∶1下降到目前的6.78∶1和5.98∶1。导师中具有博士学位者数量从2000年的285人增加到目前的738人，具有博士学位的导师比例从2000年的42.3%提高到目前的66.6%。导师的平均年龄大幅度下降，45岁以下导师的比例从2000年的32.4%提高目前的43.7%，而55岁以上导师的比例从2000年的18.4%下降到现在的9.1%。在导师队伍中，有全职在校工作的中国科学院院士、中国工程院院士8人，国家级有突出贡献中青年专家17人，“长江学者奖励计划”特聘教授和讲座教授13人，国家杰出青年科学基金获得者6人，国家级教学名师3人，国家百千万人才工程培养人选14人，教育部新世纪(含跨世纪)人才45人。此外，建立了教育部创新团队3个、国防科技工业创新团队3个。

（四）培养条件逐步改善

近年来，学校通过“985工程”和“211工程”和多种渠道的经费投入，建设教学科研设施，改善办学条件。新建了15 000平方米的研究生教学楼，建成教育部研究生教育创新计划研究生开放实验室1个，国防科技工业研究生教育创新基地4个，校级研究生教学实验基地6个；正在建设“985工程”一级科技创新平台3个，二级科技创新平台2个，国防科技管理与国防动员哲学社会科学创新基地1个。这些教学科研平台为研究生从事前沿科学研究提供了条件保障。

（五）教育质量保障体系初步形成

学校已初步建立起按照导师、学科、学院、研究生院的分层次研究生教育质量保障体系。在研究生的招生、培养、学籍、论文评审与答辩、学位申请和授予等方面实施规范化管理，加强了信息化建设。

三、研究生教育的科学发展观与质量观

研究生教育的发展观是关于研究生教育发展的本质、目标、内涵、要求的基本观点。研究生教育的质量观是对研究生教育质量的基本观点，其核心是要培养什么样的研究生。有什么样的发展观，就有什么样的发展道路、发

展模式和发展战略，就会形成什么样的研究生教育质量观。因此，研究生教育的发展观对研究生教育具有根本性、全局性的重大影响。

科学的研究生教育发展观，就是要落实“以人为本”的理念，实现研究生教育的全面、协调和可持续发展。“以人为本”，就是落实以研究生为主体、以导师为主导的观念，树立依靠广大的导师和研究生办学的理念。**全面发展**就是以提高质量为中心，全面推进研究生教育中的人才培养、科学研究和社会服务。**协调发展**就是要理顺研究生教育的规模、结构、质量和效益的关系，实现工、理、文等学科的合理布局和结构优化，协调一致和有序均衡的发展。**可持续发展**就是要适应社会的发展需求，与经济、社会、环境建设相适应的发展；与国家重大科技发展的前沿，新兴、交叉学科发展的研究方向相适应的发展。可持续发展还要求有预见性地发展、健康地发展，不断提高研究生教育的社会效益和经济效益。

质量是研究生教育的生命，是研究生教育可持续发展的根本保证。研究生教育质量是研究生培养单位依据既定的社会条件，在遵循教育自身规律与科学发展逻辑的基础上，所培养出的研究生能够满足现在和未来学术、社会需求和人的发展需求的程度。正确的研究生教育质量观要体现以下两方面的要求：一是要反映经济社会发展对研究生培养的质量要求，包括建设创新型国家和新军事变革对研究生培养的质量要求；二是要反映学校地位、定位、目标的“特殊”质量要求，即根据学校在国内高等教育体系中的地位和任务，确立自己的、有特色的教育质量标准和教育质量观。

结合学校实际，应当落实科学的研究生教育发展观，确定学校的办学定位、办学特色；应当坚持正确的质量观，确立研究生教育质量评价的标准。

（一）多层次/多类别是社会对研究生教育的基本需求

在我国恢复研究生教育的初期，学校的研究生教育规模很小，培养目标主要是面向高校和科研院所的学术研究人才。随着我国经济持续快速增长，社会对人才的需求发生了深刻变化，不仅对高层次人才的需求量大幅度增加，而且呈现出需求多样化。因此，需要确立多样化的培养目标和培养规格，不仅要培养学术型人才，而且要培养大批适合社会发展需要的应用型人才。

目前，发达国家的研究生教育大都划分层次和类别。以美国的博士生教育为例，具有三种博士学位。一是哲学博士学位，即着重于培养创造性科学研究博士。这类博士生要修完课程和通过综合考试，并提交具有创造性的论文和通过答辩后才能获得学位。二是专业博士学位，即实践性或专业性的学位，例如医学、药学、建筑等方面的学位。这类学位的要求与哲学博士学位基本相同，但更侧重于专业人才的培养。三是文学博士学位，即教育学学位，其培养目标为本科院校的教师。

面对社会对高层次人才的多样化需求和建设高水平研究型大学的发展目标要求，研究生教育应立足经济社会发展需要，确立多层次/多类别的教育观念，优化办学结构和资源配置，同时培养高层次学术型人才和应用型人才。应根据社会对人才的不同需求分类确定相应的研究生培养目标和培养标准。博士研究生教育应以培养学术型人才为主、应用型人才为辅；硕士研究生教育则以培养应用型人才为主，学术型人才为辅。对于学术型研究生，应根据科学发展趋势，着重培养研究生掌握基础理论知识、探求事物发展规律和从事科学研究的能力；对于应用型研究生，应依据社会需求和自身条件，着重培养研究生对基础理论的应用能力、技术创新能力和社会实践能力。

（二）办学特色是研究生教育发展的生命力

办学特色是一所学校在长期的办学过程中积淀形成的特有的、优于其他学校的独特优质风貌，是一所学校发展过程中的重要竞争优势。办学特色可以体现在多个方面，如总体特色、学科特色、教学特色、科研特色、管理特色、文化特色等。

学校 60 多年来的发展历程就是一条特色发展之路。新中国成立之初，学校针对国防工业发展需求，在国内率先创建了以兵器科技为主的学科和专业体系，形成了战术导弹、火力控制、军用车辆、雷达技术等办学特色，并在苏联专家帮助下培养研究生。改革开放以来，学校积极贯彻国防科技工业实行军民结合、平战结合的方针，调整专业结构，拓宽服务领域，专业布局由以军为主转变为“以军为本，以民为主，军民结合”，既保持了学校的传统军工特色，又促进了电子、信息、光学、机械、材料、化工等学科的发展，并促使研究生教育由弱变强。可以说，学校的研究生教育起步于特色学科，逐步强大于特色学科，并且今后的发展仍将依赖办学特色。

当前，应如何走特色发展之路呢？我认为，与创业时期的特色发展相比，今天的特色发展无论是外延还是内涵都有很大不同。例如，创业时期的特色发展是单因素的特色和初级阶段的发展，发展内容主要体现在专业体系和服务面向上，解决的是特色立校的问题。今天的特色发展是多因素的特色和高水平的发展，要体现“人有我优，人优我强”，解决的是特色强校的问题。又如，学校在创业时期沿用苏联工程教育模式，在系科设置上与兵器装备产品相对应，主要任务是完成指令计划的人才培养任务，通过学习模仿苏联模式实现了特色发展。现在及未来，学校发展所面临的时代和环境发生了很大变化，再靠学习模仿已不可能形成特色。因此，特色发展必然是创新发展。如果不创新，现有的特色今后未必能够保持，甚至会成为发展的包袱。

高等教育界有一个共识，即任何一所大学都无法在所有学科上达到一流。在学科建设上必须坚持有所为、有所不为的原则，扬长弃短，收缩战线。要经过科学论证，选择若干个学科形成优势和特色。要从研究型大学建设的全局出发，更加清醒地分析自身实际和国家需求，科学定位、合理规划、与时俱进地制定出特色办学目标体系，重点解决好定位和发展方向问题，进而做好“211 工程”三期论证。

具体地说，第一是凝聚力量，实现重点突破，以重点突破带动整体提升。一流大学一定有优势学科，如哈佛大学的政治学、医学，加州理工学院的物理学、航天技术，哈尔滨工业大学的航天技术、机器人技术、焊接技术、城市水资源技术，等等。众多实例表明，优势学科发展可以带动其他学科发展，进而形成大学的整体升级。基于这一经验，我们应当紧紧瞄准国防科技工业对原始创新的迫切需求，以创新的目标、创新的思路建设好有优势的主体特色学科，并以主体特色学科的优先发展带动理科和其他学科的发展，带动学科体系的建设，实现学校的整体升级。第二是要与时俱进，积极开拓，在关系到国家科技发展重大需求的若干学科建设上取得突破。我认为，要特别重视在航天、信息、材料、生命等领域寻求新的切入点，抢抓机遇，形成新的主体特色学科。在这方面，解放思想和科学论证尤为重要。例如，要想在航天领域形成优势和特色，不可能再依靠研究运载火箭等相对传统的航天技术获得成功，而应探索临近空间飞行、高超声速飞行、快速进入空间、深空探测等新技术，发展相应的技术学科和基础学科。第三是要以创新求特色，在已有学科之间培育新兴交叉方向。“十五”期间，学校已按照这一思路建设了数字表演与仿真技术、生命信息工程、空间生物与医学系统、微小型武器技术、空间法学等一批新兴交叉学科。“十一五”期间，一方面要使已有的新兴交叉学科茁壮成长，争取出重要成果；另一方面，要大力推进理科与工科的交叉，传统学科与新兴学科间的交叉，培养新的学科增长点，使新的学科或学科方向奇峰突起。

（三）导师是提高研究生教育质量的关键

导师在研究生教育中起着主导作用，是提高研究生教育质量的关键。导师的学术素养、研究能力、培养方式、人生态度、道德情操和学术作风等时刻影响着研究生的成长。实践证明，名师出高徒。例如，学校的光学工程学科是首批国家重点学科，拥有周立伟院士、倪国强教授、王涌天教授等学术带头人，该学科在 2005 年和 2006 年连续两次获得全国优秀博士学位论文奖。再如，老校长朱鹤孙教授是化工、材料领域的著名学者，他与邢修三教授联合指导的博士生于 1999 年获首届全国优秀博士学位论文奖；2003 年和 2004 年，他指导的博士生又连续两次获得全国优秀博士学位论文提名奖。

学校要努力加强制度和机制创新，使导师能够充分发挥其在研究生教育中的主导作用。要关心导师，帮助导师解决工作和生活中的实际问题，激发导师的工作热情，调动导师的积极性；要创造条件，提高导师队伍整体素质，强化导师的责任意识，强调导师业务素质的提高和良好师德的养成，使导师切实承担起培养高层次创新型人才的重任。

（四）科学精神和创新能力是提高研究生教育质量的核心

“创新是一个民族进步的灵魂，是一个国家兴旺发达的不竭动力”。创新的主体是人，是具有创新精神和创新能力的人才。培养这样的人才，是高水平研究型大学的使命。研究生教育必须坚持面向创新教育，跟上高层次创新型人才培养的发展趋势。要着重培养研究生的创新精神和风险意识，培养他们对创新需求的敏感性，培养他们对科技发展和社会发展的预见性，培养他们的创新能力。

创新的过程是追求真理的过程，通常也是艰苦的过程。例如，学校光学工程学科培养的女博士程雪岷，在攻读博士学位期间研究光学设计。她面对2 000多组变焦镜头的枯燥数据，执着追求，不断探索，解决了光学镜头智能自动化设计的关键问题。她的研究获国际光学工程学会2003年度全世界唯一的Michael Kidger奖，2006年度全国优秀博士学位论文奖。

许多类似的例子说明：创新型人才只有具备科学精神，才能消除功利心，瞄准国家重大需求和人类面临的重大问题选择具有意义的研究方向和课题；创新型人才只有富有科学精神、社会责任感，才能在科学研究中锲而不舍，在追求真理的道路上不断有所发现、有所发明、有所创造、有所利用。

（五）管理体制与运行机制是研究生教育良性发展的保障

研究生教育的良性发展依赖于先进的、相互融洽的管理体制和运行机制。随着研究生培养机制改革的实施，研究生教育管理主客体之间的责权利将会更加明确，整个研究生教育活动以及管理的各个环节将发生一系列的变化。研究生教育管理体制与运行机制必须不断改进，实现管理重心下移，才能为研究生教育持续发展提供制度保障。

四、导师在研究生教育中的使命与责任

研究生导师是一个重要的工作岗位，它意味着要承担起培养高层次创新

型人才的使命，意味着比普通教师更多一份责任。我是改革开放后的第一批研究生，从1990年起担任研究生导师，培养的博士生多次获得全国优秀博士学位论文奖。今天，我想从研究生导师的角度，谈谈对导师使命与职责的认识，与在座的导师们进行交流和共勉。

（一）导师的使命是培养高层次创新型人才

培养人才是大学的第一使命，培养高层次创新型人才是建设创新型国家对研究型大学人才培养提出的新要求。这一光荣而神圣的使命必须要由导师来完成。“师者，所以传道受业解惑也。”导师的使命就是将研究生培养成高层次创新型人才，而绝不是当研究生的“老板”。

作为教书育人的导师，必须树立为国家、为社会培养高层次创新型人才的使命观，以高尚的道德情操熏陶人，以广博高深的知识培育人，以严谨的治学态度影响人，从而培养出品德高尚、学术精湛、具有高度社会责任感和使命感的高层次创新型人才，使他们在未来的社会发展和创新型国家建设的各个领域成为帅才。

（二）导师的主要责任是保证研究生培养的质量

研究生教育处于我国教育的最高人才培养层次，其质量标准应该与国际标准接轨。我们培养的博士生，应该能成为世界著名大学和研究机构的教师、研究人员；我们培养的优秀博士生，应该取得国际同行公认的学术成果，成为某一领域的学术带头人。

我认为，导师必须在研究生的入学教育、课程学习、研究领域确定、论文选题、毕业论文审核与答辩等环节上，全过程地坚持高标准、严要求，把握住研究生教育的质量。我自己的体会是，博士生入学后，导师一定要与他们进行长谈。除了必要的相互了解，谈话的核心就是让博士生理解博士学位的学术和质量标准，使博士生从一入学就明确自己的奋斗目标，对照目标看到存在的差距，形成不断进取的动力。

对于优秀研究生，导师应该因材施教，为他们制定比较高的培养目标，大胆培育，鼓励他们以超越导师作为奋斗目标。作为导师，我希望研究生崇尚科学，追求真理，早日超过我。在科学史上，有许多学生超过老师的例子。在今日的北京理工大学，研究生超越导师并非一种奢望，而是经过努力完全可以实现的。

（三）导师要重视培养研究生的科学精神和学术道德

研究生的学术追求影响到他们在世界科学技术前沿领域进行开拓和创新。如果一个研究生没有强烈的事业心，没有对科学的不懈追求，就会失去动力，放弃学业，就会心态浮躁，在研究中投机取巧，甚至剽窃他人研究成果。

作为导师，要引导研究生把崇尚科学、追求真理作为毕生追求的目标。要从研究生入学起就及时了解他们的学习动机和思想动态，在科学研究的过程中下大气力培育他们的良好学术道德，并在理论分析、计算仿真、科学实验、数据处理和论文撰写等重要环节把好关。在这方面，导师一定要言传身教，引领研究生走好人生学术道路的头几步。

（四）导师要带领研究生不断创新，攀登学术高峰

导师是研究生在科学研究道路上的指引者。为了培养出能与国际标准接轨的博士和硕士，导师要不断提高自己的学术水平、学术洞察力和学术判断力，始终站在科学研究的前沿，预判科学研究的发展方向，带动研究生勇于发现、敢于创造。作为导师，我认为应该在对研究生充分了解的基础上，指引研究生选好研究领域和切入点，选择或确定国家需求和学科前沿亟须解决的有难度、能创新的课题；同时导师也投身于科学研究之中，深入科学研究的一线去和研究生共同研究，一同去发现问题和解决问题，包括及时对主攻研究方向进行必要的调整。强调导师责任的同时，并非忽视研究生在研究中的主观能动性，而是强调导师的引导作用和重大决策作用，强调导师与博士生在研究过程中的互动。

著名雷达技术专家毛二可院士经常对研究生说："我们要研究的新体制

雷达，既不是传统体制的雷达，也不是国外先进雷达的翻版，应是符合雷达技术发展规律和我军未来作战需求的全新的雷达。”毛院士以敏锐的洞察力和科学的判断力不断给研究生提出新的研究方向，参与他们的讨论、商量下一步的研究计划，鼓励大胆创新，使研究生在科学研究中提出一个个新方法、新思路，解决了雷达技术发展中的许多重要问题。这说明，导师带领和鼓励研究生在科学技术的前沿领域进行开拓创新，培养他们的创新精神和创新能力，将加速研究生取得创新性的研究成果。

（五）导师要与学校共同为研究生构建优良环境

研究生个人的主观努力和个人素质是成才的内因，外在环境的构建是其成才必不可少的外因，两者的有机互动是研究生成才的必要条件。因此，学校应该为研究生教育提供良好的大环境，导师则应给予研究生更多的关心和帮助，为他们创造良好的研究平台和浓郁的学术环境。

以光学工程学科的王涌天教授为例，他领导的团队组织了针对一年级研究生的学习小组，采用教师和高年级研究生指导、新生自学、讲座报告、相互讨论等方式介绍相关基础理论、试验技能等。在研究生培养过程中实行周报制度，每位研究生的周报在周五前提交给小组长，由导师组成的评审组评出优秀小组并实施奖励，同时对每组的工作指出不足。优良的学习和研究环境为研究生取得创新性成果奠定了基础，王涌天教授指导的博士生中有 1 人获得全国优秀博士学位论文奖、4 人获得校级优秀博士学位论文奖。

五、对创办优秀研究生教育的思考

以上分析表明，我们必须进一步转变观念，以研究生教育的科学发展观和正确的质量观统领研究生教育工作，采取切实有效措施，推进学校的研究生教育又好又快地发展。

（一）大力发展研究生教育，推进高水平研究型大学建设

在明确研究生教育在高水平研究型大学建设中的地位和作用的基础上，

要确立研究生教育在学校各项工作中的重要地位，走大力发展研究生教育的办学之路。要充分发挥研究生教育子系统对其他子系统的相互促进作用，使研究生教育全面推动学科建设，提升师资队伍素质与水平，带动高层次创新型人才培养，促进科学技术研究，不断提高学校的学术声誉和社会知名度。

（二）进一步加强学科建设，提升学科核心竞争力

在“以理工为主，工、理、文协调发展”的学科定位思想的指导下，要更加注重工、理、文协调发展。在充分发展学校现有优势、特色学科的基础上，通过政策倾斜加强建设，使特色更加鲜明、优势更加突出、发展更加协调。要加大研究生教育创新基地和研究平台建设，优化研究生培养环境。对那些能产生标志性成果、对学校的建设和发展能起到特别重要作用、对我国国民经济发展和国防现代化建设起到特别作用的学科给予特殊的政策，在人、财、物等方面给予支持。在学校现有学科建设的基础上，瞄准国家重大需求和学科发展前沿，做好顶层设计，统筹规划，通过“211 工程”三期和“985 工程”三期建设对现有优势学科进行新一轮的凝聚和建设，进一步凝练学科方向、汇聚学科队伍、构筑学科基地，优化学科结构，准确定位，突出重点和特色，建设具有不可替代作用的高水平学科，提升学校的核心竞争力，为研究生的培养和成长提供肥沃的土壤。

（三）提升导师队伍整体水平，造就学术大师

在“211 工程”三期建设经费中，将有约 25%的经费用于师资队伍建设和优秀人才培养，包括引进人才、资助教师参与国际合作与交流、资助研究生到世界著名大学访学等。此外，国家即将出台关于引进世界级著名学者的有关政策。

因此，各个部门、学院和学科的负责人都要进一步提高对导师队伍建设重要性的认识，将提升导师队伍整体实力和水平放在工作的突出位置，将更多的热情、更多的精力、更多的资源投入优秀导师队伍的建设上，精心规划、周密部署、狠抓落实。要制定强有力的措施，下大气力营造吸引人才、

激励人才的环境氛围，不断提高导师队伍的实力和水平，构建一支年龄、知识、职称、学位等结构合理，具有可持续发展能力的导师队伍。要特别重视优秀导师队伍的建设，充分利用好国家给予的政策，在现有基础上显著提高院士、长江学者、国家杰出青年科学基金获得者、国家级教学名师等导师的数量。以优秀导师为核心，建设一支数量充足、学术水平高、综合素质好的导师队伍。

（四）实施研究生培养机制改革，培养高层次创新人才

以研究生培养机制改革为契机，端正研究生培养的价值取向，探索人才培养新模式，建立以科研创新为主导的导师负责制和资助制。学校拟从明年起实行硕士生以 2.5 年为基础、博士生以 4 年为基础的弹性学制，完善研究生资助体系，提高研究生待遇，激发学校、学院(系所)、学科点、导师和研究生的积极性，构建以导师、研究生和培养环境三者和谐发展、协同创新的制度结构。要通过研究生培养机制改革，建立提高研究生教育质量的长效机制和内在激励机制，实现研究生教育规模、结构、质量、效益的协调和统一，从而大幅度提高研究生培养质量，促进研究生教育持续健康发展。

（五）统筹协调、合理配置研究生教育资源

落实科学发展观，制定相关政策，加大资源投入力度。学校将进一步加大研究生教育专项经费投入，加快解决研究生培养工作中由资源约束带来的若干问题。要重点解决部分学科公共学位课的实验条件困难，解决学校研究生的学位课和专业基础课中进行研究性教学、设计性实验教学的条件不足问题。要解决研究生教学实验室面积小、实验设备少、实验室的开放程度低等制约课程的开课质量的问题。

作为研究生培养基层单位的院系和研究生培养的直接责任人导师，也必须加大对研究生培养的资源投入，比如为研究生提供“三助”岗位，为研究生的学习、科研、生活提供基本保障。

在加大研究生教育资源投入的同时，要特别重视提高投资效益。要积极

探索低投入、高产出的资源优化配置机制，按照一级学科或学科群整合共享研究生教育创新基地和研究平台；改革各类实验室管理体制和运行机制，提高大型仪器设备开放和利用率，使实验室开放高效运行，提高实验室服务的水平。

（六）崇尚科学、追求真理，营造浓郁的学术氛围

崇尚科学、追求真理是大学的本质要求。当代中国大学的科学发展需要更加执着的勇敢探索，更加宽松的学术环境。因此，要维护学术尊严和学术自由，努力抓好学术风气和学术道德建设，坚持严谨治学，学术诚信，力戒浮躁。要尊重科学技术发展的规律，鼓励学术创新，宽容失败，做到“百花齐放、百家争鸣”，以多种形式展示和弘扬科学精神。要重视加强学术交流，通过举办国内外高层次学术会议，坚持“走出去，请进来”，加强与国内外著名大学的学术交流与科研合作，营造浓郁的学术文化氛围，使师生能够直接面向世界、面向未来，学习全人类优秀的文化和先进的科学技术。

（七）以人为本，增强服务意识

服务与管理在研究生教育发展中起着支撑和保障作用。要加强服务管理队伍的自身建设，充分调动服务管理人员的工作积极性和主观能动性，增强服务意识，建设一支高水平、高素质的研究生教育服务管理队伍。在研究生教育管理上，要体现以人为本的理念和服务意识。要坚持把“以人为本”贯彻到研究生教学、科研、生活和思想政治工作的各个方面，不断提高全员育人的自觉性。要采取措施，切实改变机关工作作风，通过不断深化学校内部管理体制改革，使学校的服务管理工作落实到研究生招生、培养、学位授予等各个培养环节上，落实到研究生的住宿、就餐等生活环节上，落实到研究生图书借用、网络使用、实验室利用等学习和研究环节上，真正体现出管理部门的主动服务意识和优质的服务内容。

提高国防科技类大学的研究生教育质量*

纵观世界各国，研究生教育均是最高层次的教育，承担着为国家经济建设和社会发展培养高层次创新型人才的历史重任。高水平研究生教育是研究型大学的基本特征。工业和信息化部所属的大学均为国防科技类大学(即军工院校)，它们应新中国国防科技事业的需求而生，为我军武器装备现代化的需求而长，在长期的办学历史中，形成了国防科技特色和自身的研究生教育特色。选择以研究生教育为突破口，以科学发展观为指导，探索国防科技类大学的特色发展，显然是非常有意义的。

运用科学发展观，剖析国防科技类大学发展中面临的问题，可以清晰地发现国防科技类大学在特色发展、协调发展上的优势与劣势并存，还有许多需要探索和解决的问题。

一、正视独特性与趋同性的矛盾，坚持全面发展多层次多类别的研究生教育

上述国防科技类大学，按照原国防科技工业委员会批准的建设发展规划办学，接受统一的评估与绩效考核。这样的大学管理体制在世界范围内具有独特性，有利于国防科技类大学走国防特色发展之路。然而，这种大学管理体制的优越性尚未充分发挥。一方面，在强势政府和官本位传统的影响下，大学犹如政府所属的行政机构，学校内部行政色彩浓厚，无论是学校决策层和管理层，还是教授群体，追求独特性的激情并不足。另一方面，当今众多大学评价体系采用量化标准来评价大学，诱惑着国防科技类大学追求有利于

* 本文系 2008 年 7 月 13 日在工业和信息化部高校主要领导干部学习班上的主题发言。

获得评估高分的综合化，大学目标和行为的趋同性日益明显。这种独特性与趋同性之间的矛盾，在深层次上制约着国防科技类大学的特色发展。

从研究生教育层面看，随着我国经济持续快速增长，社会对人才的需求发生了深刻变化，不仅对高层次人才的需求量大幅度增加，而且呈现出需求多样化。因此，研究生教育需要全面发展，需要确立多样化的培养目标和培养规格，不仅要培养学术型人才，而且要培养大批适合国防科技工业发展和社会发展需要的应用型人才。

我们应根据社会对人才的不同需求分类确定相应的研究生培养目标和培养标准。博士研究生教育应以培养学术型人才为主、应用型人才为辅；硕士研究生教育则以培养应用型人才为主，学术型人才为辅。对于学术型研究生，应根据科学发展趋势，着重培养研究生掌握基础理论知识、探求事物发展规律和从事科学研究的能力；对于应用型研究生，应依据社会需求和自身条件，着重培养研究生对基础理论的应用能力、技术创新能力和社会实践能力。

二、重视整体性与单一性的矛盾，突出研究生教育特色的同时注重协调发展

50多年面向行业办学使得国防科技类大学的主干学科与专业均具有比较鲜明的行业特色，在国内堪称一流。以北京理工大学为例，20世纪50年代，学校在国内率先创建以兵器科学与技术为主的学科和专业体系，形成了军用车辆、军用光学、导弹技术、雷达技术等办学特色，并招收和培养研究生。改革开放以来，学校积极贯彻国防科技工业实行军民结合、平战结合的方针，调整专业结构，拓宽服务领域，使学校的专业布局由以军为主转变为“以军为本，以民为主，军民结合”，既保持了学校的传统军工特色，又促进了电子、信息、机械、材料、化工等学科的发展，并促使研究生教育由弱变强。可以说，学校的研究生教育起步于特色学科，逐步强大于特色学科，并且今后的发展仍将依赖办学特色。

虽然国防科技类大学具有鲜明的特色。然而，这仅仅是单一性的特色。从整体性的角度看，国防科技类大学在人才培养模式、科学研究能力、大学制度和文化等方面的特色还不够鲜明，甚至弱于国内不少一流大学。以北京理工大学为例，面对《国家中长期科学和技术发展规划纲要》所确立的国家重大科技需求，其以兵器科学与技术为主的学科体系表现出关联度较低、参与优势不明显，逐渐显示出学科适应面窄、发展后劲不足的问题，阻碍了学科建设和研究生教育的水平。又如，学校的理科还不强大，理工结合任重而道远，这无疑对工科的可持续发展有负面影响。再如，学校的人文和社会科学学科办学历史比较短，师资队伍水平不高，致使大学文化不够丰富，缺少人文气息，尚不具备与大学自身学术地位和社会影响相对应的文化特色。

当前，我们必须突出特色、协调发展。但与创业时期的特色发展相比，今天的特色发展无论是外延还是内涵都有很大不同。创业时期的特色发展是单因素的特色和初级阶段的发展，解决的是特色立校的问题，主要采用学习与模仿的方式。今天的特色发展是多因素的特色和高水平的发展，要体现“人有我优，人优我强”，解决的是特色强校的问题，要依靠自主创新的方式。

落实到研究生教育工作中，第一是要凝聚力量，实现重点突破，以重点突破带动整体提升。北京理工大学应当紧紧瞄准国防科技工业对原始创新的迫切需求，以创新的目标、创新的思路建设好有优势的主体特色学科，并以主体特色学科的优先发展带动理科和其他学科的发展，带动学科体系的建设，实现学校的整体升级。第二是要与时俱进，积极开拓，在关系到国家科技发展重大需求的若干学科建设上取得突破。要特别重视在航天、信息、材料、生命等领域寻求新的切入点，抢抓机遇，形成新的主体特色学科。第三是要以创新求特色，在已有学科之间培育新兴交叉方向。学校在“十五”期间，已按照这一思路建设了数字表演与仿真技术、生命信息工程、空间生物与医学系统、微小型武器技术、空间法学等一批新兴交叉学科。“十一五”期间，一方面要使已有的新兴交叉学科茁壮成长，争取产出重要成果；另一方面，要大力推进理科与工科的交叉、传统学科与新兴学科间的交叉，培养新的学科增长点，使新的学科或学科方向奇峰突起。

三、克服稳定性受到冲击、发展性受到制约的困难，以科学精神、创新精神推动研究生教育的可持续发展

国防科技类大学划归国防科技工业委员会领导的10年中，主要服务面向保持不变，进而在办学特色上保持了相对稳定。然而，随着改革开放的深化、市场经济的发展和信息社会的到来，社会变化的节拍不断加快，各种新观念、新思潮不断涌来，国防科技类大学的特色正在受到影响，甚至是冲击。追溯历史，国防科技类大学的特色伴随着国防科技工业从无到有、从小到大、从弱到强的发展而逐渐形成和不断发展。当前，为了适应新军事变革，我军武器装备发展迫切需要从以机械化为主向机械化和信息化相综合发展，同时需要研究各种尖端武器和新概念武器的原理并付诸实现。这样的发展要求，决定了国防科技工业要从集成创新、引进消化吸收再创新为主尽快转为自主创新为主。

然而，无论是与国内一流大学相比，还是与自身所拥有的航空宇航类、武器类、机械类、信息类学科相比，国防科技类大学在理学学科上缺少优势和特色，人文和社会科学学科则更加薄弱，尚无优势和特色可言。这对于国防科技大学当前和今后一个时期的创新发展具有不可忽视的负面作用。

“创新是一个民族进步的灵魂，是一个国家兴旺发达的不竭动力”。创新的主体是人，是具有创新精神和创新能力的人才。培养这样的人才，是高水平国防科技类大学的使命。然而，我们的创新人才培养能力明显不足。众多博士学位论文选题是将现有方法移植或应用于本学科，缺少真正的创新。

历史上许多成功案例表明：创新型人才只有具有崇高的思想道德品质，才能消除功利心，瞄准国家重大需求和人类面临的重大问题选择具有意义的研究方向和课题；创新型人才只有富有科学精神、事业心、责任感，才能够在科学研究中锲而不舍，从而在追求真理的道路上不断有所发现，有所发明，有所创造，有所利用。

因此，我们的研究生教育要着重培养研究生的创新精神和风险意识，培养他们对创新需求的敏感性，培养他们对科技发展和社会发展的预判性，培养他们的创新能力。必须转变思想观念，坚持面向创新教育，跟上高层次创新型人才培养的发展趋势，保证研究生教育的可持续发展。

四、解决适应性出现阻滞的问题，积极发挥导师的关键作用，健全管理体制和运行机制，保障研究生教育的持续健康发展

历史上，国防科技类大学为我国国防科技工业的创建和发展，为“两弹一星”等武器装备的研制和生产提供了重要的人才和技术支持，满足了当时国防科技工业之急需，也适应了国防科技类大学以特色求发展的需要。新军事变革使得武器装备体系日趋复杂，融合了材料、机械、控制、电气、光学、计算机等学科的最新技术成果和学科交叉成果，其基础研究所涉及的数学、物理、化学、生物学问题更富有挑战性。目前，国防科技类大学在学科内涵建设上，尤其是在高水平师资队伍建设上尚远未适应这一发展要求，而大学内部的机构设置和评价体制还制约着不同学科之间的交叉融合。国防科技类大学在适应性上出现的这种阻滞现象，使其在新一轮特色发展中处于不利地位。

从研究生教育层面看，研究生导师在研究生教育中起着主导作用，是提高研究生教育质量的关键。导师的学术素养、研究能力、培养方式、人生态度、道德情操和学术作风等时刻影响着研究生的成长。实践证明，名师出高徒。例如，北京理工大学光学工程学科是首批国家重点学科，拥有院士、长江学者等学术带头人，该学科培养的博士曾连续获得全国优秀博士学位论文奖。

因此，学校必须“以人为本”，使导师能够充分发挥其在研究生教育中的主导作用。激发导师的工作热情，调动导师的积极性，提高导师队伍整体素质，强化导师的责任意识，强调导师业务素质的提高和良好师德的养成，使

导师切实承担起培养高层次创新型人才的重任。另一方面，要建立先进的、相互融洽的管理体制和运行机制，推动学科间的交叉融合，尤其是工科和理科的交叉融合，为研究生教育持续发展提供制度保障。

综上所述，上述四个问题的存在，深层次制约着国防科技类大学的特色发展进程。为实现国防科技类大学的特色发展，建设国防科技特色的高水平大学：我们必须充分弘扬大学精神，制定具有独特性的发展战略；必须把国家战略需求和人的全面发展结合起来，突出特色、协调发展；必须发展校园军工文化，强化师生的国防科技责任感和凝聚力，针对新军事变革和武器装备的发展趋势，加强理学类学科、专业建设；必须从学科、专业内涵建设和师资队伍建设上适应学校自身发展和国防事业发展的要求，从制度上促进新兴交叉学科的建设，进而推动整个学校的发展。

领悟大学之道、追求精彩人生*

今天，北京理工大学隆重举行 2009 级本科生开学典礼。首先，我代表北京理工大学全体师生，向出席开学典礼的各位领导和来宾表示最诚挚的感谢！向以优异成绩考入学校的 3 318 名新同学表示热烈的祝贺和欢迎，欢迎你们成为光荣的北理工学子！

北京理工大学的前身是中国共产党在延安创办的自然科学院，具有光荣的传统和朴实的校风。新中国成立以来，学校始终是国家重点建设的大学，是国务院首批颁布的 16 所全国重点大学之一，全国首批建立研究生院的 22 所大学之一，也是国家“211 工程”首批重点建设的高校。2000 年，学校入选“985 工程”，成为国家第 10 所重点建设的高水平大学。良乡校区是学校进入“985 工程”建设的重要标志，2009 级本科生是第三届入住良乡校区的学生。同学们将在这一现代化新校区开始自己的大学生活，同时必将为这个新校区增添新的活力和热情！

过去，同学们谈到“大学”这个词的时候只是一个目标、一种理想，今天同学们已身处大学校园，“大学”这个词已经成为同学们今后四年甚至影响终身的印记。大家将用一生的时间去领悟什么是大学，特别是“大学之道”。古人云：“大学之道，在明明德，在亲民，在止于至善。”虽然古人所论大学并非现代意义下的大学，但当年的高尚学者，试图通过讲学，激发人们的善良美德，革除旧习，勉做新人，追求德才完美无缺的最高境界，其内涵正是现代大学的追求。今天，我将古代的“大学之道”予以拓广，与同学们共同分享，并借此对同学们提出三点期望。

---

* 本文系 2009 年 9 月 4 日在北京理工大学 2009 级本科生开学典礼上的讲话。

一、大学之道，在于人格塑造，在于引导青年做人

青年是国家的未来，是民族的希望。青年人应当将自身的成长与“承国家兴亡、担民族兴旺”紧密结合。“国家兴亡、匹夫有责”，这便是青年学子读大学的意义所在。大学塑造人格，人格决定目标，目标指导命运。同学们在进入大学之初就必须明确目标。正确的目标不仅能够指导同学们的学习和生活，还会对大家产生终生的积极意义。北京理工大学建校近 70 年来，延安精神，薪火相传，学校始终以国家责任和民族兴亡为己任。学校培养塑造了一大批人格高尚、目标远大、具有高度责任感的杰出政治家、科学家、工程师、企业家以及各行各业的优秀人才。这批杰出校友为同学们树立了榜样。

今天，我和大家分享一名普通却又不平凡的本科生的事迹。他是学校生命学院 2009 届本科毕业生俞锦声，来自福建的一个小山村。大学期间，他学习认真，成绩优异，不断塑造自己成为一名人格高尚、勇担责任的当代优秀大学生。2007 年 6 月，他光荣地成为北京理工大学第 1 位、北京市第 64 位造血干细胞捐献者，为白血病患者送去了希望和生命；2008 年暑假，俞锦声报名参加了“首都大学生志愿者赴灾区志愿服务团”，给灾区的孩子送去首都大学生的温暖与爱心，给当地的群众送去了首都大学生的真情与关爱；2008 年奥运会和残奥会期间，他领导的五棵松体育场馆群志愿者站以优质服务被评为“五星级站点”，他本人被评为“奥运服务保障工作优秀志愿者”；作为班团支部书记，他带领的团支部被评为“北京市先锋杯团支部”，他本人荣获“北京市高校优秀共产党员”。俞锦声同学是当今北京理工大学数万名青年学子的一员，他的事迹看似是一些平凡的小事。但正是这些小事显示着人格的魅力，显示着大学对于青年人人格塑造的巨大作用。

我认为，大学之道将引导青年如何做人。在大学期间树立远大目标，完善人格、志存高远、勇挑责任，这是我给大家提的第一点期望。希望同学们踏实做人，以国家富强、民族兴旺为己任，胸怀宏图志，学习为国家，为实

现中华民族的伟大复兴而努力奋斗。

二、大学之道，在于奉献社会，在于引导青年做事

大学发展带动社会进步，大学发展推动民族进步，大学的作用源于大学崇尚奉献、教导做事。

前不久，学校的校园网上有一篇题为《激情进取，默默奉献——记工作在本科教学第一线教师》的系列报道，给我留下了深刻印象。今天，我选择其中一篇报道与同学们分享，相信同学们不久就会在课堂上遇到报道中的教师，他们就是理学院承担公共数学课的教师。自 2007 年 9 月以来，这批教师承担着良乡校区两个年级 6 000 多名本科生的公共数学课教学。他们每周有 3 天在良乡校区上课，每天授课 2 ~ 4 学时，每周还至少安排一次晚上答疑。教师们家居北京市四面八方，早晨踏着薄薄的晨雾到达良乡上课，晚上披星戴月地回到家中。在教学任务繁重的情况下，老师们以积极、乐观、向上、奉献的工作态度，圆满完成了教学任务。上学期，我观摩他们授课后，钦佩之情油然而起。我认为，这批教师的敬业精神体现了大学之道。

在北京理工大学，我同样看到学生们身上体现的敬业精神。许多同学可能知道，北京理工大学足球队是享誉中国足球界的一支学生军。这支队伍曾获得多次全国大学生足球联赛的冠军，两次代表国家参加世界大学生运动会。3 年前，它以全国足球乙级联赛冠军的身份，作为唯一一支业余队闯入全国足球甲级联赛。我经常想，是什么样的力量鼓舞和支撑着这支队伍？我想，显然不是名和利，而是一种勇于接受挑战的精神，是一种认真做事的精神，是一种新时代大学生的拼搏精神。我认为，他们的敬业精神同样体现了大学之道。

我认为，大学之道将引导青年如何做事。在大学期间，培养踏实做人、认真做事的作风，用科学技术回报社会，用人文精神关怀民生，这是我对同学们的第二点期望。希望同学们，洞悉社会，风声雨声读书声，声声入耳；认真做事，为家为国为天下，事事成功。

三、大学之道，在于追求真理，在于引导青年做学问

大学为有志于科学研究的青年学子营造了良好的做学问的氛围，青年学子应该把追求真理作为大学生活的重要内容。自北京理工大学建校以来，在校学习或工作过的中国科学院、中国工程院院士已有32位，学校曾创造了多个新中国科技史上的第一。作为国防科技特色大学，学校为国家经济建设特别是为国防现代化、军队现代化建设培养了大批业务过硬、学问精深的创新型人才。

大学学习在于做学问，在于“术业有专攻”；大学学习在于求真理，在于“专攻有创新”。大学的学习与中学的学习有显著区别，研究型大学的学习与教学型大学的学习也有明显不同。在中学阶段，同学们进行的是青少年式、课堂式的学习，而到了大学阶段，你们要进行的是成人式、研究型、实践型的学习。这意味着，你们必须具有很强的主动性和竞争性，勇于面对挑战，进行学习理念和学习方法上的转变。

在此，我向同学们介绍一位求知创新取得突出成就的学长，他就是在北京理工大学学习和成长起来的教育部“长江学者奖励计划”首批特聘教授、电动车辆国家工程实验室主任、著名车辆工程专家孙逢春教授。1989年，孙逢春教授完成在德国柏林工业大学的联合培养研究，获得博士学位。此后，他长期从事车辆工程领域研究，尤其是率先在我国开展电动车辆技术研究，做出了突出贡献。他领导研制的电动客车全面服务于2008北京奥运会，实现了我国对奥林匹克核心区内“零排放”的承诺，在世界上首次实现电动客车大规模运行。他的研究成果先后3次获得国家科学技术奖，还荣获“何梁何利科学与技术创新奖”。通过长期的探索和开拓，孙逢春教授做到了“精深做学问、术业有专攻”，为同学们树立了追求真理、崇尚科学的学者榜样。

我认为，大学之道将引导青年如何做学问。在大学期间认真做学问，积累雄厚的专业知识和专业技能，术业专攻，培养独立思考、开拓创新的能力，这是我给大家提的第三点期望。韩愈有一句名言：“业精于勤，荒于嬉；

行成于思，毁于随。”因此，读大学的目的不仅在于接受高等教育，更重要的是认识自我，培养独立思考、独立做学问的能力。

同学们，刚才与大家分享的大学之道，你们一定会在四年的大学生活中有更深的领悟和发现，由此而提出的三点期望供同学们去思考、去实践。希望同学们用大学之道引导自身做人、做事、做学问，愿大学之道引导同学们的大学生活，激励青年学子追求精彩人生。

最后，希望同学们在即将开始的军训生活中严格认真、锻炼自我，上好大学第一课；衷心地祝愿同学们在今后的大学生活中不断进步、学业有成，在不久的将来为中华民族的伟大复兴做出应有的贡献！

为中华民族的伟大复兴而学习成才*

首先，我代表全校师生员工衷心祝贺 3 498 位新同学考入北京理工大学，热烈欢迎你们成为这所具有 70 年辉煌历史的著名学府的新成员！

北京理工大学的前身是中国共产党在延安创办的自然科学院，具有光荣的传统和朴实的校风。20 世纪 50 年代以来，学校成为国家首批确立的 16 所重点大学之一，全国首批建立研究生院的 22 所大学之一，也是国家“211 工程”首批重点建设的高校。2000 年，学校进入国家“985 工程”建设行列，成为国家第 10 所重点建设的高水平研究型大学。

同学们作为高考的成功者，跨入北京理工大学这样一所名校，肯定受到了来自亲人、同学、老师、朋友的热情赞誉。从今天开始，同学们应该从几个月的赞美声中冷静下来，积极思考如何度过人生最美好的大学时光。思考这一问题的起点是：什么是大学和怎样读大学？这对于同学们来说，是全新的话题。今天，我将与同学们一起探讨这个话题，共同寻求走向成功的大学之路。

在展开探讨之前，我要借今天这场隆重的开学典礼，代表学校向与会的全体同学，向全校师生员工，向全体校友和全社会宣布学校的一项重要决定。2010 年 8 月 26 日，北京理工大学党委在广泛征求全校师生员工和校友的意见基础上，确定了学校的校训。这就是“德以明理、学以精工”。德以明理，是指道德高尚，达到以探索客观真理作为己任之境界；学以精工，是指治学严谨，实现以掌握精深学术造福人类之理想。这一校训既是建校 70 年来学校几代师生员工崇德尚行、学术报国的真实写照，也是新的历史时期全校师生员工共同努力的方向。

---

* 本文系 2010 年 8 月 30 日在北京理工大学 2010 级本科生开学典礼上的讲话。

下面，我结合对校训的理解，和同学们畅谈“什么是大学”和“怎样读大学”。我把大学比喻成一本书、一首诗、一幅画，用几位学长的事迹来说明大学的内涵，说明求学的精彩。

一、大学是一本书，大学生活的精彩在于书中的真理和创新

大学是一本书，书中包含深刻的哲理和丰富的知识。这本书指引青年学子的成长之路，这本书营造良好的学术氛围，这本书引发青年学子的思索和创新。“德以明理、学以精工”就是要求北理工学子把勤奋求学、独立思考、追求真理、勇于创新作为大学生活的主要内容，读好大学这本书。

北京理工大学自建校以来，培育了在校学习或工作的 32 位中国科学院、中国工程院院士，创造了中国科技史上多个第一。作为一所国防科技特色大学，学校为国家经济建设特别是为国防现代化、军队现代化建设培养了大批业务过硬、学问精深的创新型人才。这些优秀学长读好了大学这本书，为同学们树立了榜样。

今天，我要向同学们介绍的第一位学长是被誉为中国“核潜艇之父”的中国工程院院士彭士禄。彭士禄学长是中国共产党早期农民运动领袖澎湃烈士之子，延安自然科学院的学生。他在艰苦环境下勤奋学习，把对祖国的满腔热爱转化为对客观真理、对科学技术的不懈探索。正是有了在校期间的积累，读好了大学这本书，他在面对困难时总能积极乐观地面对。20 世纪 60 年代起，彭士禄学长主持我国第一套军用核动力装置的论证、设计、试验以及运行的全过程，克服重重困难，成功组织研制了具有世界先进水平的耐高温、耐高压、全密封主泵，进而研制成功我国第一艘核潜艇，使我国具备了战略威慑力量。此后，他积极开拓将军用核动力技术向民用核电技术转化，创建了核动力装置主参数计算方法并应用于压水堆核电站设计，对我国民用核电技术做出了重要贡献。他曾获得国家科技进步奖特等奖，1994 年当选为中国工程院首批院士。

从彭士禄院士等一大批优秀学长的身上，我们看到：大学学习在于做学问，在于“术业有专攻”；大学学习在于求真理，在于“专攻有创新”。正是他们这种载入共和国史册的“专攻”和“创新”，撰写出了北京理工大学这部厚重的巨著。

多读书，读好书，进而读好大学这本书，这是我向同学们提出的第一点期望。希望大家在“德以明理、学以精工”的校训指引下，追求真理、探索未来，为中华民族的伟大复兴而发奋读书，点亮精彩的大学生活和青春岁月。

二、大学是一首诗，大学生活的精彩在于诗中的品格和责任

大学是一首诗，一首荡气回肠的七言，一首意气风发的绝句。“德以明理、学以精工”便是这首诗的灵魂，是这首诗的气魄。它要求同学们先天下人之忧而忧，后天下人之乐而乐，用学者的品格和兴国的责任谱写大学这首绚丽的诗篇。

建校70年来，几代北理工师生员工弘扬了这种品格，承担了这份使命。今天，我要向大家介绍的第二位学长是机械与车辆学院的项昌乐教授。项昌乐于1980年考入我校车辆工程系学习，当年是一位品学兼优的学生。1987年，他获得硕士学位留校工作，从事军用车辆传动技术的教学和科研工作。20多年来，他抵制住来自外界的种种利益诱惑，坚定不移地专注于国防科技研究。他勇于瞄准国家武器装备发展的重大需求，在我国坦克装甲车辆领域首次全面系统地开展了传动系统动态性能研究，解决了提高动力传动系统动态性能的多项关键技术，研制出“大功率系列化液力变矩器”，并成功应用于2009年国庆阅兵中的多种武器装备。他因此而获得国家科技进步奖，成长为教育部“长江学者奖励计划”特聘教授、教育部“长江学者创新团队”带头人。

从项昌乐教授等一大批优秀学长的身上，我们可以看到北理工人持之以恒的优秀品格，看到北理工人学术报国的历史责任。正是他们坚毅拼搏的品格和报效祖国的志向，谱写了北京理工大学这一精彩诗篇。

多思考、敢担当，进而写好大学这首诗，用坚韧的品格奏响承天下兴亡、担国家兴盛的人生旋律，这是我对同学们提出的第二点期望。希望大家在“德以明理、学以精工”的校训指引下，认识自我，塑造品格，明确使命，担当重任，用坚毅顽强之心和富民兴邦之志领航精彩的大学生活和青春岁月。

三、大学是一幅画，大学生活的精彩在于画中的丰富和多姿

大学是一幅画，一幅英雄辈出的人物画，一幅菁菁校园的写生，一幅快意浪漫的素描。这幅画既有国画的大气蓬勃，也有漫画的青春顽皮。这幅画推动社会进步，这幅画推动国家昌盛。画中丰富的素材要求我们认真做事，画中多姿的色彩要求我们崇尚奉献。“德以明理、学以精工”就是要求青年学子充满朝气，用青春的活力和激情做好大学这幅画。

今天，我要向同学们展现这幅画中的北理工青年学子，你们年轻的学长。8 月 26 日，就在同学们入学报到的前一天，浙江杭州的《钱江晚报》报道了《理工学子纵身西湖冒雨救人》，在学校和社会引起强烈反响。不久前刚从我校毕业的本科生冯玫江，在杭州西湖畔发现有人落水时，迅速报警并奋不顾身地跳入水中救人，最终与民警一起成功将一名失意跳湖的男子救起。面对记者采访，冯玫江同学腼腆而真实地表示，“这没什么好说的，谁碰上了这种情况，都会这样做的。”此情此景，此言此心，仿佛为我们描绘了一幅生动的画面，画面中有西湖的动人景色，更有雨中救人的北理工学子，这正是大学这幅画中美丽而真挚的一角。这一角为社会描绘出一幅当代大学生、当代北理工学子的精神画卷。

展开北京理工大学这幅画，我们还会共同看到：今年学校选送的 18 项大学生科技创新作品受到刘延东、万钢等国家领导人的高度评价；在北京市机械创新设计大赛和北京市大学生电子设计竞赛中，由我校师生组成的参赛队获奖数量和获一等奖数量均位居第一名；良乡校区众多的学生干部和学生

社团积极组织同学们为地震、泥石流灾区捐款捐物，献去一片大爱之心。

多锻炼、多实践，进而作好大学这幅画，用自己的成长为其描绘出独具特色的风采，这是我对同学们提的第三点期望。希望大家在“德以明理、学以精工”校训的指引下，踏实做人，认真做事，用科学技术回报社会，用人文精神关怀民生，用激情的画笔挥洒精彩的大学生活和青春岁月。

同学们，学校即将迎来建校 70 年华诞。70 年辉煌历程带给全体北理工人自豪与荣耀，70 年奋发图强描绘出一所具有延安精神和国防科技特色的高等学府的勃勃生机！愿同学们在“德以明理、学以精工”校训的指引下，读好大学这本书，写好大学这首诗，作好大学这幅画。像优秀学长们那样：道德高尚，达到以探索客观真理作为己任之境界；治学严谨，实现以掌握精深学术造福人类之理想。

最后，希望同学们在即将开始的军训生活中严格认真、锻炼自我，上好大学第一课。衷心地祝愿同学们在今后的大学生活中不断进步、学业有成！

成长为拔尖创新人才需具备三大要素*

珠穆朗玛峰是世界屋脊。但如果没有青藏高原，珠穆朗玛峰就不可能成为世界屋脊。青藏高原的海拔高度有四五千米，正是在这四五千米的基础上，才有了作为世界屋脊的珠穆朗玛峰。与此类似，拔尖创新人才的成长不是孤立的，而是从一大批创新人才中脱颖而出的。作为国家重点建设的大学来说，必须培养一大批创新人才，在此基础上，才能有拔尖创新人才脱颖而出。

下面谈一下在培养创新人才时应该关注一些什么样的人才素质，或简称为要素。如果青年学子的这些要素特别突出，就具备了成长为拔尖创新人才的必要条件。我认为，有三个要素特别重要：第一个要素是执着追求，第二个要素是宽厚知识，第三个要素是实践创新。

第一，谈谈执着追求，这是优秀人才、优秀学者所必须具备的素质。但不可否认，现在具备这样素质的青年学子数量不够多。

例如，每年高考之前，很多考生家长会找我咨询，讨论孩子应该上什么样的大学、学什么样的专业等问题。目前看来，大部分家长在咨询这些问题时，关注最多的还是到哪所大学读书、学什么样的专业能够获得比较好的工作、有比较高的收入等，功利色彩比较浓厚。如果学生、家长甚至整个社会都处于这样的思考层面，没有更高的追求，创新人才就没有成长的土壤，拔尖创新人才的培养更无从谈起。

第二，谈谈宽厚知识。改革开放以来，我们对过去苏联模式的高等教育批判较多，认为这种模式的基础课分量过重，学时数过多，学制过长。我认

---

* 本文系2010年8月7日在中国人民大学附属中学校长论坛上的演讲节选；刊于：教育与职业，2012(4)：64。

为，对苏联的高等教育模式应做辩证分析。在知识大爆炸的时代，课程门数肯定是越来越多。但是，知识的宽度不能代替知识的深度。对于任何一个学者来讲，要想在某个领域有造诣、有创新，必须有几门课程打下非常坚实的基础，通过漫长的研修过程和实践过程，掌握知识的精髓，体会发现知识的过程。我认为，只有具备既宽又厚的基础，科学技术的创新才有根基。

第三，谈谈实践创新。目前高校中实践性的环节并不少，但是并没有当作创新性环节来充分利用。比如工科教育中的大作业、课程设计，还有各种各样的课外科技活动，都是实践环节。遗憾的是，这些活动已带有非常浓厚的功利色彩。对于课程设计来讲，学生往往满足于对已有知识的复习，能够拿到学分就行。像课外科技制作这样原本以培养学生综合素质为目的的活动，也已演变成为获奖、为保送研究生加分的活动。

我呼吁，高校、政府、社会应该让这些实践活动还原它们的本来面目，使它们更多地被赋予创新色彩。让青年学子在实践过程中不断有新的启迪、有新的想象、有新的发挥。

综上所述，我们要淡化教育的功利性，营造更好的人才成长氛围，使更多青年学子具备上述三大要素。在此基础上，拔尖创新人才方可脱颖而出。

做一个胸怀坦荡、求真务实、有情有义的北理工人*

在温暖的春风中，我们共同迎来了又一个毕业的季节，迎来了又一个收获的季节。首先，我代表全校师生员工，祝贺2013届研究生顺利完成学业并获得学位，祝贺你们即将踏上新的人生旅途！与此同时，让我们共同感谢为你们成长而辛勤工作的全体研究生导师和教职员工！

在这个菁菁校园中，你们度过了人生中最美丽、最宝贵的岁月，而这段美好的岁月又赋予了你们新的名字：北理工人。这个名字将伴随你们走上新的征途，也预示着你们开始了与母校荣辱与共的人生之路。中国有句古语："肺腑之言，留待别时。"在同学们满怀豪情、即将踏上新征途之际，我作为你们的校长和学长，想送你们三句临别赠言。伴随着这三句赠言，让我们共同探讨北理工人应该选择怎样的人生道路。

一、讲真话，做一个胸怀坦荡的北理工人

人们常说，当前这个社会，讲真话越来越难，敢于讲真话的人越来越少。紧张的医患关系、堪忧的食品安全、无人敢问津的摔倒老人，这些问题大多源自真假混淆、诚信缺失、道德滑坡，源自缺少敢讲真话、胸怀坦荡、光明磊落的人。我到北京理工大学工作5年多来，接触过许多研究生。让我欣慰的是，我从你们口中听到了很多真话、实话。有些同学向我求助科学研究的经验和方法，我欣喜地看到他们实事求是的治学态度；有些同学向我倾诉学习生活中的种种压力，我钦佩他们敢于迎难而上的勇气；有些同学为学

* 本文系2013年3月29日在北京理工大学2013届研究生毕业典礼上的讲话。

校建言献策，我欣赏他们强烈的责任感。可以说，你们这些年不仅增长了知识和才干，也塑造了敢讲真话、胸怀坦荡、光明磊落的品格。

很多人担心，步入社会的你们会禁不住利益的诱惑，变得随波逐流，丢失这份可贵的骨气和正义感。但我要告诉大家，一代代北理工人已经为你们做出了表率。中央电视台曾经有个家喻户晓的访谈节目，叫《实话实说》。这个节目之所以大获成功，就是因为它坚持讲真话、说真事。《实话实说》栏目的总策划人就是我校教育研究院的杨东平教授。“实话实说”不仅是杨东平教授创办的节目名称，更是他做人的原则。多年来，他致力于教育改革、教育公平、生态环境保护、文化传承与保护等研究，始终坚持实事求是，积极推动改革。他在发表研究结果和建言献策中，经常遇到来自外界的干扰和质疑，但他从没动摇过讲真话的决心。因此，他被《南方人物周刊》评选为“影响中国的 50 位公共知识分子”之一。

在北京理工大学，还有许多这样讲真话、求真理的优秀学者。我希望，同学们以他们为榜样，在未来的人生道路上，完善人格修养，做一个胸怀坦荡的北理工人。走入社会以后，同学们会发现，讲真话有时会显得突兀，要顶住压力，甚至招来不满和挫伤。但请你们记得，北理工人应该代表社会的良知和正义。讲真话、求真理，是一名知识分子最宝贵的气节和品格，也是一所大学培养人才的不懈追求。唯有讲真话，才能追求真理，做最真实的自己，干最踏实的事业。无论任何时候，北理工人都要以平常的心态、高贵的心灵来面对自己的人生，毕生追求真理，一步步走向“德以明理”的境界。

二、干实事，做一个求真务实的北理工人

两周前，李克强总理会见中外记者时谈道，“喊破嗓子不如甩开膀子”，引起社会一片好评。“甩开膀子”是对“实干兴邦”的形象诠释。73 年前，徐特立等老一辈无产阶级革命家、教育家就是凭着“甩开膀子”干实事的精神，在抗战救国的艰苦岁月中创办了北京理工大学的前身——自然科学院。73 年来，这种求真务实、脚踏实地的风气在学校代代相传，已成为学校十几万毕

业生的特点。

今年初，学校1961届杰出校友、著名雷达专家王小谟院士荣获2012年度国家最高科学技术奖，成为我国军工高校毕业生中获得这项大奖的第一人。王小谟院士在50多年的科研工作中，不受各种干扰和诱惑的影响，踏实工作，开拓创新。他凭着执着的努力、求真务实的作风和踏实干事的精神，主持设计并研制了多种具有国际先进水平的雷达，尤其在三坐标雷达和低空雷达方面卓有建树。在我国大型预警机的研制中，他带领团队创造性地提出了雷达三面阵布局等关键技术，使我国大型预警机性能跃居世界先进行列。王小谟院士荣获国家最高科学技术奖，这是国家对他所取得的科学成就的最高褒奖，也是所有北理工人的无上光荣。

希望同学们在今后的道路上像王小谟院士等杰出校友那样，执着坚毅，踏实干事，做一名求真务实的北理工人。同学们在前行的道路上，将会遇到挫折、迂回、迷茫甚至绝望，而只有脚踏实地地实干进取，才能把这一切转化成前进的动力。中国有句古话，“道虽迩，不行不至；事虽小，不为不成”。一切大事业、大学问，都是一点一滴、踏踏实实做起来的。希望同学们远离空谈、远离浮夸、远离虚荣，踏踏实实做好本职工作，一步步实现“学以精工”的梦想。

三、懂感恩，做一个有情有义的北理工人

在去年的毕业典礼上，我与毕业生们做了一个关于爱的约定，这份爱包含着对亲人的爱、对母校的爱、对祖国的爱。我想这份爱的源头是感恩，感恩是激发同学们奋斗的动力。感恩就像一根接力棒，由一代代有情有义的北理工人代代相传。

今年春节前，我代表学校看望了几位杰出校友，他们是全国人大常委会原委员长李鹏学长、全国政协原副主席叶选平学长及夫人吴小兰学长。他们深情地回忆起在自然科学院学习和生活的情景，回忆当年师生们在非常艰苦的办学条件下团结一致、执着追求、不懈奋斗、抗战报国的点点滴滴，表达

了对母校的深厚感情，并向母校图书馆赠送了珍贵书籍。从他们身上，我感受到老一辈北理工人对祖国、人民、母校的真挚热爱和对事业、工作的无私奉献。

希望同学们接过这感恩的接力棒，在追求理想、努力拼搏、成就事业的同时，勇于承担社会责任。希望同学们能够继续关心母校的建设和发展，支持母校、宣传母校，尽自己的力量为母校贡献力量，正所谓“饮水思源，常念教诲之恩”，此为有情；作为国家重点大学毕业的研究生，同学们应该担负起更多社会责任，胸怀天下事，以天下兴亡为己任，早日成为国之栋梁，为实现“中国梦”贡献力量，正所谓“立志奉献，敢担天下兴亡”，此为有义。希望你们常怀感恩之心，牢记母校的重托、国家的培养和社会的关爱，以优异的工作业绩回报亲人，回报母校，回报社会！

同学们，你们出征的号角已经吹响。我希望，“讲真话、干实事、懂感恩”这三句临别赠言能成为你们出征的誓言。神州大地在召唤着胸怀坦荡、求真务实、有情有义的北理工人。亲爱的同学们，勇敢地去拼搏吧，去书写属于自己的故事吧。母校永远爱你们，永远力挺你们！

担当·胆魄·理想*

在这明媚的春天，又一批北理工学子即将结束求学生涯，掀开人生的新篇章。我代表学校，向完成学业并获得硕士学位、博士学位的同学们表示衷心的祝贺，向为你们的成长付出了辛勤工作的研究生导师们致以诚挚的感谢！

在这庄重的时刻，我向同学们提出一个问题：你们将带着什么离开北京理工大学，并且会永远铭记？同学们不必立即回答这个问题。若干年之后，等你们经历过岁月的蹉跎、人生的洗礼，如今的满腹经纶、无限憧憬都已铅华洗尽时，你们的答案会更加准确和多彩。

今年，恰好是我研究生毕业30年。在座各位同学的父母都经历过那个沧桑剧变的年代，有些同学的父母也许和我一样，同是1977年恢复高考时的大学生。人们将恢复高考后的前三届大学生与“文革”前最后三届大学生相对应，称之为“新三届”。今天，我结合“新三届”的经历，谈谈对这个问题的回答。

1977年恢复高考时，我已在工厂当师傅带徒弟了，没想到今生还会有机会踏进大学校门。中止12年后的首次高考堪称历史之最，即准备最匆忙、试题最容易、录取率最低。我幸运地与来自工厂、农村、军队的27万学子一起跨进大学，开始了求学征程。更没有想到的是，一年后召开的党的十一届三中全会，将国家带上改革开放之路，使我们身边的一切发生了翻天覆地的变化。

20世纪80年代初，“新三届”完成学业走出校门，成家立业，由此开始和你们，也就是“80后”的生命群体产生了有趣的交集。两代人从各自迥异

---

* 本文系2014年3月26日在北京理工大学2014届研究生毕业典礼上的讲话。

而又密切交织的视角审视着国事、家事的快速变迁，见证着我们国家改革开放的伟大进程。

回想当年，在经历了10年文化沙漠的干涸之后，“新三届”把对国家强盛、民族复兴的使命感化作对文化知识的强烈渴求。那种把新华书店图书抢购一空的场景，那种三伏天泡在水缸里读书的劲头，让如今的年轻人难以想象。“风声雨声读书声，声声入耳；国事家事天下事，事事关心”成为“新三届”的精神风貌写照。如今，“新三届”纵然已过知天命之年，但对各自工作的兢兢业业不变，对国家和民族的担当之心不变。这种“为天下士”的责任感，串联起一代人百转千回的心路历程，勾画出一场以知识改变个人命运、改变国家命运的集体行动，肩负起一个民族重新焕发生机、开启崭新征程的历史使命。现在，历史的接力棒传递到你们手中了。

今天，看到毕业前的同学们，让我想起30年前学子们满怀豪情、准备步入社会的情景。当年，“新三届”喜欢坐而论道、书生议政；今天，同学们则喜欢通过互联网抒发情感、彰显自我。当年，“新三届”面对层出不穷的新生事物应接不暇；如今，同学们接受各种新鲜事物的能力令父辈自豪。当年，“新三届”毕业后奔赴祖国最需要的基层，历尽严酷考验，依然不知疲倦；如今，有些同学已早早开始怀旧和自嘲，流露出几分倦怠和无奈。当年，“新三届”嘹亮地喊出“从我做起，从现在做起”和“团结起来，振兴中华”；如今，有些同学似乎习惯于抱怨社会和推诿责任，失去了对探索道路、回报社会的热情。诚然，时代不同了，观念变化了，但我相信你们比“新三届”更早知晓已故美国总统肯尼迪的名言：不要问你的国家能为你做什么，而要问你能为国家做什么？

谈到这里，送给同学们分别前的第一句话：**在这个属于你们的时代，你们需要义不容辞的担当！**

20世纪90年代初，出国潮一浪高过一浪，“新三届”中许多人迈出国门，由此有了“海鸥”一词。后来，邓小平发出召唤：“要想做贡献，还是回来好。”海外游子们开始回巢，把自己与国家、民族的命运再次紧紧相连，从而又有了“海龟”一词。

我对于那段走出国门的经历有着切身体会。在德国、美国的几年研究经历让我受益终身，开阔了我的学术眼界，真正体会到什么是世界一流的学者、什么是世界一流的学术，萌发了许多启迪和灵感，给我的学术生涯带来厚重的积淀。更重要的是，那段经历让我看到了世界一流学者近乎痴迷地沉浸于科学研究和人才培养，看到了世界强国崛起中知识分子的重要作用，激发了我对中华民族伟大复兴的责任感。

随着改革开放的深入，如今年轻人赴海外留学已日益普及，“洋墨水”的含金量似乎也正在降低。但我相信，那些在海外留学时真正有思考、有付出的学子绝不会变成“海带”。

你们走上工作岗位后就会发现，全球化已浸透到各个领域。也许你还在思索如何迈出这一步，世界大潮便早已悄然朝你们袭来。当你们学会甄别中外思潮和观念的碰撞时，你们就能用平和与理性的角度看待中国发展的进步与挫折，就能从多元的历史比较中看到中国与外部世界矛盾和冲突背后的光明与希望。

中国已经是世界的中国，世界将是你们未来的舞台。在座的同学们，你们已经比同龄人拥有了更加开阔的眼界、更加广博的学识，你们正踩在一个与五彩缤纷世界交界的起跑线上，你们理应拿出闯荡世界的胆略卓识，把握国家开放的脉搏，迈向更加广阔的天地。

谈到这里，送给分别前的同学们第二句话：**在这个开放的时代，你们需要纵横四海的胆魄！**

21 世纪以来，人们常常将“新三届”与“功成名就”之类的评价联系在一起。时代造就了“新三届”的荣光，而“新三届”也以自己的行动证明了当年的理想从未磨灭。

如今，“新三届”正陆续退休。作为他们中的一员，成功的滋味早已平淡如水，几分沉重却涌上心头。我开始担心：未来 30 年的主人面对这个纷繁复杂、功利浮躁的社会，是否会丢掉应有的稳重与坚毅？担心你们心中蠢蠢欲动的不再是那份对理想社会的追求和报效祖国的激情，而是对这个“坑爹”又“拼爹”时代的愤懑呼啸。

如何在这个时代坚守理想、追逐梦想？在我们的校园里，有许多优秀的北理工人用行动给出了答案。在他们中，许多人就是“新三届”，例如著名车辆工程专家孙逢春教授、著名光学工程专家王涌天教授、著名管理科学与工程专家韩伯棠教授等。我称他们是“低调的理想主义者”。他们默默耕耘，看淡收获，甚至将耕耘本身作为目标；他们面对现实中的诸多遗憾、奋斗中的无数挫折，始终保持淡然的平常心；他们既是深沉的梦想者，又是行动的实干家。

生命中有太多偶然的岔路口，要相信未来的每一次选择都能成就你们人生旅途别样的风景。请你们在心底为北理工人身上最简单、最浑然天成的那份质朴、认真和坚持保留下位置。当你被现实挤压而感到孤独和无助时，它会帮你打开心灵之窗，带你脱离虚伪和攀附，剥除利欲和浮华。

谈到这里，送给分别前的同学们第三句话：**在这个怀疑的时代，你们需要北理工人坚定质朴的理想！**

同学们，“新三届”是幸运的，也是不可被复制的，但那代人注定会被后人超越。下一个 30 年将会造就怎样一代人？我们今天无法预测结局，因为结局将由你们去谱写。

无论两代人的生活和工作的方式有多么不同，“代沟”宽得如何难以逾越，总有一些难以改变的东西会不断传承下去。同学们每次离家前，父母总要再叮咛几句。每年的毕业典礼上，我也是这样的心态。

让我再给你们最后的嘱托吧：义不容辞的担当、纵横四海的胆魄，还有一份坚定质朴的理想。

漫谈青年学子的成长之路*

同学们好！在进入主题之前，我先询问大家两个问题。

第一个问题：学校为何组织这场数千名本科生与校长面对面的大型活动？

第二个问题：同学们是否开始思考和设计自己的职业生涯，包括继续深造、直接就业和创业？

第一个问题的答案与一位校友有关。几年前，我在杭州机场遇到他，得知他毕业前想找我交流，但因故未能如愿。这让我萌发了要加强与同学们交流的想法。这几年，我虽然通过听课、参加活动、邀请学生代表共进午餐等方式增进与同学们的交流，但每次接触的同学数量很少。因此，我主动提出和 2012 级全体同学见面。

第二个问题的答案在你们心中。今天在座的各位是刚刚升入大三的同学。转眼间，大学生活已经过半，同学们已经对大学有了认识和体会，已经收获了独立生活和学习的一些经验，应该开始思考和谋划自己的未来。

在我的大学生活中，大三是最关键的一年，因为我思考和选择了未来。我是 1977 年恢复高考后的首届大学生，报考物理专业，却被分配到数学专业。庆幸的是，我入学后很快适应了学习，成绩也很好，似乎将以数学为职业了。但大三时，有两件事使我的人生轨迹发生了重要转折：一是聆听著名力学家刘先志先生的报告，了解到国家工业化对力学的需求；二是学校设置力学专业，从数学专业选择一批学生进入力学专业学习。我根据自己的成长经历和学习兴趣，选择转入力学专业。正是由于这个选择，使我后来成长为力学家，从事与国防科技相关的研究，最终来到北京理工大学，和你们相

* 本文系 2014 年 9 月 13 日在北京理工大学“与校长面对面”活动中的演讲。

识了。

今天，我和同学们交流几个大三学生关心的问题。

一、选择与坚守

同学们进入大三后面临越来越多的选择：如何选择主攻的专业方向？修哪些专业课程？读哪些专业书籍？如何选择毕业设计的题目？是否还要参与社团活动？是考研还是就业？是出国还是继续在国内深造？

人的一生几乎都是在选择中度过。此前同学们面临的选择，包括报考哪所大学、哪个专业等，很多都由父母或老师替你们做的决定。而今后的选择，你们将更多独自去面对、独自去决断。我认为，懂得取舍、学会坚守，是一个人心智成熟和人格独立的核心标准。人生的赢家没有几个是赢在起点，而是赢在转折点，赢在生命过程中的一次次选择，赢在选择过后的一次次坚守。关于选择与坚守，我谈三点体会。

(一)理想指引方向

人生就像一盘棋局，通过不断地做出选择向目标前进、与命运博弈。棋手的水平高低往往取决于目光的长短，稚嫩的棋手只看眼前一步棋，普通的棋手能向后揣测两三步棋，而高手则能看清六七步棋的走势。俗话说“人无远虑，必有近忧”，讲的也是这个道理。

经过两年的大学生活，有的同学心智已经逐渐成熟，能够志存高远、谋划未来，但这可能还只是少数；更多的同学并没有什么长远的打算，面对当下的选择只能是没有什么方向性的随意尝试。作为长者，我和你们的父母一样，希望同学们能尽快树立人生目标、找到前进方向，在求学路上、人生路上少走弯路。相信如果同学们心中拥有远大的理想，清楚自己长远的目标，前面提到的那些让人疑惑的选择，就不会显得那么纠结，那么难以决断。

那什么是志存高远呢？我先谈谈我们那代人的看法。我大学毕业时考取1981级硕士研究生，当年全校共招收了19人。1984年硕士毕业后，12位同学选择了出国攻读博士，后定居海外。在改革开放之初，这是一个非常自然的选择。2011 年，我们为纪念入学 30 周年回到母校，其中 11 人专程从海外赶来聚会。我们共同回顾过去，感谢邓小平同志领导的改革开放。

一些定居海外的同学说，他们从在农村插队到考取大学、来到都市，又从都市到了海外，有了稳定的工作和丰厚的收入，但他们如今仍有某种缺失感和孤独感。在温饱、婚姻、住房、子女问题都解决之后感到空虚，因为他们是在洋插队，是在为别人打工。人到中年之后开始体会到，升学、留洋、工作、婚姻、家庭都只是一个个阶段目标，人生的长远目标应该是将个人奋斗同国家振兴紧密相连，用自己的专长来报效祖国。

正像著名生物学家施一公所说，他如果留在美国，可能在学术上更有成就，但年老之后会很痛苦，对祖国有负疚感。他们这么说绝不夸张，而是自己的心愿。近几年，我的海外同学中有多位已陆续回国工作，有的担任国家“千人计划”的特聘专家，有的担任教育部“长江学者奖励计划”的特聘教授。上个月，又有一位同学加盟北汽集团公司。

习近平主席在今年五四青年节时曾勉励当代大学生：“每一代青年人都有属于自己的际遇和机缘，都要在自己所处的时代条件下谋划人生、创造历史。”与改革开放之初相比，当今中国更加强盛，同学们所处的时代比父辈时更加开放。因此，你们的理想应该比父辈更高远。

处在改革浪潮中的中国，区域发展尚不均衡，很多经济欠发达地区的人民生活尚不富裕；经济发达地区面临的经济转型和产业升级的需求十分迫切；教育、医疗等社会治理领域尚有诸多瓶颈亟待突破；整个社会的创新能力距离发达国家还存在不小的差距；很多重大的政治、经济、科技、文化、社会问题还需要几代人的攻关。这些都可以成为同学们一生的追求，成为同学们远大理想的落脚点。

我们必须看到，当今社会正越来越世俗和功利。谈起远大的理想，有些人就会联想到身居高位、家财万贯、众人瞩目；说到志存高远，有些人就会将其等同于掌握巨大权力、拥有傲人财富。不久前，有学者抨击某些著名大学正在培养一些“精致的利己主义者”。面对这样的批评，大学难辞其咎，社会环境负有责任，大学生群体本身同样需要自我反省。作为北京理工大学的校长，我希望同学们勾画心目中的理想时，不仅仅是考虑自己的得失。

一个人如何远离功利？如何超越世俗？这取决于所接收的教育和磨炼。大家都在基础教育学院学习和生活过，不知道你们是否关注过基础教育学院的英文名称“School of Liberal Arts”。此处，“Liberal Arts”并非是基础教育，而是博雅教育，是指培养具有广博知识和优雅气质的人，让学生摆脱庸俗、走向卓越。我们希望北理工所成就的，不是没有灵魂的专家，而是有文化素养的人；我们希望同学们在掌握专业知识的同时，要深入思考国家、社会、人生的一些宏大命题，以此来培养大家长远的眼光，免遭利欲浮华的侵害。

正因为如此，学校在基础学院阶段安排了哲学、思想品德等人文课程。可惜很多同学轻视这些课程，没有下气力去深入理解和掌握。这不仅是工科、理科专业同学的普遍倾向，甚至连文科专业的同学，也轻视哲学、文学、历史，更青睐法学、经济学、管理学。

事实上，越是培养精英，越需要人文教育。越是精英大学，人文香火就越盛。例如，耶鲁大学在过去的 25 年中，最热门的专业一直是历史，该专业本科生占全校本科生的 13%~15%。哈佛大学排前四名的热门专业是社会科学(占比 48%)、生物学(占比 10%)、英语文学(占比 8%)、心理学(占比 7%)。由此可见，这些精英大学的热门专业都与“人”密切相关。现阶段，我国精英大学中的热门专业都与“物”和“财”密切相关，诸如车辆、信息、金融、财会等。在许多综合性大学，历史系被改为历史与旅游系，中文系被改为中文与新闻系。这也反映出中国尚处于社会主义初级阶段。

精英大学培养的是未来的领导者。作为领导者，要把握大方向，其思维和训练必须宏观。精英大学的育人目标是，发现自己，认识世界，反省人类最基本的价值。以人文教育为例：它引导学生专心研读伟大的历史著作、文学著作，学会专注于大的理念，而不被琐碎的细节所支配；它引导你如何阅读，如何思考，如何分析，如何进行有说服力的阐述。因此，希望同学们重视哲学、文学、史学，希望大家能专心阅读这方面的经典著作，深入思考人生的大问题。

现在，我们回到如何从远大理想到做出短期选择这个话题上来。举一个例子，如果你志在科技报国，那么你首先需要用战略的眼光、发展的眼光从长远来考察自己想要从事的学科专业，全面了解其发展态势。所谓态，是指其发展状态，包括在整个科学技术中所处地位、成熟程度等。所谓势，是指其发展趋势，包括未来的前沿探索方向是什么、需要解决的重大难题是什么、与其他领域可能产生的交叉与融合是什么。你们可能会为问，大三学生如何搞懂这些前沿问题。我告诉大家一句马克思的名言："一种科学，只有在其成功运用数学时，才算达到了真正完善的地步。"例如，生命科学、社会科学的成熟度，要远远低于物质科学、工程科学、信息科学。从这个角度看，那些尚没有数学模型的学科、依靠经验和统计数据建立数学模型的学科应该引起同学们的关注。

有了对学科态势的把握，再去做选择就会胸有成竹、有的放矢。当然，在做出选择时，还需要冷静客观地分析自己，结合自己的兴趣和能力来下决心。做出选择之后，同学们就要为实现自己的远大目标去打好理论基础、培养实践能力，包括选择有挑战性的理论课程、前瞻性的专业课程等，而不是为获取学分而去选择相对容易的课程。

谈到这里，希望同学们记住关于选择与坚守的第一定律：理想指引方向。远期目标越崇高、越清晰，做出的短期选择就会越坚定、越果敢。

（二）态度决定一切

几乎所有拥有生活阅历的人都会告诉年轻的同学们：人生面临的选择很多时候是无奈的，摆在你面前的选项中时常没有你心目中的最优项。事实的确如此，世界上可供人类分享和选择的各种资源毕竟有限，没有一个人会事事如意。况且，让一个人无奈的选择也许是另一个人遥不可及的选择。比如同学们现在身处"象牙塔"内，即使两年后所面临的就业选项可能不太合心意，但却是更多没有进入重点大学甚至没有进入大学的年轻人所羡慕的选择。

当一个人面对无可奈何的选择时，态度影响着心态好坏，而且能决定未来你面临的选项。当我接到大学录取通知书时，看到不是自己所心仪的物理专业，曾经萌发放弃的想法。作为大学教师的母亲自然看得比我远，建议我不要放弃。我抱着试试看的想法进入数学专业学习，并很快被同学们的学习热情所感染，一头扎进了数学之中，后来甚至迷上了像“实变函数论”和“泛函分析”这样的纯数学课程。几年后，当我转入力学专业时，既打下了非常坚实的数学基础，又培养了严谨的逻辑思维。这使我在此后几十年的学术生涯中受益匪浅，使我能从容面对一次次科学研究的选题，一次次取得成功。现在来看，如果我直接被录取到力学专业，肯定不会下如此大气力学习数学，不会有扎实的数学功底。

两年前，在同学们入校后的开学典礼上，我曾经送给大家三句话：一是德以明理、学以精工；二是宁静致远、自强不息；三是勇于质疑、敢于创新。在说第二句话时，我谈道：时光匆匆像流水而过，如果入学后仍陶醉在高考成功后的欢庆中、娱乐中、休闲中、浮躁中，没有目标和方向，没有拼搏和汗水，激情会变成惆怅，自信会变成自嘲。与绝大多数的同龄人相比，你们获得了接受优质高等教育的难得机遇，应该宁静致远，潜心修行，立志成为国家栋梁。做栋梁之材首先要自强不息，要从努力学习做起，永不自满，永不松懈，永不气馁。我还给同学们列举了本校哈萨克族学生吴拉尔斯·哈列汉的故事，讲述了他如何从零起点开始学习英语，到大学二年级通过英语四级考试，再到经过不懈努力被保送攻读研究生。

两年过去了，有的同学珍惜大学时光，努力学习，成绩优良；有的同学却荒废光阴，懒惰成性，成绩自然不佳。清晨，前一类同学选择按时上课，后一类同学也许会选择睡个懒觉。晚上，前一类同学选择加班自习、博览群书，后一类同学可能已经回到宿舍开始了游戏时光。概括地说，前一类同学选择用汗水浇注自己的青春，而后一类同学却选择放纵自我。

尽管我很不情愿看到你们被成绩这样分类，但现在摆在你们面前的选择的确已经不尽相同。前一类同学在思考去哪里继续深造，后一类同学却已经开始发愁如何毕业。如果再不做出改变，时间会无情剥夺你两年之后再次选择的权利，这是再浅显不过的道理。

同学们熟知的“苹果教父”乔布斯有句名言：“你无法预先把未来的点滴串联；只有在经历后，你才明白那些点滴是如何串在一起的。”所以大家要相信，眼前经历的种种，都会串联成你的未来。

谈到这里，希望同学们记住关于选择与坚守的第二定律：态度决定一切。你越是努力，未来的选择越开放、越多样；你越是沉沦，未来的选择越封闭、越无奈。

(三)坚守铸就成功

同学们做出选择之后都要付诸实践。实践是检验真理的唯一标准，也是检验选择是否正确的唯一标准。大家在实践中必然会经历挫折，几乎不可能一帆风顺。这要求大家在选择过后保持坚守，在面对困境时用韧劲坚守，在面对诱惑时用信念坚守。命运的强者无一例外都在自始至终执着地追逐着最初的梦想。他们的成功无一例外都来自经历过挫败之后不断完善的自我和不断强大的内心。

最近，中央人民广播电台《经济之声》在节目间歇穿插播放一些篇幅很短却极富感染力的励志故事，其中不乏执着追梦、坚守理想、终成正果的动人事例，并且都是同学们耳熟能详的人物。今天我与同学们分享一二。

第一个故事的主角叫科比·布莱恩特(K. B. Bryant)，NBA 现役得分最多的球员。他 5 次夺得总冠军，两夺奥运金牌，曾在一场比赛中得到 81 分。记者问他为何能做到这一切，他反问道：“你知道洛杉矶凌晨四点的样子吗?我知道。因为我会在那个时候出发，去球馆训练，这是我在洛杉矶的每一天。”

第二个故事的主角是农民的儿子，小学五年级被迫辍学在家放牛。他热爱写作，参军后，偷偷创作的剧本被所有的出版社退回，最后扔进了火盆里。但他没有放弃，依然四处投稿，开始是为了证明自己，后来则是为了坚守良知。2012 年，他从瑞典国王的手中接过了诺贝尔文学奖证书，他就是莫言。他说：“哪怕只剩一个读者，我也要坚持我的风格。”

北京理工大学办学 70 多年来，师生中同样不乏类似的事例。在此，我向同学们介绍两位。一位是前辈学者陈肖南先生，另一位是当代的“大漠牧星人”张宁校友。

学校的机械工程学科创始人陈肖南先生，出身名门，其父是清末秀才，民国时期任国会议员。陈先生1949年3月毕业于美国普渡大学，获科学硕士学位。此后他在美国水压机公司、挖掘机公司任工程师。新中国成立后，他怀着学术报国的理想，克服美国政府的阻挠，几经周折，绕道我国香港地区返回祖国。来校工作后，他与其他教师一起创立机械工程专业，并在液压传动、机械振动、随动系统三方面取得突出成就，成为我国首批博士生导师，为学校的人才培养、科学研究、学科和专业建设做出重要贡献。1985年3月去世前，他把个人收藏的64件价值数万元的文物捐献给国家。他为祖国科教事业付出了自己的全部，为自己心中的理想坚守到了最后。

张宁是学校1994届本科毕业生，现任解放军某基地卫星地面测控站主任，全军优秀指挥军官。20年前，本科生毕业留京工作的机会非常之多，但他却选择去了祖国西北边陲。20年间，他多次谢绝返城工作的机会，选择扎根基层。20年中，发射卫星、测控神舟、保障北斗，他精心完成每一次航天任务。就在前不久，他还与战友们忙碌着为搜寻马航370提供导航定位。他虽身处边疆，却始终将自己的事业与祖国的发展紧紧相连。这20年坚守基层的经历，使他失去了常人眼中多彩的青春、安逸的生活、傲人的财富；他得到的，除了闪亮的军功章、社会和媒体的关注，更重要的是内心的满足和踏实。

谈到这里，希望同学们记住关于选择与坚守的第三定律：坚守铸就成功。选择过后的坚守是成功所必需的，左顾右盼、朝三暮四必定难成大器，不忘初心、方得始终。

二、做人与做事

对于大多数同学来说，上大学是你们第一次离开父母，长期独自生活。在大学里，你们的主业依然是学习，但要开始兼顾处理人际关系，开始学习如何待人接物。很快，你们将真正踏入社会，做人和做事就会成为你们共同的主业，并伴随你们走过一生。

做人与做事这个话题很艰深，因为每个人的品格不尽相同、个性千差万别，很难用统一的标准去衡量。网络上有不少“心灵鸡汤”，试图从如何成功的角度探讨这个话题。有的说“三分做事，七分做人”，有的说“低调做人，高调做事”，有的则说“做人如水，做事如山”，讲的都有道理。今天，我想和同学们谈谈关于做人与做事的三点体会。

（一）做事先做人，立业先立德

所谓做人，就是要成为一个社会认可的人。这包括拥有良好素质和修养，能处理好与他人的关系，赢得他人的信任和尊重等。所谓做事，就是处理人与物的关系，使“自在之物”变成“为我之物”，从而实现人的利益。做人是做事的前提条件与基础，做事是做人的意义和价值所在。两者密不可分，不可偏废。但在权重上，应以做人为先、为重。

为什么说做人是做事的前提条件与基础？我以学者治学为例来谈谈这个问题。

在当今学术界，不乏极具天赋和能力的年轻人，但他们未必能取得成功，甚至会中途夭折。例如，我认识的一位青年学者，在学术上非常活跃，工作也异常勤奋，同时担任两份国际期刊的主编。他获得博士学位后，在短短 10 年中发表了 200 多篇论文。在某些年份，他平均每周发表 1 篇论文。10 年中，他的论文已被引用 4 252 次。他被国际著名的汤森路透（Thomson Reuters）授予“首届科学前沿中国卓越研究奖”，被誉为学术界的一颗新星。但人们检索后发现，他这 4 252 次引用中有 3 491 次属于自引，自引率高达 82%。而在另外 761 次他人引用中，有相当一部分发表在他任主编的两个期刊上。不久，美国工业与应用数学主编在期刊上撰文指出，由该青年学者作为主编的期刊与某中东学者主编的期刊之间结盟，相互引用对方论文，人为提高引用率。因此，这位青年学者在学术界的口碑立即一落千丈。大家都怀疑他的学术诚信，怀疑他的学术产出质量。

初看这个例子，大家会认为这位学者有些急功近利而已，但若仔细思考，这反映了一名学者做学问的目的。从深层看，这反映了一名学者的世界观和价值观，反映了学者的人品。在日常工作和生活中，人们考察某人的人品，首先关注他是否诚信、是否踏实。此外，人们还关注他能否处理好个人与他人的关系，因为当代科学和技术研究往往是团队工作，而团队的凝聚力取决于团队成员的人品。这些都是对一个人世界观和价值观的考察。作为一名学者，必须具有唯物主义的世界观，才能正确地认识世界和改造世界；必须具有弘扬科学精神的价值观，才能抵御各种诱惑，静下心来治学；必须具有集体主义观念，才能与团队成员合作默契，共同取胜。

历史上，还有些学者凭借自己的才华和努力，取得了学术界公认的成就，为人类文明做出了突出贡献。但由于在做人方面存在失误而饱受争议，形成了毁誉参半的人生。

德国著名哲学家海德格尔(M. Heidegger)是存在主义哲学的创始人和主要代表之一，其哲学思想影响深远。但在第二次世界大战期间，他同时又是迫害犹太人的积极“人物”之一。在德国纳粹法西斯专政期间，德国大学教师被解雇受迫害达2 800人，而海德格尔却带领960名教授公开宣誓支持希特勒政权，迫害犹太籍师生。据说，他甚至连自己的导师——著名哲学家、现象学派创始人胡塞尔(E. G. A. Husserl)也没有放过。第二次世界大战结束后，他受到审查并被禁止授课多年，避居在家乡黑森林的山间小屋，失去了治学和育人的机会。

下面，我再谈谈为何做事是做人的意义和价值所在?

刚才提到的存在主义哲学认为“存在先于本质”。这个哲学概念有些抽象，但如果把它变成一个大家熟悉的网络热词——“存在感”，大家或许就不陌生了。事实上，我们每个人都在追求“存在感”，使自己的存在有意义。每个人都不可能脱离不断发展变化的世界而孤立存在。因此，做事是做人的载体，做人要融入做事之中。

把这个话题讲得再具象些，就是每个人都肩负一定的社会责任，而履行社会责任的具体方式就是做事。不同的人会做出不一样的事，从而体现自身不同的能力和价值。作为接受过高等教育的大学生，作为社会未来的知识分子，同学们理应承担更多的责任，为国家和社会做更多的事。

正因为如此，学校在 2010 年制定了校训——德以明理、学以精工。德以明理，是指道德高尚，达到以探索客观真理作为己任之境界；学以精工，是指治学严谨，实现以掌握精深学术造福人类之理想。从学校角度看，这一校训既是建校 70 年来学校几代师生员工崇德尚行、学术报国的真实写照，又是新的历史时期全校师生员工共同努力的方向。从个人角度看，这一校训揭示了做人与做事、立德与立业的先后关系。

（二）做人讲涵养，要修身养性

中国传统文化包含许多具有普遍意义的思想，其中不乏做人的真谛。例如，传统文化强调群体与个体相统一，要求君子“义以为上”和“见利思义”，要求把个人的小生命融入群体的大生命，先义后利，先公后私。再如，强调做人要推己及人，与人为善，指出人与人相处的基本原则就是“己欲立而立人，己欲达而达人”和“己所不欲，勿施于人”等。这些为人处世的哲理已被传承了几千年，时至今日依旧对社会和谐大有裨益，值得同学们仔细研读、用心体会。人在不同的年龄阶段心态不同、境界不同，我希望同学们在自己 20 多岁的阶段重点关注做人涵养的问题。

我下面要谈的体会取自上周在 2014 级本科生开学典礼讲话，因为这也适用于你们。

儒家经典著作《大学》将中国知识分子的报国之道归纳为八个条目：格物、致知、诚意、正心、修身、齐家、治国、平天下。在“修身”之前的四个条目，强调人的内在德智修养；在“修身”之后的三个条目，则阐述人的外在事业完成。因此，“修身”既是“格物、致知、诚意、正心”的落脚点，又是“齐家、治国、平天下”的始发点。大学生活，恰恰是同学们通过探寻客观真理，树立正确的价值观念，从而塑造良好修养最宝贵的一段时光。

同学们身处多元一体、开放共融的世界，形形色色的流行文化在给大学校园带来活力的同时，也影响着你们的思想观念和行为举止。但我想，不论潮流如何瞬息万变，环境如何日新月异，大学生都应该是一个注重个人修为、追求谦谦风度的文化群体。

人们常说，“言为心声，行为心表”。礼仪修养实际上是道德水平的外化形式。所谓“君子坦荡荡，小人长戚戚”，一个人思想进步、道德高尚，自然会表现得谦虚礼让、心胸宽广，能够包容别人；一个人不学无术、荣辱不分，自然会表现得傲慢无礼、心胸狭窄，做人斤斤计较。大学生不仅要具备较高的科学文化知识，还要注重自身礼仪道德的修养，做一个知礼、守礼、行礼的坦荡君子，在举手投足间展现中华民族传统文化的优雅大度。

令人遗憾的是，当今大学生的公民素养与受教育程度并不匹配。在我们的校园中，有不少现象与大学生“知书达理”的形象背道而驰，影响恶劣。例如，有人缺乏基本文化素养，穿着暴露、粗话连篇，沉溺网络、举止低俗，甚至穿着短裤、拖鞋参加毕业典礼和学位授予仪式。又如，有人缺乏基本社会公德，在公共场所大声喧哗、随地吐痰、乱弃废物、污染环境，甚至在图书馆、教室的雪白墙面上留下脚印。再如，有人缺乏基本法治观念，考试作弊、剽窃论文、破坏公物、偷盗财物，甚至将学校图书馆的珍贵图书扔出窗外，然后据为己有。今天，我严肃地向同学们提出要求，希望你们一定要坚决摒弃和大力抨击这些不良行为。

希望同学们在紧张学习之余，通过鉴赏高雅文学艺术培养恬美的心境，通过学习法律、校纪规范自己的行为，坚持知礼行礼、严格自律，塑造自己良好的修养，培养自己坦荡的胸怀。

（三）做事讲科学，要实事求是

要学会做事，就要懂得和理解做事的原则。仅凭一腔热情，未必能做好事、做成事，甚至很可能会做错事、做败事。那么做事的原则是什么呢？我想大家可以列举许多条，但本质上都离不开科学二字。

在我的理解中，科学既包括反映现实世界客观规律的知识体系，还包括人类在探索科学中形成的科学精神。前者是推动人类社会发展进步的强大物理力量，后者则是人类在科学实践活动中形成的共同信念、价值标准和行为规范。因此，做事讲科学，一是指要按科学规律去做事，二是指要在科学精神引导下去做事。对于第一条，大家肯定深有体会。我曾见过有人试图速成学习英语，每天记忆 200 个单词、一个月记忆 6 000 个单词。这在本质上违背记忆规律，结果是速记速忘，受到科学规律的惩罚。我今天着重谈谈尚不为大家所重视的第二条。

首先谈谈科学精神。科学首先是作为文化而存在的。人在自然中生存，人解释自然，为自然寻找秩序，为自己制定行为规范，形成了文化。科学是从文化中一步步生长出来的，科学精神则蕴于科学的形成过程之中。出身于文化的科学与人们的心灵相关，科学精神则是人们在自然中生存，解释自然，为自然寻找秩序，为自己制定行为规范的重要依据。从科学的萌芽时代起，科学精神就与科学相伴，体现出求真理、求统一、求简洁、求和谐等基本特征。

例如，在科学发展的早期，实验观察手段、记录手段、分析手段都很原始，科学研究中的正确思维方式、执着追求就显得至关重要。至今，人们仍能从阿基米德发现浮力定律、哥白尼提出日心说、伽利略发现自由落体运动规律、爱因斯坦提出相对论的过程中感受到先贤们探求真理的科学精神，尤其是勇气和执着。

然而，随着科学对技术的促进，科学与技术结为一体，被人们统称为科技。今天，技术已被具体为汽车、飞机、电视机、计算机、手机等工业产品。一谈到科学，人们就想到技术，想到工业产品。仿佛发展科学就是为了获得更高的技术，生产更新的产品。科学成了技术的手段。

更不幸的是，今天大多数人并不关心什么是科学，更不关心什么是科学精神。许多大学生、甚至所谓学者也把科学和科学精神视为身外之物，仅仅把学习科学知识当作掌握谋生手段的需要，而不是人生目标。在学习和工作中，很多人意识中也丝毫没有科学精神，急功近利，追求回报，滥竽充数。甚至学术行为不端，以抄袭和剽窃手段坑蒙拐骗。

两年前，学校机电学院两名博士生抄袭一位芬兰学者论文中的方法，加上自己的算例，投稿到国际学术会议上。经芬兰学者举报，学校严肃查处了这起学术不端行为，取消了第一责任者攻读博士学位的资格，给予第二责任者纪律处分。同学们进入高年级后，会进入实验室从事研究，也会深度参与课外科技制作。希望你们务必求真务实，自觉抵制一切学术不端。

我们说在科学精神引导下去做事，不仅要从这样的反面案例中吸取教训、恪守学术道德，而且要学习先贤们探求真理的科学精神，实事求是，自主创新。

科学精神不可能靠听几次讲座就培养出来，而是在学习真理和探求真理的实践中逐渐形成。建议大家从所学习的课程中梳理知识体系形成的历史和一些关键突破的过程；建议大家回顾和体会前辈如何发现真理和趋近真理的过程。从前人和自己探求真理的过程中，去深刻地理解什么是科学精神，并将它运用到之后的探索和实践过程中去。

在这方面，老院长徐特立就是我们学习的榜样。在良乡校区徐特立图书馆前的学风石上，篆刻着徐特立老院长题写的“实事求是，不自以为是”。前半句的“实事求是”正是科学精神的基本内容，是做事最根本的客观要求；后半句的“不自以为是”则指出了在做事过程中应当杜绝的主观错误。徐老始终强调这一观点，这句话作为北京理工大学的学风也影响了一代又一代的青年学子。

1942 年 4 月 1 日，徐特立在担任学校前身——自然科学院的院长期间，组织开展了为期 9 个月的教育方针大讨论，并在《解放日报》上发表了《再论我们怎样学习》一文。他说：我们自以为知，自以为能，就会阻碍我们进一步学习，进一步检查自己的错误和缺点，就会拒绝他人的批评，就会忽视他人的一切科学的优点。他的分析严肃认真，更是以身作则加以诫勉。同年 12 月 3 日，徐特立在西北高级干部会议上当着全体干部的面，以“讲一讲我的错误观点”为题，解剖了自己的“自以为是”问题。

1949 年 10 月 21 日，徐老在为《河北教育》创刊号题词时，写下了“实事求是，不自以为是”。他在附言中说：“党的学风应该是实事求是；学校的学风和办教育刊物的作风，也应该实事求是”。他又说：“实事求是一语说起来十分简单，做起来难于登天。尤其是有学问的知识分子，卖学问，卖知识，常常不问市场情况，一切从主观出发，不易接受批评，又缺乏反省(即缺乏自我批评)……这就是‘自以为是’”。他指出：“在年高、位高、学高、功高的四种‘高人’面前，‘自以为是’四个字，就是第一等的障碍物，首先就阻碍了自己的前进(即阻碍着‘实事求是’)，不接受他人的批评，不愿意暴露自己的缺点和错误，主要是害怕丢脸——以被人批评，被人指责为耻辱，反不以‘自以为是’为耻辱。”

1953 年 4 月 16 日，徐特立给《新观察》编辑部写了一篇短文，他在短文中说：“自以为是，是思想生命的一个病态。生命是不断地新陈代谢。自以为是者，他保存旧有的东西不加自我批评，旧的物质不排泄，就无法吸收新东西，就是思想的生命断绝。如果他是一个老头，他将就木，危害社会还不大，就可让他顽固；而年轻人，前途远大，成熟过早，目中无人，不独危害自己，同时更会危害社会。”

引述徐老在 60 多年前的这些警句，是希望同学们领悟，要做成事就肯定会经历失败和挫折，就肯定会面对质疑和批评，对此要有充分的思想准备。希望大家牢记“实践是检验真理的唯一标准”，勇于思考，勇于探索，勇于实践，实事求是的总结经验和教训，通过实践的反馈不断调整自己的人生目标和计划。

论研究生导师队伍建设*

近年来，国家和社会都日益重视研究生培养质量。目前，教育部主要通过两种方式检验研究生培养单位的教育水平和质量：一是通过全国优秀博士学位论文评选，检验拔尖创新人才培养水平；二是通过抽检博士学位论文，对研究生培养单位进行合格评估和质量监控。

自 2010 年起，教育部每年直接从国家图书馆调取 15% 的博士学位论文、5% 的硕士学位论文进行抽检。2014 年，教育部颁布《博士硕士学位论文抽检办法》，进一步明确了研究生学位论文抽检要求。教育部还专门建立了“全国学位与研究生教育质量信息平台”，公布各学位授予单位“存在问题学位论文”的篇数和比例，并对“存在问题学位论文”比例较高的学位授予单位主要领导进行质量约谈。

一、学校研究生教育工作概述

（一）研究生培养质量的制度保障

近年来，为了保证和提高研究生培养质量，学校相继出台了一系列研究生教育的激励和约束政策。

2012 年，学校颁布《北京理工大学博士、硕士学位申请者发表学术论文的规定》，提高研究生申请学位前发表论文的档次要求，降低发表论文数量的要求，提高对论文质量的要求。

2013 年，学校颁布《北京理工大学博士生导师资格评定、上岗备案和注

* 本文系 2014 年 12 月 5 日在北京理工大学研究生导师培训工作会议上的讲话节选。

册工作实施办法》，实施博士生导师资格与上岗招生分离，建立博士生导师上岗动态管理制度；上岗条件依据博士生导师整体水平和学校人才培养规划动态设定，重点关注博士生导师近四年培养博士生的质量、科研项目、学术产出等几方面；通过导师申请、定期注册、质量反馈等改革措施，逐渐淘汰一批无研究成果、无科研项目、无研究经费的导师，促进导师队伍整体水平的加强和提升。

2014 年，学校颁布《北京理工大学博士生招生改革办法》，建立以培养条件和培养质量为基础的博士生招生规模分类动态调整机制；将博士生选拔分为本科直博、硕博贯通、公开招考、校内联合交叉培养和 2011 协同创新专项计划等四类；建立博士生培养质量对招生计划分配的反馈机制，将导师对研究生的资助情况、博士生中期考核情况、学位论文质量评价情况、博士生毕业情况、学术道德失范情况纳入质量反馈系统；对问题严重的导师，减少招生名额或停止招生。

（二）研究生培养质量的因素分析

研究生教育是一个复杂的系统工程，要有优质的输出，必须有优质的输入和优质的培养过程。从输入看，北京理工大学生源质量在全国 53 所设立研究生院的大学中属于上乘，优于工业和信息化部所属的大部分高校。但从全国优秀博士学位论文的产出数量看，学校研究生教育质量与国内一流大学尚有明显差距。因此，我们需要从系统特性上找原因，从支配系统行为的研究生教育规律上找原因。

考察优秀研究生学位论文的培育过程，它一般具有如下特征：一是研究生要具有强烈的事业心和责任感，学术基础好，勇于探索；二是导师的学术水平高，为研究生确定的研究选题恰当，既富有挑战性，又可望在 2 ~ 3 年内取得重要进展；三是导师精心指导，师生良性互动，相互激发灵感；四是导师的团队具有良好研究条件和学术氛围，使得研究生能够潜心研究，心无旁骛。

这些特征体现了研究生教育的规律，是培养优秀博士、优秀硕士的充分条件；而在这些充分条件中，导师占有主导作用。因此，提高导师队伍的整体质量，是提高研究生教育质量的关键。对导师进行培训，则是研究生导师队伍建设的基础性工作。

二、对研究生导师队伍建设的意见

在研究生教育中，导师如何发挥主导和第一责任人的作用，是影响研究生培养质量的关键因素。在研究生自入学起到毕业的全过程中，导师应该针对研究生不同的个性特征、制定适合的培养方案，并因材施教、科学指导，进行以“身教”为主的育人教育，才能达到高质量人才培养的目标要求。我曾多次强调研究生导师的重要作用，并指出：在理解和把握研究生的培养质量标准方面，导师是第一责任人；在指导研究生系统创新、实践应用方面，导师是第一责任人；在研究生的科学探索精神和学术道德建设方面，导师是第一责任人。

（一）仁爱为师、立德树人

北京理工大学的校训是“德以明理、学以精工”。德以明理，是指道德高尚，达到以探索客观真理作为己任之境界。全校师生要达到这样的境界，研究生导师必须率先垂范，树立高尚师德。人们把高尚师德归纳为“师爱为魂，学高为师，德高为范”。2014 年教师节，习近平总书记在同北京师范大学师生代表座谈时指出：“一个优秀的老师应该是‘人师’和‘经师’的统一。好老师应该取法乎上、见贤思齐，不断提高道德修养，提升人格品质，并把正确的道德观传授给学生”。

第一，关爱研究生是导师的基本素养。

在研究生教育中，我们首先强调导师与研究生之间的师生关系。导师作为师长，应该对研究生全面关心和爱护，肩负起指导和育人的责任。其次，导师与研究生之间还具有合作关系，一起研讨、一起畅想、一起攻关、一起成功。导师的一言一行、一举一动对学生的思想和行为产生最直接的、潜移

养。好的导师应具有创造性的思维方法、创造性工作的经验。研究生导师既要敬业，更应精业。起点决定高度，研究生一般是在导师提供的平台和工作基础上实现创新的，导师的工作基础往往决定着学生的品质。道理很简单：想要攀登珠峰，只能把大本营扎在珠峰脚下。导师指导研究生的第一步，就是要把研究生特别是博士生带到与世界先进水平的研究基础上。这就要求导师要具备在某个领域从事高层次研究的经历和体会。设想一下，如果研究工作只是从跟进某个期刊上的学术论文入手，即使能做好，也只能发表在更普通的期刊上。因此，导师们要不断学习，深入思考，把握世界科技前沿、国家重大战略需求，亲自登上“青藏高原”，再指导研究生“共攀珠峰”。

依据我的经验，做到这点很难。1997 年初，我刚年满 40 岁，正在指导第一届博士生时，被任命为校长助理，几个月后又担任副校长。著名力学家钱伟长先生对我说，你在学术上没啥作为了。我当时并不服气，但事实上的确如此。我担任校领导后忙于行政管理工作，在学术上退居二线，再也无法聚精会神地思考重大学术问题，与研究生“共攀珠峰”。

目前许多青年导师过早退居科研二线，完全靠研究生在第一线从事研究。长此以往，肯定会逐步失去学术敏感性，失去对学科前沿方向的判断力和对博士生的指导力，也将失去自己在学术上的可持续发展力。我希望，青年导师们对这个问题要有所警惕，做出自己的正确选择。

学校将创造条件，通过多种途径为研究生导师特别是青年导师提供出国进修、交流的机会，落实“教师学术休假制度”，帮助导师们拓宽学术视野，提升指导能力。

第二，高瞻远瞩，拓展学术工作战略思维。

研究生教育是知识面宽、难度大、周期长的工作。为了培养优秀的研究生，尤其是优秀的博士生，导师必须在制定培养计划、选择研究课题、安排课程学习等决策中面向现代化、面向世界、面向未来。最重要的是，导师要坚定不移地围绕国家重大需求，在世界科学技术的前沿领域为研究生选择或确定有难度、能创新的课题，让他们进行开拓和创新。

要做到这一点，导师犹如带兵打仗的将军，需要在学术上具有战略思维。所谓战略，是指在对抗性活动中进行的全局性、长远性谋略，并且具有明确目标和途径。至于在学术上具有战略思维，就是指导师要有既宽又远的学术视野，还要有务实谋划能力。具体地说，导师要善于从大范围视角去审视所在学科和相关学科的关联发展，确定有重要意义的前沿和交叉领域；要善于从长时间尺度去把握所在学科的发展态势，确定有发展前景的研究方向；要善于制定可行的研究目标和研究方案，引导研究生逐步从黑暗走向光明。

在学校老一辈研究生导师中，有王越院士、马宝华教授等一批具有良好哲学修养和深刻战略思维的优秀学者。他们不仅能把握所在学科的最新发展动向，还密切关注相关学科的发展态势，尤其是自觉地学习和掌握自然辩证法、系统科学等战略思维工具。我经常建议青年学者研读毛主席的哲学名著《矛盾论》和《实践论》，因为这有助于大家把握正确的研究思路。对于从事工程研究为主的研究生导师，建议大家认真研读由中国工程院院士殷瑞钰先生所著的《工程哲学》。

第三，精诚合作，打造优质团队合作平台。

研究生教育是一个开放的系统，培养优秀博士、硕士，必须依靠团队和合作。目前，不少研究生导师乐于坐井观天、孤军作战，带几个研究生组成一切自己说了算的“小作坊”。这样的培养模式具有很大的局限性，既不利于研究生的学术成长，也制约着导师的学术水平提高。当代科学技术的发展日趋综合，新兴交叉学科不断涌现。几乎所有的学者都感叹，自己的理论基础不够宽厚，知识结构不尽合理。排解这一困难的有效举措是不同领域的学者、团队之间开展精诚合作，实现优势互补。对于多学科交叉领域的研究，这样的合作则更不可缺。科学技术发展史上无数成功范例说明“他山之石，可以攻玉”。学校第一篇全国优秀博士学位论文就是由化工学科的朱鹤孙教授、物理学科的邢修三教授联合指导完成的。在我指导的三篇全国优秀博士学位论文中，有两篇是和其他教授联合指导的。

研究生导师应该有建设学术团队的强烈意识，有开展学术合作的宽广胸怀，主动与其他教师相联合，组成研究生指导小组或稳定的学术团队，直至与校外、海外的优秀学者开展合作研究。作为研究生导师，还要在与国内外同行交流和比较中找准自己的学科定位，确定学科发展的生长点，通过请进来、走出去的方式，广泛深入地开展国际交流合作，积极开展实质性的学术合作和交流，从学科层面加速办学国际化进程。

（三）遵循规律，规范培养

研究生导师必须系统、全面、深入地学习和了解国家对研究生教育的各项法规以及学校的各项政策，熟悉研究生各个培养环节之间的联系以及相应的工作流程，进而按章办事，使研究生培养成为既个性化又规范化的过程。如果说导师的师德和学术水平决定了研究生培养质量的起点，导师的规范、严格要求则决定着研究生培养质量的增幅。

在规范研究生培养过程方面，研究生院应当以人为本，加强服务、协调和管理。目前，学校的研究生教育管理信息系统已经建成，这为实现研究生院、各专业学院、研究生导师以及研究生之间的一体化管理创造了条件，也为研究生培养各环节间的交互奠定了基础。当然，该系统还存在若干问题和有待完善之处，请各位导师在熟悉和使用过程中，不断提出改进意见，使学校的研究生教育管理不断进步。

前事垂今、先贤励后*

——沉痛悼念徐更光院士

2015 年 1 月 7 日，我国爆炸科学与技术领域的开拓者徐更光院士离开了我们。噩耗传来之时，我正出席重要会议，脑中顿时一片空白，心情久久不能平复。几天来，徐老的音容笑貌不时闪现在脑海中，给我带来深沉的回忆。

2007 年 8 月，我调任北京理工大学校长。来校第一周，我到徐老的办公室去拜访他。徐老虽已白发苍苍，但精神矍铄，谈锋颇健。从那时起，徐老特有的风格和魅力就深深铭刻在我的心中。回忆起与徐老的交往，犹恍如昨日。追忆往昔，幽思长存，徐老一生执着追求、淡泊名利，为我们树立了光辉的榜样。

一、一生探索创新，天工人巧日争新

徐老的一生，是探索未知的一生、是开拓创新的一生。在长达 60 多年的学术生涯中，他一直坚持走创新之路，通过创新解决难题，完成了多项富有创造性的研究，引领了我国爆炸科学与技术的发展。他领衔研制的多种炸药其综合性能达到国际先进水平，尤其是海萨尔炸药被广泛应用于我军各个兵种的多种弹药，显著提升了武器的作战效益。他因此而多次荣获国家科学技术奖励，在学校历史上首次作为第一完成人获得国家科技进步奖一等奖。在我国爆炸科学与技术研究领域，徐老堪称一代宗师、学界泰斗。

难能可贵的是，徐老在年逾古稀之年，依然对学术创新充满激情。2007

---

* 本文刊于：北京理工大学报，2015-01-12。

年 12 月，我当选院士后不久遇到徐老。他热情地拉着我的手向我祝贺，接着就勉励我要继续攀登科学技术高峰，并且建议我从事爆炸力学方面的研究。我说自己已过中年，忙于学校管理工作，很难再启动新的科学研究，更不可能有大的作为。他笑着说，我都快 80 岁了还在思考新问题，你那么年轻，可不能守旧啊。

几个月后我们相遇，徐老再次建议我从事与爆炸相关的力学研究。他说，爆炸既是十分重要的工程问题，也是非常重要的科学问题。你擅长动力学方面的基础研究，应该关注爆炸所涉及的科学问题，包括宇宙起源等重大科学问题。此后，他又多次建议我关注炸药能量输出结构与目标动力学响应研究。

在徐老的一次次鼓励和督促下，我开始学习兵器科学与技术方面的知识，然后组织校内从事爆炸力学、固体力学、计算力学、材料学等领域的十几位中青年学者，从波的传播和控制角度研究复杂介质/结构的动态力学行为。2012 年，我们成功获得国家自然科学基金创新研究群体项目资助，探索几个学科间的交叉融合、协同创新。经过近几年的努力，群体的研究成效逐步显现。这让我们深切感怀徐老的敏锐科学眼光和创新意识。

二、一生求真务实，君子强学而力行

徐老的一生，是追求真理的一生、是求实奋进的一生。他一贯倡导和坚持理论联系实际，致力于解决我国武器装备发展中提出的爆炸科学与技术问题，尤其是来自实践的难题。一方面，他在炸药研究中高度重视配方和装药工艺的综合设计，经常在工厂一住就是几个月，到生产第一线去发现问题，攻坚克难，直到最终解决问题。另一方面，他具有很高的科学素养、理论基础宽厚，重视从工程实际中提炼科学问题，将研究结果提升到工程理论，进而指导工程实践。因此，他所发明的每一种炸药、每一种技术都最终成为产品，成功装备军队。

近年来，不论是在学校召开的学科与人才队伍建设的研讨会，还是我向徐老个别征求对学校改革与发展的意见，他都强调在科学研究中必须坚持理论联系实际。2012 年 4 月，他专门到我办公室长谈学科建设问题，建议学校与兵器行业的企业合作，进一步推进产学研用相结合，把学校的最新研究成果变为推动国防科技进步的产品。

徐老一贯强调严谨治学、求真务实。2008 年 10 月，他专门约我谈学风建设问题并反映个别学者学风浮躁。那天他带着一大包材料，包括多年前的工作笔记，逐段逐字、细致翔实地向我介绍情况。在他看来，学术道德是每一名学者所应严格遵循的底线，纯洁的学术环境容不得掺进哪怕半粒沙子；学风教风是一所大学教书育人的立校之本，同样容不得任何浮躁和虚假。徐老坚守严谨治学的学者良知，弘扬求真务实的科学精神，正所谓“德高为师，身正为范”，为我们树立了学术研究的不朽楷模。

三、一生爱国奉献，只留清气满乾坤

徐老的一生，是热爱祖国的一生、是无私奉献的一生。2012 年 11 月，在学校举办的徐更光院士学术研究座谈会暨 80 华诞庆典上，他曾这样回顾自己 60 年投身国防科技事业的生涯：我不是从一开始就有学习国防科技的梦想，也不是从一开始就想到要走研究爆炸技术的道路。与其说是个人选择这条道路，倒不如说是时代把我推上这个充满责任感的舞台。他对祖国饱含热爱，对国防科技事业满腔热血，以强烈的事业心、责任感和使命感，将自己长期积累的学识、经验、成果奉献给了国防科技事业。

60 多年来，徐老始终带着强烈的使命感、责任感去学习、去工作，为我国兵器科学与技术的发展倾注了全部心血。他在担任力学工程系系主任期间，高度重视学科建设的核心作用，为学校创立爆炸理论与应用、弹药工程等国家重点学科，以及创建爆炸科学与技术国家重点实验室做出了杰出贡献。他作为我国兵器科技资深专家，高度重视科技咨询工作，所提出的《关于金属化炸药的研究、发展和应用》《关于高能炸药发展、应用与技术创新》《高能炸药及装药的技术继承与工程化示范》等研究报告，成为国家制定兵器科技发展规划的重要参考。

年过八旬之后，徐老的身体状况开始变差，但他丝毫不在意自己的健康，依然对事业执着如初。近几年，我们经常看到他克服困难，坐着轮椅参加学校的各类活动，为学校发展建言献策，为他热爱的国防科技事业奉献余晖。一个多月前，他因病入住北京阜外医院，仍念念不忘工作。在他病重期间，我和机电学院领导去医院探望他。医院的领导和医疗专家都深情地告诉我们，尽管徐老的病痛不断加剧，但他只要苏醒过来，就要思考学术问题，就要谈工作，直到用尽了最后的一丝精力，让人不禁心如刀绞、哽咽难言。

临风追怀，曷胜恫然。徐老的逝世是我国科技界、教育界的重大损失！是北京理工大学的重大损失！徐老的一生充满了一位学者对国家的责任、对真理的追求，为我们树立了光辉的榜样，将激励我们永远前行！

徐老名垂千古！吾辈更当自强！

学无止境，书香绵长*

首先，我代表学校热烈祝贺2015届研究生顺利完成学业并即将踏上新的人生旅途！与此同时，让我们共同感谢培育你们的研究生指导教师及全体教职员工！

今天，是同学们十几载甚至二十余载求学生涯的终点。此时此刻，你们脑海中会闪现求学路上付出的点点滴滴，或许有童年时代拼音识字，有少年时代挑灯夜读，有青年时代习题大战，还有进入大学后的伏案研习。其中，既有经历各种挫折的郁闷和烦恼，更有取得进步的喜悦和自豪。

今天，你们要结束求学生涯、告别母校了。在我看来，你们今天结束的只是学生身份，而不是学习生涯。此时此刻，我作为校长、研究生导师，最想和你们说的话，不是毋忘母校，不是前程似锦，而是学海无涯，与书为伴。你们或许认为这是老生常谈，甚至对此不屑一顾，但这确实是我思考很久的结果。我希望你们在人生道路上坚持对知识的渴求，坚持对真理的探索。现在，我来和大家分享三个关于读书学习的观点。

一、涵养身心、鸿鹄存志，明晰读书之意

当今世界，国家之间的博弈包括经济、政治、军事等，但最终则是国民素质的较量。虽然有些国家领土面积小，自然禀赋差，但却由于国民素质高、创造力强而影响着世界。在这些国家中，以色列最为突出。究其原因，就是这些国家的人民热爱读书学习，善于思考探索。

几年前，曾有一则关于读书的新闻报道印证过这个观点。2011年，中国

* 本文系2015年2月4日在北京理工大学2015届研究生毕业典礼上的讲话。

新闻出版研究院提供了如下信息：全世界每年人均读书为 7 本，韩国人均 11 本，法国人均 20 本，日本人均 40 本，以色列人均 64 本，而我国人均 4.3 本，远低于世界平均水平。

令我震惊的不仅是这些数字对比所反映出的国家之间的差距，还有自己作为一名大学校长、学者在读书学习上的差距。回想起来，自己获得博士学位任教以来，平均每年通读完的书籍也不过 5 本左右。建议同学们反思一下，作为青年知识分子，对我国人均年阅读量是否有高于 5 本的贡献？

同学们走上工作岗位之后，会忙于适应新环境、接受新挑战、达成新目标。许多人会发现，挤出时间读书很难。更多的人会认为，读书不是紧迫的事，完成眼前的工作更为重要。

我想告诉大家，书籍是人类思想的浓缩，是人类文明的阶梯，承载着人类的渴望与梦想，承载着知识分子的灵魂与抱负。读书，从表面看，是人与书的关系。但本质上，读书是人们跨越时空的思想交流，体现的是人与人的关系。读书是与久远的哲人先贤、今日的博学名师相聚；读书使知识更深层次渗透到精神领域，净化心灵、修身养性；读书是一个理性思考的过程，是对世界的认识和理解，更是对人生的感悟和思考。对于青年人来说，读书将帮助你们了解历史、触摸社会、眺望未来。

培根在《论读书》中说："读史使人明智，读诗使人聪慧，数学使人精密，物理使人深刻，伦理学使人高尚，逻辑修辞使人善辩。总之，'知识能塑造人的性格'。"

当今社会，知识总量不断扩张、交叉融合加速、更新周期缩短，带来了更快的生活节奏和更激烈的竞争，需要更多兼备扎实基础和丰厚底蕴、有思想、能创新的复合型人才。只有持续读书和学习，不断充实和提高自己，各位博士才能真正"博采众长"，各位硕士才能真正"硕学通儒"。

在座各位即将肩负起时代赋予的重任，投身全面深化改革和全球一体化的滚滚浪潮。你们的能力和素质将决定祖国的未来。因此，你们需要用持之以恒的阅读和思考来为自己、为祖国、为这个时代提供源源不断的文化积淀和精神养料。

二、慎思明辨、品读经典，感悟读书之魅

我和同学们的父母是同龄人，年轻时曾共同忍受文化的干涸。我经历过有饭吃却没书可读的无聊岁月，也经历过有书读却没钱买的尴尬时光。我看到过恢复高考后新华书店各类书籍被抢购一空的场景，也见证过改革开放之初大学生三伏天泡在水缸里读书的执着。那个年代，书不多却部部经典，每一本都能让人如饥似渴，能让年轻未凿的心灵沉迷深思。

光阴似箭，仅仅 30 年过去，你们要面对的已是文化的充盈。21 世纪以来，互联网的迅猛发展造就了各种各样的新媒体，提供了全新的、便捷的阅读平台，体现了信息的共享性、实时性。然而，网络阅读给读者带来的知识碎片化、娱乐化等，令人无法潜心阅读，更难以静心思考。相对于人类思想文化的浩瀚而言，网上知识的系统性、完备性还远远不够，繁杂的网上信息更是需要审慎思考才能明辨是非、去伪存真。

目前，青年人对互联网推崇备至，把它作为轻松学习的渠道，有的甚至痴迷于网络。但我认同一种观点："回避深奥和哲理，浅薄必然占领你的大脑"。建议同学们应该保持心灵深处的活力和抵御庸俗的抗体，不要让自己迷失在轰鸣的新媒体文化中。

在如今书籍随处可见、信息铺天盖地的时代，同学们不妨拨清迷雾、重拾经典。读一读曹雪芹的《红楼梦》，品味中国文学的巅峰之作，别让自己"读尽诗书也枉然"。读一读罗素的《数学原理》，尝试与逻辑大师对话，让自己变得深邃。读一读毛泽东的《矛盾论》和《实践论》，从哲学高度思考工作、事业，甚至人生。这些经典作品占据人类文明的制高点，经历过时间的考量、思想的涤荡，是最富价值的阅读选择。季羡林先生曾感慨："天下第一好事，还是读书。"工作之余品读经典，大家一定会比学生时代更有所感悟。

三、博约相辅、知行合一，通晓读书之道

谈到读书，同学们自然会问，我们应该读什么书？这是个几乎无解的难题。早在90年前的民国时代，曾有个著名报刊面向当时的知名学者征集“青年必读书”，并收到不少回复。徐志摩等人强调这个问题太难、太复杂；林语堂等人仅就某一领域内的书进行推荐；还有学者反复修订自己推荐的书目；而鲁迅等人则干脆交了“白卷”，理由是“青年”并非某个人，志趣、追求各自迥异，无法给出所有人都必读的书。的确，对书籍的选择应该因人而异。

对于即将走上工作岗位的你们来说，可以结合各自的事业取向、知识结构、兴趣爱好来进行动态甄选。最急需的，恐怕是完善知识结构。对于人文与社科专业的毕业生，适当补充一些自然科学技术知识，会更加严谨和精细；对于科学技术与工程专业的毕业生，如果涉足人文社科领域，则将更有利于洞察和思辨。

对于阅读应该“博览群书”还是“读破一卷”这个问题，历来是仁者见仁、智者见智。只要是有志青年，就应该两者兼顾。在我办公桌的正前方挂着一幅油画，是学校魏思文老院长之子魏楚予赠送的作品。画中，毛主席坐在床上阅读，床上堆满了各种书籍和报纸，既有古代的《资治通鉴》，又有现代的《Peking Review》，在他卧室旁还有藏书10万多册的书库。毛主席不仅“博览群书”，而且“读破一卷”。在延安时，他精读苏联学者西洛可夫和爱森堡合著的《辩证法唯物论教程》，在书眉和空白处留下了1.2万字的批注文字。我们应该学习伟人，“博观约取、厚积薄发”。每读一本书都要经历学与思的辩证转换和融会贯通过程，这样才能“庞而不杂、博而又精”。

读书的最高境界是“从无字处读书”。毛主席曾说过：读书是学习，使用也是学习，而且是更重要的学习。他是这样说的，也是这样做的。他善于从实践到理论、再从理论到实践，经过不懈的探索和思考，写出了《实践论》《矛盾论》《论持久战》等不朽著作，指导了革命实践。自古以来，读书人追

求“学以致用、博施济民”，不仅博学、慎思，更要经世、笃行。“纸上得来终觉浅，绝知此事要躬行。”只有把书中的为人之道、做事之道放进心里、身体力行，并且不断从实践中感悟和反思，才能真正丰富思想、锤炼睿智。

同学们，你们即将踏上崭新的征程，从北京理工大学带走了青春、带走了学识，也带走了欢声与笑语、带走了遗憾与抱怨。请同学们不要忘记带上求知的渴望、读书的习惯。我今天送你们的话可归结为“学无止境，书香绵长”。希望同学们能够铭记读书思考的意义、魅力和方法，通过终身学习充实思想、实现理想。

愿大家德以明理，学以精工！乘风破浪，勇往直前！母校永远祝福你们！

责任立于心，担当行天下*

首先，我代表全校师生员工，祝贺你们顺利完成学业，踏上新的人生旅途！与此同时，让我们共同感谢为你们成长付出辛勤努力的全校教职员工！

今天，面对3 000多名意气风发、朝气蓬勃的本科毕业生，我感慨万千，回想起4年前你们入学的那个夏天。那时，良乡校区北湖只是一个刚完工的水池，如今已是树丛环抱、鱼儿成群的景点。那时，你们白天参加军训，晚上闷热难耐，如今已能感受到宿舍空调带来的清凉。这4年中，我和你们一样，牵挂着足球队的战绩，期待着学校的进步，期盼着北京的蓝天。4年来，你们收获知识、增长智慧、结识朋友、开拓视野，成长为自信、自立的北理工人。作为校长，我为你们感到骄傲，相信你们一定能够创造属于自己的未来。但临别之际，我心中仍有些担忧，想借此机会和同学们交流思想。

今天，学校首次举行由全体本科毕业生出席的毕业典礼，我就从毕业典礼谈起。在学校图书馆中，收藏着全国300多位老科学家的史料，包括他们在民国时期或新中国成立之初身着学位服的毕业照。每当我看到这些老照片，脑海中就会闪现若干历史片段。从20世纪60年代到70年代，我国大学不仅曾一度停止招生，而且恢复招生之初并不举办毕业典礼。我作为1977年恢复高考后的第一届本科生和1981年实施学位制度后的第一届研究生，当时没机会身着学位服出席毕业典礼，留下了永久遗憾。但即使在是非颠倒的"文革"时期，即使身着学位服的毕业照被冠以"资本主义教育"的罪名，老科学家们依然冒着巨大的政治风险珍藏着他们的毕业照。因为在他们心目中，大学毕业是值得永远铭记的历史时刻，这象征着他们立德修身、完成学业，走上学术报国之路。

---

* 本文系在2015年6月29日在北京理工大学2015届本科生毕业典礼上的讲话。

正因为如此，我们将毕业典礼确立为学校最神圣、最庄重的仪式。在有信仰者心中，必然有一个信仰的世界，而仪式就是信仰世界与物质世界之间的桥梁。今天的毕业典礼，不仅标志着学校对你们综合素质和学术水平的认可，也意味着你们履行社会责任的开始；不仅象征着你们 4 年共同旅程的终结，更象征着你们新的人生征途起航。它是北京理工大学这个大家庭中温暖的告别礼，更是你们庄重的成人礼。

在学校决定举办由全体毕业生出席的毕业典礼之前，负责组织典礼的部门和老师总有担忧，因为在往年的学位授予仪式上，会出现这样的尴尬：一开始场面热烈、秩序井然，被授学位者备受瞩目；随后气氛嘈杂、人越走越少，最后被授学位者面对冷冷清清的场面；一场隆重的仪式，因此变得虎头蛇尾。

这虽然是一件小事，却引起我对当代年轻人的观察和思考。你们是伴随着互联网发展成长起来的一代，与父辈相比，你们思想更自由，意识更独立，志向理想和人生方式更多样。在网络世界里，你们会调侃权威、解构严肃，还有自嘲的精神。我相信你们能通过先天的优秀潜质和后天的精准规划，成就比父辈更加精彩的人生。但我更关心的，是你们的人格塑造、内心成长。我更关心的，是你们是否还坚守着对法制和道德的敬畏感，对学术和文化的尊重感，对中华民族复兴和人类文明传承的责任感，以及对他人的同情和包容之心。我更关心的，是你们是否已经真正成长为一个有责任、有爱心、有智慧、有能力的人。

如果答案是肯定的，我将感到深深的欣慰。亲爱的同学们，基于“责任”这个话题，我还想再叮嘱你们几句话。

一、希望大家警醒，你们正面对一个责任意识愈发淡泊的年代

我们生活在一个全新的时代，一个告别了物质贫困、远离了信息匮乏的时代，但却是一个越来越讲求实效的逐利时代。身处于由传统社会向现代社

会的转型期，人们已远离“阡陌交通、鸡犬相闻”的场景，告别了随遇而安、听人安排的生活态度，取而代之的是强烈的自主意识、独立意识、效率意识和竞争观念。许多人更加关注自我，更多盘算收益和付出之比，而责任意识正随之淡化。

因此，我想询问同学们，面对这个纷繁复杂、功利浮躁的社会，你们是否还思考一些遥远而宏大的命题？是否还坚守一份高贵而真诚的理想？是否还愿意担当沉甸甸的社会责任？希望你们理解，整个社会群体的发展，基于秩序，基于人与人之间的相互依存、相互信赖、相互帮助。只有尊重和传承这样的秩序和关系，才能形成良性互动，共同创造文明。希望你们能深刻理解付出和责任的意义，将高贵的品格融入灵魂。

二、希望大家觉悟，维护良知的责任已经落在你们肩上

梁启超先生曾说：“一家之人各放弃其责任，则家必落；一国之人各放弃其责任，则国必亡；全世界人之各放弃其责任，是世界必毁”。任何民族的崛起、国家的昌盛乃至世界的和平，都离不开青年一代对国家、民族乃至人类的生存与发展的责任担当意识。可以说，责任是人生历程的支柱，社会发展的基石，国家稳定的前提，是人们可持续发展、共建和谐社会的关键。

责任意识是人的自我意识中最核心、最深层的东西。一个人没有责任感就不可能有正确的世界观、人生观和价值观，就不能正确处理个人与自然，个人与社会的关系，更谈不上人的全面发展。你们从牙牙学语到亭亭玉立，从蹒跚学步到栋梁之材，家庭、师长、社会倾注了无数心血。今天，我希望你们不仅仅考虑个人的得失，更要深入思考国家、社会、人生的一些命题。希望你们作为社会的表率，不断彰显仁爱、真诚、宽容的人性光芒，带着感恩之心、赤子之心去回报父母、回报师长、回报社会。

三、希望大家坚信，你们能够肩负起中华民族伟大复兴的重任

人的社会责任感并非天生就有，而是在后天的教育培养和社会实践中逐渐形成和提高的。林肯曾说：“每一个人都应该有这样的信心，人所能负的责任，我能负，人所不能负的责任，我亦能负，如此，你才能磨炼自己”。

尽管舆论调侃你们“傲娇”和“高冷”，尽管有人抨击你们时常用“理都懂”和“然并卵”这样的网络语言，但我相信，你们是大有希望的一代。因为在一次次志愿服务中，我看到一群热爱社会、甘于奉献的北理工学子；在一次次灾难面前，我看到一群感同身受、尊重生命的北理工学子；在一次次科技创新竞赛中，我看到一群崇尚科学、创意飞扬的北理工学子。

同学们，每一代青年都在前辈疑虑和不解的苛责声中走上历史舞台，最终都创下了超越前人的业绩。你们应该相信，前方的路虽然漫长，但你们终将站在舞台中央！

同学们，几个月后我们将隆重庆祝学校建校 75 周年，欢迎你们回母校欢度佳节。你们再回家时，母校将亲切地称呼你们为“校友”。希望你们关心母校的建设和发展，支持母校、宣传母校！母校永远支持你们、欢迎你们、祝福你们！母校将是你们奋斗路上永远的心灵港湾！

立改革标杆，育教师标杆*

一、教师聘任制度改革的重大意义

人事制度是大学制度的核心，而教师聘任制度则是人事制度的核心。它决定着教师的遴选和培养，决定着大学的办学水平，决定着教师的成长和事业。国家实施改革开放已经近40年，但高校教师聘任制度依然保留着传统计划经济时代的色彩。现有制度既缺乏良好的遴选和激励机制，又缺乏有效的分流和淘汰机制；各类考核评价体系重数量、轻质量，导致人人都在忙碌，而对人才培养的投入却不足，学术产出的质量也不高，难以与世界一流大学进行同台竞争。不论是教师层面还是学校层面，乃至社会层面和国家层面，都深感高校教师聘任制度已不适应高等教育事业的改革和发展，更无法适应高校创建世界一流大学和世界一流学科的使命。

国家出台的《统筹推进世界一流大学和一流学科建设总体方案》特别强调："深入实施人才强校战略，强化高层次人才的支撑引领作用，加快培养和引进一批活跃在国际学术前沿、满足国家重大战略需求的一流科学家、学科领军人物和创新团队"。这既是国家明确部署的师资队伍建设任务，也是学校创建世界一流理工大学的自身需求。

从学校外部环境看，国家出台的一系列强有力措施，吸引海内外学者投身教育和科技事业，使优秀教师的"蓄水池"日益充盈，也使优秀教师在更大范围内、更高效的"流动"成为可能。与此同时，加速推进事业单位改革、科研体制改革等，为高校深入推进教师聘任制度改革创设了有利的制度空间。

---

* 本文系2016年3月30日在北京理工大学专聘教授聘任仪式上的讲话。

因此，高校已具备了教师聘任制度改革的条件。近期，众多研究型大学均以更高的学术标准、更优厚的薪酬待遇、更灵活的选拔形式推进教师聘任制度改革。在我国研究型大学中，一个与国际水平、国际模式高度接轨的教师聘任体系正在逐步形成。北京理工大学理应积极改革，建设新的教师聘任体系。

从学校内部情况看，虽然近年来学校加强引进和培育优秀教师，新增了一批中青年学术带头人。但与同类研究型大学相比，优秀学者总量和增速均有差距，尤其是自主培育的领军人才数量不多，水平不高，优秀青年人才的情况令人担忧，已成为学校发展的“卡脖子”问题。更加危机的是，有些学院、学科至今仍强调自身特殊，乐于近亲繁殖。因此，加速转变观念，从机制改革入手，大力加强师资建设已成为学校的当务之急。我们必须紧密围绕建设世界一流理工大学的发展目标，建立与之相适应的教师聘任制度，着力解决领军人才匮乏、青年后备不足、评价标准过低、激励机制不健全、流转退出不畅通等制约师资队伍质量提升的突出问题。

二、学校教师聘任制度改革的计划和进度

2015 年 11 月，校党委批准了《教师“预聘-长聘-专聘”制度实施办法》等系列性改革文件，学校教师聘任制度改革自此拉开帷幕。这次改革的主要任务包括三个方面：一是树标杆，强化高质量学术标准的导向作用，即对照世界一流理工大学的师资水平，提升评价标准，突出质量导向，强化岗位要求；二是建机制，完善教师聘任制度体系化建设，即实施“预聘-长聘-专聘”制度，深化教师分类管理，实行校院两级管理制度；三是促过渡，厘清教师职业生涯发展轨道，即在一定时期内实行双轨制的教师聘任体系，逐步实现新老体系并轨。

此次教师聘任制度改革按照“分步实施、试点渐进、竞聘上岗”的原则实施。2015 年 12 月 23 日，学校启动面向校内教师的首次“专聘教授”遴选和聘任工作。在教师自愿申报的基础上，经过学院初评组审核推荐、学部评审、

学校组织校外专家评审等环节，目前已经完成首批“专聘教授”遴选工作。随后，作为试点的化学学院完成了首批长聘教授、预聘副教授和预聘助理教授的申报和评审工作。与此同步，学校完成了面向校外的部分优秀中青年学者的遴选工作。

首批“专聘教授”工作启动之后，全校共有 42 名符合条件的教授自愿申报，他们均来自各专业学院，符合申报条件的校领导、机关部门领导均放弃了申报。此外，还有 2 名来自校外的国家杰出青年科学基金获得者申报。经过严格评审，2 人入选杰出教授，10 人入选讲席教授，24 人入选特聘教授。入选者的平均年龄 51.1 岁，最年长者 68 岁，最年轻者 41 岁，45 岁以下 9 人；其中有 16 人是近年来学校引进的优秀人才，27 人在校外(国外)获得博士学位，13 人具有一年以上海外学习或工作经历。

从 2016 年起，学校对新入职教师全部实行“预聘-长聘-专聘”这一新的聘任体系。新体系的预聘助理教授、预聘副教授分别对应原体系的中级专业技术职称和副高级专业技术职称，但申报和评审的学术标准比原体系有大幅度提升。因此，学校教师高级技术职务评审委员会主任会议研究决定，在对外申报科研项目及参加学术交流活动中，预聘助理教授、预聘副教授可分别使用特别副研究员、特别研究员学衔。学校还拟给予预聘助理教授申报博士生导师的资格，拟直接认定预聘副教授为博士生导师。此外，学校还决定，用 10 年时间完成老体系教师向新体系教师的过渡。在老体系教师专业技术职务晋升方面，过渡期拟定为 5 年。从今年起，对老体系教师专业技术职务晋升指标将逐年递减 20%。5 年后，提高老体系专业技术职务评聘的基本条件。

此外，学校已启动并实施“冠名教授计划”，动员著名企业向学校教育基金会捐赠资金，设定由企业冠名的杰出教授、讲习教授岗位，促进校企合作，共谋长远发展。该举措填补了学校教师聘任制度的高端空缺，丰富了学校招贤纳士的方式，是教师聘任制度迈向国际化的重要一步。今后，学校将与著名企业协商，增设更多冠名教授岗位，聘任更多的优秀教师。

三、对专聘教授提出期望和要求

专聘教授是学校教师的杰出代表，身上无疑将汇聚着全校师生的目光，承载着历史的重任，发挥示范引领作用，成为北京理工大学教师的标杆。

（一）做学术研究的标杆

一方面，入选专聘教授代表着学术共同体对各位学术成就的认可，同时也意味着更重的责任。学校将专聘教授遴选和聘任作为教师聘任制度改革的“第一炮”，就是要通过树立标杆，明确高质量的学术导向，引领师资队伍建设的改革。学校在专聘教授的薪酬问题上反复调研和研究，下了大决心、花了大成本。学校制定的专聘教授年薪标准相当于我国人均 GDP 的 10 倍，相对年薪水平远高于发达国家的大学教授的年薪，绝对年薪则与亚洲一流理工大学的教授年薪相当。由此可见学校对一流教师的渴求和期盼。

另一方面，受聘的专聘教授平均年龄 51.1 岁，恰好刚过“知天命”之年。“知天命”绝不是听天由命、无所作为，而是对自然规律有了深刻理解，具备了更高的思想境界，不再为名利而工作，而是为理想和事业去奋斗，探索更有挑战性、更有前瞻性的研究方向，努力去开拓和引领一个学术领域。

（二）做人才培养的标杆

一方面是培养学生，这是大学的第一要务，也是所有工作的出发点和落脚点。无论是发达国家的成熟经验，还是我国大学的改革实践，教师聘任制度的最终目标都是为优秀教师提供稳定、优越的工作和生活条件，让他们能够专心致力于对学生的培养。学校同样期待专聘教授成为爱护学生、悉心培养学生的楷模。

另一方面是学术团队的建设和对青年教师的培养。作为整个教师队伍金字塔结构的顶端，专聘教授应该更多地倾心于学术团队建设和青年教师成长。作为团队的带头人，专聘教授要摒弃“家族化”的团队建设理念，以开阔的眼光吸引青年教师、培养青年教师、用好青年教师，带头在团队中、团队间促进交叉融合，大力支持青年教师的发展，支持他们探索性的研究，激发他们投身教育事业的内在动力、创新活力，和学校一起营造见贤思齐、人才辈出的良好局面。

(三)做学术道德的标杆

这是专聘教授的治学和做人底线。俗话说，“上梁不正下梁歪”。如果学校的顶尖教授群体不能在学术道德方面严格要求自己，那么整个大学的学风难以有底线保障。北京理工大学严谨、务实的学风是学校的宝贵精神财富，在社会上享有崇高声誉。专聘教授要以更高的标准要求自己、约束自己，带好团队，带好学生，潜心治学，恪守规范，做北京理工大学优良校风、教风、学风的守护者和代表者。

强化人才培养中心地位，切实提高人才培养质量*

为了落实学校“十三五”教育事业发展规划及“十三五”人才培养专项规划，加速建设世界一流理工大学，校党委决定，在全校范围内开展人才培养工作大讨论。这次大讨论的主要任务是：贯彻落实党的教育方针，围绕立德树人这一根本任务，牢固树立“育人为本”的价值取向；以构建与“双一流”建设相适应的人才培养机制为出发点，以提高教学质量与教学效益为核心，以提高人才培养质量为目标，以切实解决人才培养环节中的问题和难点为突破口，通过大讨论凝聚智慧和力量，统一思想和认识，切实提升人才培养工作质量，为建设世界一流理工大学夯实基础。

一、“十二五”以来人才培养工作回顾

“十二五”以来，学校实施质量为本的教育创新战略，秉持“夯实基础、提升能力、激励创新、德学并重”的人才培养理念，努力提高生源质量，着力培养高素质创新人才。

在本科教育方面，招生质量持续提升，2015 年位居“985 高校”理科第 15 位、文科第 20 位，获批建设 18 个教育部卓越工程师专业、10 个工业和信息化部重点专业；11 个专业通过工程教育认证，数量居全国高校前列；获批建设 7 个国家和省部级实验教学中心、16 个国家级工程实践教育中心以及国家级教师教学发展示范中心；以 OBE（基于学习成效的教育方式）模式为标准促进课程体系和教学方法改革，构建实践教学的“四融合”特色体系，开设

* 本文系 2016 年 6 月 22 日在北京理工大学人才培养工作大讨论启动会上的讲话节选。

网络公开课34门，包括国家级精品视频公开课10门、国家级精品资源共享课9门、MOOC课程15门，总数位居工业和信息化部高校第二名；获批国家和省部级精品、规划教材59部；实施“明精计划”，推动拔尖创新人才的贯通培养。本科生学科知识竞赛省部级以上获奖项目由2011年的300项增加到2015年的631项，连续八届共14项创新作品荣获教育部全国大学生创新创业年会“我最喜爱的创新项目”，在第十三届全国“挑战杯”大学生课外学术科技作品竞赛中位列团体总分第二。2015年，本科生出境交流人数占在校生比例达到23.46%，本科毕业生攻读研究生比例达到62%，均位居“985高校”前列。

在研究生教育方面，来自“985高校”和“211高校”的生源比例进一步提升；坚持分类培养，加强基础、注重理论研究和实践创新，人才培养质量不断提高；在首届中国学位与研究生教育学会研究生教育成果奖评选中取得突出成绩；获“全国工程硕士研究生教育创新院校”荣誉称号，获3个全国工程硕士研究生教育特色工程领域；1个全国示范性工程专业学位研究生联合培养基地。获全国优秀博士学位论文奖2项、全国优秀博士学位论文提名奖8项、北京市优秀博士学位论文奖6项，一批研究生的论文入选ESI高被引论文；博士生获国际工程光学学会顶级奖学金、我国控制理论界顶级青年学术奖等，在国际竞赛中获重要奖项的数量不断增加。

二、人才培养工作面临的新形势与新要求

（一）国家经济社会发展的迫切需要

党的十八大以来，党中央提出协调推进“四个全面”战略布局，全面建成小康社会进入冲刺阶段。大学作为国民教育序列的顶端，肩负着“高端人才供给”和“科学技术创新”的双重使命，对实现国家战略、支撑现代化强国建设具有重大意义，必须牢牢抓住提高质量这个中心，实现更高质量、更有效率的发展。作为国家重点建设的大学，必须加快体制机制改革，建立充满活

力的人才培养体系，培养学生创新创业精神，提高创新创业能力，为各方面创新提供高素质人才、知识和技术支撑；必须加快发展新兴交叉学科，加强人才培养与社会需求的紧密衔接；必须具备全球视野，加强与世界的深度交流合作；必须注重供给侧改革，提供优质教育供给，推进优质教育资源共享，推动教育整体水平不断提高。

（二）提高高等教育质量的首要任务

党的十八大对高等教育人才培养工作提出了新的要求。习近平总书记指出，要推进教育改革，提高教育质量，培养更多、更高素质的人才。我们要坚持把提高人才培养质量作为学校发展的核心目标和第一要务，坚定地走以质量提升为核心的内涵式发展道路。要坚持贯彻党的教育方针，把立德树人作为高等教育的根本任务，把促进人的全面发展和适应社会需要作为衡量高等教育质量的根本标准，大力提升人才培养质量，增强学生的社会责任感、创新精神和实践能力，培养德智体全面发展的社会主义建设者和接班人；要坚持深入推进综合改革，以改革促进教育质量提升，以改革来增强教育教学的活力，突破人才培养体制机制的障碍；要坚持大力培养高素质的创新人才，提升高等学校服务国家战略和经济社会发展的能力，更加自觉地服务中国特色社会主义建设事业，为促进工业化、信息化、城镇化做出应有贡献。

（三）“双一流”建设的必然要求

2015 年 10 月，国务院下发《统筹推进世界一流大学和一流学科建设总体方案》，明确指出要“坚持立德树人，突出人才培养的核心地位，着力培养具有历史使命感和社会责任心，富有创新精神和实践能力的各类创新型、应用型、复合型优秀人才”。不久前，教育部召开直属高校“十三五”规划编制和中央部门所属高校教育教学改革专项工作视频会议，要求各高校在编制“十三五”规划时进一步强化人才培养的中心地位，将本科教育教学纳入“双一流”建设之中，提升教育教学水平，提升学生的创新创业能力。在近期教育部实施的第四次全国一级学科水平评估中，增加了大量与人才培养相关的内容，包括教学平台、教学成果、精品课程、精品教材、国际交流、优秀在校生代表、优秀毕业生代表等，并将进行毕业生问卷调查，突出了人才培养质量在评估中的重要地位。由此可以看出，人才培养质量已成为国家评价大学水平和决定对大学投资的重要标志，培养一流人才已成为我国一流大学建设向纵深推进的重要标志。

三、人才培养工作的主要思路

（一）落实人才培养工作中心地位

一是全校上下进一步统一思想。牢固确立人才培养在学校工作中的中心地位，牢固树立一切为了学生的教育理念，一切工作都要服从于人才培养的需要，服务于学生的成长成才。真正确立“教书育人，管理育人，服务育人”的理念。大力营造尊重知识、尊重人才、关心教师、爱护学生的良好氛围。教学、科研、管理和后勤服务等各方面工作都要围绕学生展开。

二是处理好教学与科研的关系。从政策到氛围给予教学比科研更高的地位，进而形成领导重视教学、教师倾心教学、经费保障教学、科研反哺教学、管理服务教学的氛围。要把教学作为教师考核的首要内容，在职称职务评聘、岗位设置、分配政策等方面向教学一线教师倾斜，把教授为本科生上课作为基本制度，将承担本科教学任务作为教授聘任的基本条件，完善教师退出机制。

三是完善制度和激励措施。完善教师选聘、培养、管理与考核体系，建立博士生导师上岗培训和硕士生导师轮训制度，完善教师分类管理和分类评价办法，探索设置教学岗位教授、实验教学岗位教授等，积极推进博士生兼任助教制度。

四是加强教师的职业理想和职业道德教育。制定教师职业道德规范，健全师德考评制度，将师德表现作为教师绩效考核、聘任(聘用)和评优奖励的首要内容。

（二）创新人才培养模式，优化人才培养体系

一是推进本科生培养模式改革。继续推进按大类招生，促进多学科交叉与融合；逐步推进完全学分制，继续实施副修双学位制度，为学生多样化发展提供多种路径；系统规划适应多种人才成长目标的多模式、一体化人才培养体系，全面推进“知能合一”的人才培养模式改革；全面建立模块化、高弹性、纵横贯通的课程体系，完善系列化高质量的通识教育核心课程，拓宽课程资源，构建符合培养目标的通识教育课程体系；开展启发式、探究式、研究式教学方法改革，改进教学方法，加大网络课程资源的建设及混合式教学模式的探索；继续实施基于学习成效理念为统领的专业提升计划，加强英语授课专业建设与课程建设，开展国际等效专业认证，显著提升各专业的国际影响力，提升学生的国际化水平和竞争力；积极开展校企联合招生、联合培养，拓展校企合作育人的途径与方式。

二是努力提高研究生培养质量。加快形成个性突出、灵活多样的培养模式，健全质量保障体系；以创新能力培养为重点，以高水平导师队伍和优秀教学团队为依托，以高质量研究型课程体系为基础，加强研究生基础理论课建设，增加科研方法论课程，形成鼓励原始创新和集成创新的学术型研究生培养体系，完善本硕博贯通培养模式和体系；以专业能力培养和职业素养提升为导向，以“双导师”制为保障，以工程博士培养为牵引，推动以案例式、实践式课程为主的课程建设，增进基础理论与实践的融合，探索科教结合的专业学位研究生培养新模式，形成与社会发展需求高度契合的专业学位研究生培养体系，积极推进研究生教育国际化进程，通过联合培养、合作研究等提升研究生国际竞争力。

三是加强课程建设、优化课程体系。依据教育部制定的本科专业类教学质量国家标准和博士硕士学位基本要求，结合新的学科专业目录调整和高等工程教育改革总体趋势，启动新一轮人才培养方案的制定工作，构建符合国家标准，瞄准学科前沿，与工业化和信息化发展需求相适应的本科生与研究生相互贯通、分层次的开放共享的课程体系；继续加大课程建设力度，实行

课程准入和退出机制，建设数字化课程中心，设置专项资金加强教材建设，建设一批特色课程和精品教材。

四是加强学生实践创新。制定和完善大学生科研训练、课外科技活动等管理办法，在新一轮人才培养方案中增加实践教学比重；重点建设国家级和省部级实验教学示范中心，整合资源，加强省部级基础实验教学中心和信息类学科综合实验教学示范中心建设；建立基于网络的实验教学和实验室管理信息平台；加强本科生、研究生实践教学共享平台建设，实现实验室全面开放。

五是加强学生综合素质培养。坚持“高远的理想、精深的学术、强健的体魄、恬美的心境”的育人目标，营造“育人为本”的良好氛围，打造全程育人、全员育人、全方位育人的新格局；加强建设和集成培养学生综合素质的各类平台，推行职业生涯导师制，加强对学生的心理疏导工作；完善学生发展工作体系及其运行机制，引导和支持学生综合素质全面发展、个性发展；建设学生综合服务平台，实现学生综合事务的集中式服务，提高学生的知情权和参与度，提升服务水平和效率。

（三）加强人才培养保障机制建设，完善质量评价机制

一是完善人才培养的投入保障机制。优先保障教学，建立稳定的教学经费投入与持续增长机制，逐年增加教学业务费，保证四项经费占学费收入比例高于国家标准，新增教学经费优先保障学生实践教学需要；设立专项资金，定期更新、补充教学基本设施，不断改善教学条件；大力提升学校信息化水平，为开展网络教学、采用现代教育技术手段提供有力保障；加强文献资源建设，丰富电子资源，推进优质教育资源普及共享。

二是完善人才培养质量评价机制。成立教学质量评估中心，建立以学院综合考评、专业评估、课程评估、课堂教学质量评价等为主要内容的教学评估制度；积极引入外部参与和监督机制，主动接受中介机构、国内外专家、用人单位的评价反馈，建立学生满意度调查、校友追踪研究机制；加强对学位授权点建设和研究生培养质量的监控，组织开展对博士授权点和研究生学

位论文的评估工作，实行博士授权点建设情况年度报告和预警制度；每年公布人才培养质量、学科专业建设、教学师资队伍状况三类年度报告。

三是完善奖惩机制，不断加大教学环节的投入。进一步修订完善人才培养方案、课程建设、实践教学、质量保障、成绩与学籍管理、教学成果与奖励等教学规章制度体系，加强教学秩序巡视、课堂教学质量评价、教学事故处理、教学督导等工作，建立完善过程性评价与终结性评价相结合的学生网上评教制度，严格实行教学质量公示和问责制；加大本科教学工作量和教学质量在专业技术岗位聘用、教师绩效考核和津贴分配体系中的比重；大力推动教学和科研协同育人，充分发挥科研类重点实验室的育人作用；对学术评价、职称评审等环节进行改革，在评价中大幅度提高对课堂教学效果、课外育人实践、学生评价反馈等方面的权重；认真总结近年来实施“明精计划”和“课外科技创新”等教育教学改革取得的经验，推进更大范围的人才培养改革；通过增加小班教学比重、增设高端交叉课程、引导研究型学习、推进“慕课”教学、加强创业教育等模式，提高人才培养质量。

（四）进一步提高人才培养国际化水平

一是加速办学国际化。引进国外同类学科先进的培养方案，构建国际化的课程体系，以全英语课程、国外优秀教材营造国际化教学氛围；聘请高水平海外兼职博士生导师和外籍教师，参与学校研究生培养和专业教学工作；鼓励支持学院与境外高水平大学开展合作办学项目，广泛开展学术交流、科技合作和人才培养工作，邀请世界著名学者和企业家来学校讲学，积极举办国际学术会议，依托国家公派学生出国留学项目和学校资助优秀学生出国项目，资助优秀学生到国际知名大学学习。

二是建立完善留学研究生培养机制。制定和完善留学研究生的培养方案、奖助学金制度和教学管理制度，加强课程、导师队伍和生活设施建设，形成规模化培养留学研究生的体系，扩大学校的国际影响，促进来自不同文化背景的学生之间的国际交流；强化教师双语授课能力，在若干学科专业领域开展全英语教学，着力建立一支留学研究生导师和授课教师队伍，并加大对导师指导留学研究生的资助力度。

人才培养质量决定着国家竞争力水平，决定着国运兴衰，决定着学校的生存，决定着学校的未来。我们必须以时不我待的紧迫感和责无旁贷的使命感，切实把人才培养工作抓好抓实，抓出成效。

培育“顶天立地”的一流工科人才*

2016年，我国高等教育界最热门的话题依然是“双一流”。在2015年的卓越大学联盟(E9联盟)校长论坛上，我以《三把“尺子”丈量“一流”》为题，漫谈了对建设世界一流大学的初步认识，将大学本源、教育规律、人民满意作为思考“双一流”建设的出发点，而这一切又都归结到一流人才培养。

E9联盟作为以工科见长的高水平大学共同体，有必要思考未来社会需要怎样的一流工科人才。我们培养的工科人才，不应当是狭义的工程师，而应当是完整意义上大写的“人”，应当具有实现“中国梦”的使命感和责任感，拥有宽厚的知识体系、系统的理性思维、良好的身心修养、卓越的实践能力，兼具科学精神与人文情怀，成为未来工业的领军人才。

这一年来，北京理工大学以人才培养工作大讨论的形式，发动全校师生认真丈量了学校在人才培养方面和世界一流大学的差距，并出台了一系列改革举措。

一、培养能够顶天立地、内涵深厚的人才

我们讲顶天立地，是指既有高远理想抱负，又能脚踏实地工作。我们讲内涵深厚，是指具有宽厚学术基础和优秀综合素质。高等教育的基础在本科，大学生在本科教育阶段认识自己、认识世界、认识学术、认识专业。因此，本科教育尤其需要将通识教育、专业教育、创新创业教育结合起来，培育学生的理想抱负、工作态度、学术基础、综合素质。

首先，谈谈科学素养和人文素养的培育。科学素养是对自然科学的认

* 本文系2016年12月16日在卓越大学联盟校长论坛上的演讲。

识、掌握及探索能力。科学崇尚理性，讲求实证，主张合理怀疑。人文素养则反映一个人在人格、气质、情感、世界观、人生观、价值观等方面的个性品质。科学素养归根结底是求真，赋予人理性思维；人文素养归根结底是向善，倡扬生命关怀，涵养人格心灵。对于未来的工程师，尤其是领军型工程师，仅有技术素养和工程素养已远远不够，必须具有良好的科学素养和人文素养。

从这样的视角和标准来看，目前的工科人才培养工作存在不少短板。一方面，专业窄化的问题相当突出，导致科学素养和人文素养融入得不够。因此，不少学生在高级思维能力上有所欠缺，在战略思维、系统思维、分析与思辨、洞察与想象等方面的能力薄弱，更缺乏驾驭复杂系统工程的思维潜质。另一方面，学生的志向和眼界较为狭窄。即使在国家重点大学，学生们似乎还缺乏对未来发展的“安全感”，大多将眼光紧盯着就业、收入等问题，认为历史责任、民族前途是距离自己很远的事情，很少将自己的未来发展与服务国家、造福人类这些宏大命题联系起来。可以说，顾得上眼前的苟且，顾不上“诗和远方”，缺乏引领未来社会的精英气质。

其次，谈谈强健体魄和审美修养的培育。我对体育运动必要性的思考，主要来自长达 20 年的失误。我早年曾是体育运动爱好者，但从 30 岁到 50 岁中断了体育运动，体质每况愈下。近 10 年来，我恢复运动，感觉增强的不仅是体能和精力，而且情绪、思维、意志力也有了改善。与此同时，我观察那些轻生的学生，发现他们几乎很少投身体育运动，从而缺乏坚韧的毅力。回顾高等教育历史，蔡元培、蒋南翔等老一辈教育家都非常重视学生体育运动。他们认为，民族精神要从每个公民身上体现，没有健康体魄，就没有刚健人格、开阔心胸和坚韧意志。体育运动中培养的自我突破、竞争意识、团结协作等，对人的一生都有长远影响，大学教育应当格外关注。

我认为，艺术修养和审美素养也很重要。这种重要性不仅体现在产品外观设计层面，而是体现在想象力与创造力层面。许多学术大师都认为，是艺术让他们对学术有了更多灵感，对生命内涵有了更深层的领悟。比如，钱学森先生酷爱古典音乐，李政道先生对绘画有深厚造诣。他们认为，艺术想象力与科技创造力是孪生姐妹，从而致力于推动科技与艺术的融合。我们在育人过程中需要重视这些方面，努力使学生在校期间培养1~2项体育习惯，参与1~2种艺术实践，培育良好的体育素质和艺术修养。

北京理工大学在新一轮人才培养改革中，试图革新人才培养理念，从人才培养的大格局、大系统入手进行改善，关注人才培养一体化、组合式的系统设计。我们提出如下举措。一是以学生为中心，将专业培养与综合素质培养相融合，打造“文化素质通识课”和“素质实践通识课”两大类通识教育核心课程群，通过跨学科和对话形式，培养学生跨学科综合素质。二是改革教学模式，启动探究式、小班化教学课程改革，实现翻转式、混合式教学，激发学生主动思考、自主学习、批判发问、分析决策的能力。三是促进科教融合，将前沿科技问题和最新科研成果搬入课堂，通过绩效激励和底线要求，让教师们将优秀科研成果及时转化为教材、教案、课程。四是重视体育，构建多级联动、覆盖全校的体育格局，确保每个学生都能享受优质体育资源。我们期待这些举措，能培养学生的科学思维和人文情怀，使他们拥有优秀身心素质，成长为“顶天立地、内涵深厚”的一流人才。

二、培养能够立地生根、实践创新的人才

如何考量一流工科人才综合素养？除了前面提到的科学素养、人文素养，身心素质外，他们还应具备系统、宽广、扎实的科学技术基础知识和工程专业技能。与科学教育、人文与社会科学教育不同，工程教育更注重工程特性，注重面向用户的产品设计、研发、定型、维护、改进能力。

E9联盟高校为国家和社会培养相当数量的工科人才，自然要培养能将科技创新成果转化为现实生产力的一流工程师。而一流工程师必须能创造性地运用知识和技能解决工程实际问题，这是工科人才区别于其他人才的第一特征。因此，我们要努力提升工科学生的实践创新能力。

北京理工大学的工科实践创新培养环节走在国内高校前列，学生科技创新屡屡获得国家和世界级奖项。但是，与世界一流工科大学相比，仍有很长

的路要走。

北京理工大学在新一轮人才培养工作改革中，将进一步强化实践创新特色。我们提出如下举措：一是加强统筹，将创新创业教育融入人才培养全过程；二是打破壁垒，夯实学生理论基础，培育跨学科、跨领域、跨系统的教学团队；三是打通平台，专项建设公共实验和实践平台，如数学、物理、化学、机械、信息实验大平台，并实现科研类重点实验室深度开放；四是积极建立校企联合实验室、人才培养基地，聘请总设计师、总工程师任教。我们期待这些举措能鼓励学生大胆实践，发明创造，成长为“立地生根、实践创新”的一流人才。

三、培养能够放眼全球、国际竞争的人才

当今高等教育界的一个共识是：未来领军人才要有世界眼光，能够把握人类文明发展的方向，在全球竞争中取胜。近年来，教育国际化日益成为各高校在谋划战略、制定规划时着重考虑的问题。我们培养的领军人才，要能够站在国家和民族的立场，主动关注世界性问题，接触多元文化，增长包容与理解，以此促进精神世界的丰富和创新潜能的增长。从某种程度上讲，倘若我们不能开拓学生更广阔的全球视野，将来他们的自身素质与深度全球化的劳动力市场需求将不相匹配。因此，加速教育国际化是中国高校顺势而为的必然选择。我们要创造条件让学生用全球眼光审视自我、发展自我，用国际标准评价自我、完善自我。

我心目中的世界一流大学，应当是全世界学生梦想的求学之地。因此，在发展中国家建设世界一流大学任重而道远。

北京理工大学在新一轮人才培养工作改革中，将着力提升办学国际化的层次和水平。我们提出如下举措：一是融入全球格局，构建国际合作项目体系，引进国际普遍认同的工程教育体系，扩大与世界名校之间的联合培养与学位联授规模；二是提高层次水平，全面实施学科专业的国际化评估，提升聘用外籍教师比例，争取在 2020 年前实现优势学科专业内涵的国际实质等

效；三是趋同化管理，推进外国留学生培养和学位要求与中国学生趋同，实现在同一培养体系实施教育，让外国留学生培养反哺中国学生培养，共建多元文化互补共享、沟通交融的国际化校园。我们期待，这些举措能让中国学生从全球文化中汲取营养，成长为“放眼全球、国际竞争”的一流人才。

人才培养是大学的第一使命。我们谋划“双一流”首先要思考的问题，就是建立与世界一流理工大学相适应的人才培养体系，走出具有中国特色、独具风格的世界一流理工大学人才培养之路，这应是“双一流”建设的一条主线。我们衷心希望与 E9 联盟各高校携手共进，一道努力，加强改革探索，共同为国家、为民族培养更多引领未来的一流人才。

“宁拙毋巧，宁朴毋华”这八个字出自宋代诗人陈师道的《后山诗话》，表达了作者追求以平淡为美的艺术风格，真可谓“作诗无古今，惟造平淡难”。在许多经典文学和艺术作品中，并没有华丽辞藻、五颜六色，却让我们能从质朴简洁、清雅淡古的描绘中感受到内在品质。在学术研究中，很多现象虽然看起来错综复杂，但其背后隐藏的客观规律往往是简单的，处处体现着和谐、简洁、整齐、对称之美，给人以芙蓉出水般的美感，而非错彩镂金的繁复之感。葛先生将这句话送给理工科的师生，更让它多了几分耐人寻味的深意。

葛墨林先生一直都将“宁拙毋巧，宁朴毋华”作为他在科研工作和为人处世中的格言。葛先生曾在一次报告中谈到，耕耘没有捷径，“笨办法”往往是最可靠的；勤奋不能决定成功，却是取得成功必须具备的品格。杨振宁先生也曾将这句话赠予青年学子，借此批评某些人的投机取巧之风，提醒青年人养成尊重别人成果、踏踏实实做学问的习惯，并将这种习惯渗入到生活中。北理工毕业生实践创新的能力、务实肯干的作风在学术界、工业界有口皆碑。他们和母校一起，用实实在在的一言一行，诠释着“宁拙毋巧，宁朴毋华”，书写着北京理工大学的骄傲和荣光，并将由你们接续传递下去。

同学们，虽然身处一个浮躁的逐利时代，但希望你们不要过多的盘算计较；将北理工的优秀品格融入灵魂，照着“北理工的模样”工作和生活，去追寻绚烂之极归于平淡的美。

三、以创新锐气为帆，助力人生远航

在中关村校区图书馆的西南侧，矗立着一座2010年学校70周年校庆之际落成的青年钱学森塑像。这座塑像意在弘扬以钱老为代表的中国科学家不畏艰险、永攀高峰的科学探索精神，感恩钱老生前对北京理工大学的关怀与帮助。

钱学森先生是大家熟知的人民科学家、战略科学家，是高扬在中华大地上的一面科技旗帜，是新中国国防科技事业的开拓者。钱老与北理工有着不解之缘，学校能有如今扎实的办学基础，与钱老的指导和关怀密不可分。20世纪50年代，钱老对学校的办学方向、专业设置、学生培养、科研工作给予了悉心指导。钱老曾在学校作过关于火箭导弹研究的学术报告，与学校领导及教师共同探讨科研方向，并促成国防科委决定在学校设立火箭固体燃料研究室等七个专职研究机构，使学校的尖端科研工作有了强有力的组织保证。1993年，钱老致信时任校长朱鹤孙教授，对学校的工业设计专业发展提出了宝贵建议。

钱学森先生还与我校青年学子间有个故事，被传为佳话。1965年，学校的研究生祁载康在阅读钱老与宋健先生合著的学术巨著《工程控制论》时，发现其中一个公式推导有误，于是他致函钱老。钱老收到信后进行了认真研究，证实的确有误。他给祁载康回信，感谢他指出错误，并对他的学术见解和学习态度加以肯定，鼓励他努力学习，为我国国防尖端科技做出贡献。后来，钱老与祁载康的来往信件均刊登在国防部第五研究院的学术期刊《学习与研究》上，成为学术大师指导和提携青年学者的著名案例。祁载康学有所成后毕生钻研飞行力学与控制，成为学校的飞行器设计学科带头人，没有辜负钱老当年的殷切期望。

同学们，青春无限好，奋斗正当时，希望你们在工作岗位上铆足干劲，增长才干；既要学习钱老的博学与情怀，还要保持如当年祁老师一样的昂扬锐气，主动作为，建功立业。

同学们，人有离合，月有圆缺。北京理工大学的一切将成为你们脑海中的记忆。当你回忆起那尊先贤的铜像，请记得北理工人的崇高理想；当你回忆起那幅角落里的书法，请记得北理工人的朴实品行；当你回忆起那座挺拔的塑像，请记得北理工人的进取精神。母校将永远关心你们、帮助你们、祝福你们！希望你们永远铭记母校、关心母校、支持母校。

漫谈跨文化学习*

首先，我祝贺同学们以优异成绩考入深圳北理莫斯科大学，成为这所具有特别意义的中俄合作大学的首届学子。对于青年人来说，选择大学是人生中最重要的选择之一。因此，我感谢同学们对北京理工大学和莫斯科大学的信任，相信你们在这里会度过充实、快乐的4年大学时光。

深圳北理莫斯科大学的创建备受瞩目，不仅对于中俄两国高等教育的交流和合作具有重要意义，而且对于两国的政治、经济、文化、外交关系也具有特殊意义。因此，从习近平主席、刘延东副总理，到教育部、广东省和深圳市人民政府，都对这所大学倾注了心血，寄托了期望。

深圳北理莫斯科大学的办学定位是"独具特色、世界一流"。学校的最大特色就在于为优秀青年学子提供跨文化的学习和交流。在同学们收到的录取通知书上，分别采用了中、英、俄三种文字，这在全球范围内可谓首创。同学们今后的4年，也都将在这样的多元文化环绕下成长。所以，今天我想和大家聊一聊跨文化学习的问题。

一、什么是世界眼光？

（一）言必称美国？

关于世界眼光，我想还是先从大学谈起。随着近年来高等教育的全球化与国际化，美国大学的发展成为当代高等教育界的神话传奇。于是乎，在追求卓越的当代大学眼中、特别是对于发展中国家的大学来说，世界一流大学

* 本文系2017年9月11日在深圳北理莫斯科大学为首届本科生作的开学演讲。

几乎等同于美国大学。在相当程度上，大学的国际化也成为美国化的同义词。许多人站在发达国家角度看待高等教育问题，将高等教育全球化理解为“美国化”，甚至称“只有去美国留学才算留洋”。

这无疑是非常片面的看法。20 世纪 90 年代，我曾在德国著名大学和美国著名大学工作过，并没感受到美国大学如此神奇。担任大学领导的 20 年来，我访问过 40 多个国家的 100 多所大学，同样有这样的感受。我认为，高等教育全球化是一个大趋势。但是，高等教育全球化应该是多元化的，应该从不同类型国家的角度看问题，应该从世界发展的趋势看问题。

美国是公认的世界第一强国，GDP 总量世界第一，创新能力突出，武装力量强大，还喜欢扮演“世界警察”的角色。因此，其引人注目属于情理之中。但历史告诉我们，人类之所以有缤纷灿烂的文明成就不是靠一枝独秀，而是因为文化多样性的存在。人类走向未来，依然要靠多元文化的和谐交融。

（二）古代文明

早在人类文明的初期，古埃及、古巴比伦、古印度、古中国等文明交相辉映，为后人留下宝贵的精神和文化遗产，包括最早的文字、算数和几何知识。我们大家都熟悉中华文明，提起它就有自豪感。我曾参观过古印度文明的一些遗址，受到强烈震撼。谈到古埃及文化，人们就会想到金字塔。至于古巴比伦文化，今日的《中国科学报》称，3 700 年前的古巴比伦人已掌握了三角函数。

（三）欧洲文明

在黑暗的中世纪结束之后，西班牙、葡萄牙成为海洋强国，意大利率先文艺复兴，英国发起第一次工业革命，法国、德国、俄罗斯等相继崛起。

10 多年前，中央电视台曾播出一套著名的纪录片，名叫《大国崛起》，建议同学们不妨重新品味一遍。历史上每个大国的崛起之路都不尽相同，没有一个国家靠简单的复制别国经验取得成功，也没有一个国家靠闭关锁国、自说自话取得成功。大国崛起的共性在于开拓精神和开放精神，在于能够因地制宜、博采众长，充分吸收当时历史条件下别国的先进文化和先进生产力。

在文艺复兴时期、两次工业革命时期，这些欧陆国家在经济、科技、文化、教育领域的来往密切，竞争与合作长期并存，诞生了近现代享誉世界的一大批思想家、科学家，形成了不同文化观、价值观国家耦合共生的独特格局，共同构成了世界版图中极其重要的一支力量。比如深刻影响近现代世界格局的马克思，他出生于德国，法国是他早期活动的重要国家，英国则是他核心思想主张形成的地方，德国古典哲学、英国古典政治经济学、法国空想社会主义学说都对他的思想产生影响。

（四）美洲文明

同学们都熟知美国，其异军突起就是得益于种族多样性、文化多样性。除了来自欧洲人建立的基本社会制度，亚裔对科学和工程的贡献、非裔对体育和文艺的贡献均占有重要地位。

我曾访问过美洲的巴西、智利、墨西哥等国家，领略了他们富有特色的社会和文化。巴西作为金砖国家，或许已引起同学们关注（金砖国家占全球人口 42%，GDP 总量 23%，中国约占 2/30）。但智利、墨西哥这些国家的经济、社会的发展水平远超出我的预期。例如，墨西哥的农村富裕、整洁。智利是我们心目中一个遥远的国度。在那里，你很难找到发展中国家的迹象。她早已实行 12 年的义务教育制度，有一批高水平的研究型大学。那里的作家曾两次获诺贝尔文学奖，其在世界文化版图中的地位可见一斑。

（五）亚洲文明

亚洲的古代文明可谓辉煌灿烂，这里不仅有从人类社会之初延绵至今的中华文明、古印度文明、古巴比伦文明，还是世界三大宗教的发源地，有世界最多的人口和民族。但第一次工业革命以来，亚洲渐渐落伍了。

日本是亚洲率先觉醒、开发和步入现代化的国家。谈到日本，会勾起许多国人心中的仇恨。但日本文化中的确有很多值得我们学习的地方，比如精细化，比如集体观念。实现经济腾飞的“亚洲四小龙”也是多种文化交融的典型。在“亚洲四小龙”中，韩国是拥有五千多万人口的“中龙”，是第二次世界大战后罕见的进入现代化的大国。我非常钦佩韩国人民不仅具有强烈的民族自豪感，而且拥有强烈的开放意识。近 30 年来，改革开放的中国，加速发展的印度，都用兼容并包、海纳百川的心态迈向民族复兴。特别值得一提的是，在中国香港地区、新加坡这样的以东亚文化为基础的国际化都市中，以超乎寻常的速度崛起了一批世界一流的大学，比如香港大学、香港科技大学、新加坡国立大学、南洋理工大学等。深圳已具备了很多与这两座城市相近的发展要素，这无疑为深圳北理莫斯科大学的未来发展奠定了良好基础。

（六）非洲文明

即便是人们心目中发展滞后的非洲，我访问过的国家也给人留下深刻而美好的印象。多年前，南非、毛里求斯等国家的人均 GDP 就超过中国，南非学术界还产生了多名诺贝尔奖获得者。近年来，肯尼亚、坦桑尼亚等国家的经济发展步入良性循环，态势良好。在我访问过的非洲国家，不仅有独特的风土人情、绝美的自然风光、宝贵的动植物资源，更有许多看似与发达社会格格不入，却非常值得我们珍视并加以保护的文化遗产。令人钦佩的是，非洲人民重视环境保护。他们不仅拥有蓝色的天空、清澈的河流，而且发自内心敬仰大自然，自觉保护森林、草原、湿地和动物。

今天，越来越多的非洲年轻人走出来，到包括北京理工大学在内的著名学府留学深造，学成后回去报效祖国。非洲大陆正孕育着人类社会未来的机遇，这同样是一个具正有世界眼光的年轻人不应忽视的地方。

（七）结论

世界眼光绝不是对单一文化的崇拜。在生态学中，生物多样性是维护生态平衡的基础。类似的，文化多样性是维护世界和谐发展的基础。中国传统文化历史悠久、博大精深，我们有必要在坚持文化自信的基础上，把世界各国的优秀文化兼容并包，融为一体，并将之进化为一种崭新的创造力。同学们能有这样跨文化学习的勇气可谓难能可贵，能够拥有深北莫这样一个跨文化学习的平台可谓机遇难得。

二、什么是我心中的俄罗斯？

（一）少年时期印象：璀璨的文学与艺术

苏联对中国近现代历史的影响是不用赘述的，在革命战争时期、新中国建设时期，都发挥了重要作用。中华民族和俄罗斯民族也在第二次世界大战中同仇敌忾，共同抵抗侵略者，赢得了反法西斯战争的胜利。俄罗斯文化深刻影响了我国老一辈无产阶级革命家，以及众多的老科学家、教育家、艺术家。在我的少年时期，俄罗斯的文学、音乐、舞蹈、绘画、雕塑等，都给我留下了深刻的印象。

比如俄罗斯文学，大师、名著层出不穷，可谓星光璀璨，特别是从新中国成立到“文革”前的17年中，我国翻译了大量的俄罗斯文学作品。普希金、托尔斯泰、屠格涅夫、契诃夫、高尔基等，这些文学巨匠和他们的作品相信同学们都耳熟能详……

俄罗斯民族具有极高的艺术天分。广袤的大地，悲壮的历史，为无数特立独行的天才作曲家创造独特旋律提供了独特素材；漫长的黑暗统治，恶劣的自然环境，激发了他们创作的动力与激情。同时在中国，俄罗斯音乐的痕迹也挥之不去，至今仍存。我们小时候最熟悉的歌曲莫过于《喀秋莎》《莫斯科郊外的晚上》《伏尔加纤夫曲》等。俄罗斯音乐古老而深沉，背负着伤痕，同时也是热烈的，寥远的，十分富有张力。我们熟悉的《义勇军进行曲》曲作者聂耳、《黄河大合唱》曲作者冼星海，都曾师从苏联音乐家。

（二）本科生时期印象：伟大的数理科学家

我在大学本科阶段最初学习数学专业，所用教材大多是俄语教材的中文版，包括菲赫金哥尔兹的《微积分教程》、吉米多维奇的《数学分析习题集》、史捷班诺夫的《常微分方程》、吉洪诺夫的《数学物理方程》等。于是，我们把数学学霸称为“某某诺夫”。俄罗斯科学家的完整理论体系、严谨逻辑思维，对我的治学产生了终生影响。

当年，我们的老师大多接受过苏联式高等教育，熟知苏联著名科学家，也经常在课堂上介绍苏联学者。在当代全世界顶级数学家中，大约有 1/4 毕业于莫斯科国立大学，这恐怕是世界上任何其他大学都无法实现的奇迹。不久前，萨多夫涅奇校长赠送我一本介绍莫斯科国立大学历代著名学者的著作，书中最后一位是我大学时代经常听老师谈起的阿诺德(V. Arnold)教授，20 世纪最伟大的数学家。阿诺德在本科学习阶段就解决了著名的希尔伯特第 13 问题，后来在动力系统方面做出杰出贡献，是俄罗斯数学学派承先启后的人物。他从微分几何角度研究动力学理论，撰写的《经典力学的数学方法》至今被奉为数学力学名著。

由于数学与物理的天然关系，老师们还经常提及朗道(L. D. Landau)教授，他号称是世界上最后一位全能物理学家，对物理学的贡献几乎遍及各个领域，诸如核物理、固体物理、等离子体物理、宇宙线物理、高能物理等，为世界物理学界留下了著名的“朗道十戒”。他热爱自己的工作，在横遭冤狱期间，还沉浸在学术研究中。他培养了一大批杰出的学生，学生中产生了两位诺贝尔奖获得者和十几位院士。在东西方阵营冷战期间，诺贝尔奖的评审具有浓厚的政治色彩。但 1962 年，瑞典皇家科学院感觉，再也没有理由不授予朗道教授诺贝尔物理学奖。

（二）研究生时期印象：伟大的力学家

在我所从事的力学研究领域，有许多以俄罗斯力学家名字命名的理论、方法和公式。例如，在流体力学、结构力学、振动力学中，有许多以著名科学家欧拉(L. Euler)命名的公式。欧拉出生在瑞士，但他的学术生涯主要在俄罗斯圣彼得堡，也是在那里取得这些成就。大家知道，茹科夫斯基(N. E. Zhukovsky)理论使人类得以理解机翼如何产生升力，进而可设计飞机；齐奥考夫斯基(K. E. Tsiolkovski)理论使人类能够理解火箭推进技术，进而进入太空。因此，我们当年又把力学学霸称为“某某斯基”。

在我的求学过程中，曾受益于多位俄罗斯力学家。我长期研究力学系统的运动稳定性，而稳定性理论的创始人是俄罗斯科学家李亚普诺夫(A. Lyapunov)。他出生于1857年，在1892年完成的博士论文奠定了稳定性理论的基础。迄今，后人已在他开辟的领域上耕耘了125年。

我的硕士生导师程德林教授曾留学苏联科学院力学研究所，他的博士生导师是世界著名力学家鲍乐金(V. Bolotin)教授。鲍乐金是公认的天才，26岁时获得科学博士并成为教授，对结构动力稳定性、结构力学随机分析、结构断裂力学等多个领域做出原创性贡献。他30岁时出版的两部力学专著被翻译成十多种文字出版，产生了世界级影响。

（四）教师时期印象：世界一流的国防工业

同学们当中如果有军迷的话，一定会对俄罗斯的国防工业有所了解，对于“米格”和“苏霍伊”等战机系列更是如数家珍。苏联国防工业取得的成就的确令人钦佩，并在很大程度上带动、影响了新中国的国防科技工业建设与发展。

“米格”是采用两位飞机设计师米高扬(A. Mikoyan)和格列维奇(M. Gurevich)的姓氏命名的设计局，其辉煌在于两人的完美合作。米高扬善于大胆假设、概念创新，格列维奇擅长小心求证、细节取胜。

由于中国空军引进和装备了Su-27、Su-30，“苏霍伊”的名字在中国非常响亮。我曾参与该机型的引进、消化、吸收和再创新过程，通过大量计算发现，它的设计富有创新、近乎完美，却完成于尚无大型计算工具的20世纪70年代。

我们北京理工大学，以及我曾经工作过的南京航空航天大学等，都是我国国防科技工业的骨干力量，与俄罗斯军工高校、研究机构有密切交往，我们深深敬佩俄罗斯学者的创造力和学术功底。

（五）结论

俄罗斯是一个伟大的民族，拥有灿烂的科技和文化成就，在几乎各个领域都为人类文明做出了杰出贡献，有很多方面值得我们学习和借鉴。

俄罗斯民族对知识、科学和数学的态度一直保持着自己的古老传统。俄罗斯历史上一直以来保持着一个由学者、医生、艺术家、教师等知识分子组成的阶层，他们把为社会做贡献为先，个人名利在后。我高度认可俄罗斯学者的这种价值观，并且认为这正是当今中国知识分子所应追求的。

三、如何跨文化学习？

（一）语言学习：先苦后甜，融入脑中

首先，语言是跨文化交流中最重要的桥梁和纽带，语言学习是跨文化学习的基础。学习语言一定是先苦后甜的，有人将学一门外语的过程形容为“聚沙成塔”，必须持之以恒、保持耐心，才能尝到甜头。

俄语属于印欧语系—斯拉夫语族，我们学习过的英语属于印欧语系—日耳曼语族，差异较大。学习俄语时，入门阶段相对比较难。例如，名词有阳性、阴性、中性的区别；而动词的词尾随着人称和人称单复数变化而变化，也就是所谓的格。我曾在 36 岁时从零起点学习有类似特点的德语，深感难度之大。由于是在德国歌德学院强化学习，四个月掌握了 6 000 多个词汇，通过了可进入大学学习或就业的 ZDaF 证书。我的体会有两点：一是如果某门外语的语法复杂严谨，学起来入门较难，但入门后容易，是典型的先苦后甜。二是在学习初期必须提高专注度，要主动沉浸在学外语、用外语的环境之中。我相信，不久之后，俄语将不再是你们学习、交流中的困难和问题。

其次，在跨文化学习过程中，不要仅仅把语言作为一种交流的工具，而忽视了语言学习中的文化养成功能。一定程度上，一个民族的语言就是其文化内涵的影射，是文化内涵的载体。希望同学们通过学习俄语，注意到中俄

传承红色基因，开创辉煌未来*

明天，北京理工大学将迎来建校77周年校庆日。作为中国共产党创办的第一所理工科大学，学校从延安一路走来，为抗战救国、为新中国诞生、为国家的国防科技工业创立和发展做出了重大贡献，成长为一所享誉国内外的著名学府，进入了创建世界一流理工大学的新时期。

党的十八大以来，围绕习近平总书记提出的“办什么样的大学、怎样办大学”和“培养什么样的人、如何培养人”这两个根本问题，我们积极探索如何传承“延安根、军工魂”，扎根中国大地建设世界一流大学；积极探索如何构建彰显学校特色的育人模式，培养高素质创新人才；积极探索学校如何承担优秀文化传承载体和思想文化创新源泉的重任，引领社会精神层次提升、推动人类文明进步。

学校围绕立德树人这一根本任务，坚持将大学文化建设作为一项基础性、战略性、前瞻性的任务来抓。明确了“德以明理、学以精工”的校训，“团结、简朴、唯实、创新”的校风，“实事求是、不自以为是”的校风；建设了校史馆、艺术馆、音乐厅等为代表的文化传播空间，设立了校训石、徐特立雕像、钱学森塑像、大型天象仪等校园文化景观，编纂学科专业史丛书，实施北京理工大学精神传承工程等，将大学精神的支撑、大学文化的传承与创新、科学精神与人文精神的有效融合，作为培养优秀人才的基本元素融入办学育人各方面、全过程。

自2010年校史馆落成以来，在凝练学校的办学精神、办学理念和校园文化方面，在留存历史、传承文脉、校史育人方面，发挥了极其重要的作用，赢得了前来观瞻的领导、校友、全校师生的一致称赞。

---

* 本文系2017年9月22日在北京理工大学新校史馆开馆仪式上的讲话。

2016年，学校决定在国防科技园建设新校史馆，通过更加系统的史料梳理工作，更加生动的实物展陈方式，更加科学化、时代化的方法手段，提升向全校师生展示学校光辉历史的效果和水平。

在新校史馆中，可以感受北京理工大学诞生于抗战烽火之中，作为中国共产党创办的第一所理工科大学的历史地位；感受学校在我国国防科技领域做出卓越贡献，作为新中国第一所国防工业院校的历史地位；感受学校以建设中国特色世界一流理工大学为卓越目标，在人才培养、科学研究、社会服务、文化传承与创新、国际合作与交流等方面所取得的辉煌成就；感受几代北理工人政治坚定、服务国家的爱国精神，实事求是、求知创新的科学精神和艰苦奋斗、自强不息的创业精神。学校的创业和发展史，是一部中国共产党领导创建理工科高等教育的伟大实践史，是一部北理工人始终与党和国家同呼吸、共命运的光荣奋斗史。

10年前，我到学校工作后的第一件事就是认真研读校史，认真领悟历届校领导的办学理念和办学实践，认真学习学校的光荣传统。在两个校史馆的建设过程中，我又认真研读了所有文稿。这让我深切体会到，只有以史为鉴，才能更好地面向未来。值此新校史馆落成之际，希望全校干部和师生把校史作为重要的教材之一，潜心研修，内化于心，外化于行。

“十三五”时期，学校进入全面推进综合改革、创建世界一流理工大学的新阶段，同时面临许多新的严峻挑战。加快推进综合改革，矢志追求世界一流理工大学的建设目标，必须充分发挥大学文化的内在支撑力和驱动力。学校将以新校史馆落成为契机，围绕精神文化、物质文化、制度文化、行为文化建设任务，进一步传承弘扬大学精神，加强文化阵地建设，营造良好文化氛围，提升共同价值归属感，建设底蕴深厚、格调高雅、催人奋进、特色鲜明的北理工文化。

在第三届"特立论坛"上的讲话*

金秋送爽，北京理工大学喜迎130位优秀青年学者出席北京理工大学第三届"特立论坛"——青年学者论坛。

论坛冠名为"特立论坛"，具有双重含义。一方面，"特立"二字取自人民教育家、学校老校长徐特立先生的名字，以缅怀他对学校的卓越贡献，激励全校师生弘扬他的高尚品格，"热爱真理、追求真理"。另一方面，"特立"二字在古文中表示坚定的志向和操守，有独立、独特、与众不同、独具一格的含义，意在激励全校师生弘扬"勇于探索、卓尔不群"的创新精神。

"特立论坛"的宗旨是构建开放、民主、探索、争鸣的学术氛围，凝练科学研究方向，研讨面向世界科学前沿、体现学科交叉与融合的重大科学问题，研讨面向国家发展急需、强调综合集成的重大工程技术问题，进而展望科技发展趋势，分析新学科的生长点以及交叉学科的新问题，为打造一流学科，建设一流大学奠定基础。自2015年起，学校在"特立论坛"框架下设立了"青年学者论坛"，邀请一批活跃在国际科学前沿或热点研究领域的青年学者来校交流，促进校内教师了解世界科技发展趋势，促进校外青年学者对学校办学特色的了解，吸引优秀青年学者加盟学校。

最近，国家启动了"世界一流学科和世界一流大学"建设。北京理工大学已入选首批A类建设高校，正着力建设"高效毁伤及防护""新材料科学与技术""复杂系统感知与控制""运载装备与制造""信息科学与技术"等五个世界一流学科群；同时建设"特色理科""医工融合""军民融合与创新发展"三个学科群，全面推动世界一流大学建设。

---

* 本文系2017年11月1日在北京理工大学第三届"特立论坛"——青年学者论坛开幕式上的讲话。

在“双一流”的建设过程中，最关键的工作是师资队伍建设，特别是青年教师队伍建设。虽然学校在世界高等教育竞争中的地位不断提升，影响力不断扩大，但与世界一流大学相比尚有明显差距，而最主要的差距就体现在教师队伍的整体水平和质量上。因此，学校实施引进和培养并举的师资队伍建设战略。一方面，千方百计从世界名校引进人才，不论是华裔学者还是外籍学者，只要是师德高尚、学术精湛，都热烈欢迎。另一方面，努力营造良好的育人氛围，使来自五湖四海的青年教师、正在求学的青年学子成长为一流人才。

学校以“引高端、汇人才，重培育、稳队伍，强学术、突特色”为主线，以中青年教师和创新团队为重点，优化中青年教师成长发展、脱颖而出的制度环境，着力打造平台，筑巢引凤，吸引人才，保障发展，有力推进优秀青年人才队伍建设。学校正汇聚一批学术造诣深厚、活跃在国际学术前沿、服务于国家重大战略需求的学术骨干，造就一支师德高尚、业务精湛、潜心育人、充满活力，与建设世界一流大学相适应的一流师资队伍。

今天，面对众多来自海外的青年学者，让我回想起自己20多年前曾经拥有过的一个身份——国家留学基金设立后的第一批入选者，而且是50位入选者之首，国家下发文件的名称就是“关于批准胡海岩等50位同志国家留学基金资助的通知”。我位于榜首并非是最优秀，而因为是50位入选者中唯一的第二次留学者。

当时，我从德国斯图加特大学留学后归国恰好两年，为拓展研究领域而申请赴美国杜克大学从事研究。那时，国家留学基金对高级访问学者的资助是每月800美元，相当于我在德国担任洪堡基金研究员时收入的1/3，但却是国内教授工资的30倍。初到美国时，有些研究生时期的同学说：你拿这点钱根本用不着工作，至少不用像在德国时那样认真工作，找点资料带回去就行了。而我国驻美使馆工作人员则对我说，你们真幸福，我们使馆工作人员每月的收入只有160美元。如何看待他们的说法，不同视角自然得到不同结论。

作为经历过十年动乱、恢复高考后的第一届大学生，更习惯于把个人前途与国家命运联系在一起。我的视角是，这次出国留学是由国家资助的，每月 800 美元的背后，是成千件中国制造的服装，是上万双中国制造的鞋袜，是无数工人和农民的辛勤劳动，他们的月收入还不足 10 美元。我应该比在德国留学时更加勤奋工作，用行动来报答他们。就这样，我在美国度过了自己一生中最勤奋的时期，很快拓展了学术领域，取得了重要研究进展。短短几个月后，杜克大学工学院院长道威尔(E. Dowell)院士签发邀请信，聘任我担任下一年度的访问教授。而我自豪地告诉他，我已获得中国政府刚设立不久的国家杰出青年科学基金，要回南京航天大学去组建自己的学术团队了。

这个小故事到此就结束了，我想告诉大家的是："价值取向"就在我们日常的学习、工作和生活之中，而"价值取向"决定着每个人前进的方向、决心和行动。

在新当选院士座谈会上的讲话*

今天，学校召开新老院士座谈会，祝贺吴锋教授、孙逢春教授、陈杰教授当选为中国工程院院士，并从他们的成长过程中找出启示，进一步提升师资队伍建设的水平。此外，学校将另行组织座谈会祝贺福田敏男教授当选中国科学院外籍院士，总结高水平国际合作工作的经验，加速学校的办学国际化进程。

一、新当选院士给予我们的启示

一是热爱祖国教育和科技事业，理想高远，作风踏实，勇于开拓新的研究领域，开展十年磨一剑式的深入研究，成为领域公认的领军人才。例如，吴锋教授、孙逢春教授、陈杰教授分别长期从事电池材料、电动车辆、火力与指挥控制领域的科学与技术研究，投入时间均长达 20 年以上，不为诱惑所动，不为困难所离，锲而不舍才取得今天的成功。

二是瞄准国家重大需求开展研究，从工程实践中凝练重要的科学和技术问题，解决关键问题。例如，三位新院士早期分别从事电池材料、电动车辆、火力与指挥控制的工程研究，近年来则针对工程实践中的科学技术问题开展深入研究，在应用基础研究方向取得重要进展，共获得国家自然科学奖 1 项、国家技术发明奖 3 项、国家科技进步奖 4 项。

三是重视国际学术交流与合作，在开放中取胜。例如，三位新院士都非常重视与国际同行的学术交流与合作，通过国际化提升研究水平，通过国际化赢得认可。吴锋教授获得电池材料领域的多项国际学术奖励；孙逢春教授

* 本文系 2017 年 11 月 27 日在北京理工大学新当选院士座谈会上的讲话。

将电动车辆技术整体出口到欧盟国家；陈杰教授担任多个国际期刊的副主编、编委，每年主办国际学术会议。

四是重视学术团队和科技创新平台建设。三位新院士分别担任部级重点实验室主任、国家工程实验室主任、国家重点实验室主任，拥有高水平的研究平台和富有活力的学术团队，与青年教师、研究生形成了良好的学术互动和互助。

基于上述启示，学校将进一步营造良好的氛围，鼓励优秀中青年学者宁静致远、踏实工作，建设高水平的学术团队，瞄准世界科技发展前沿和国家重大需求开展长期的深入研究，走向世界学术舞台的中央，成长为一流学者。

二、对新当选院士的希望

一是继续坚持“学术为基、育人为本、德育为先”的理念，坚持高尚师德和严谨治学，在做人和做事两个方面都成为广大师生的楷模。

二是继续瞄准世界科技前沿和国家重大需求开展研究，不断取得重要研究进展。与此同时，充分发挥院士在国家科技政策咨询方面的重要作用，积极向国家建言献策，提升学校相关研究领域在国家层面的地位。

三是培养优秀中青年学术带头人，尤其是超过自己的杰出学者。既要进一步加强学术团队建设，使其成为名副其实的国家队；又要为学校的杰出人才队伍建设出谋划策，提携后学。我们要一起将优秀中青年学者推向国内外学术界，帮助他们承担更重要的研究项目，担任更重要的学术兼职，形成更大的学术影响力，为国家做出更大贡献。

四是保持身心健康，学术之树常青，生命之水长流。当选院士之后，各种学术活动、社会活动剧增，一时可能会不适应。面对这样的新问题，需要调整心态，调整自己，优化计划。希望各位院士为国家、为学校、为家庭、为自己而保持身心健康，为国家做出更大贡献。

实践证明，培育杰出学者是一个长期的过程，通常要 10 年乃至 20 年以上的时间。因此，我们必须戒骄戒躁，弥补短板，进一步推动学校的杰出人才队伍建设，并以此带动高水平师资队伍的整体建设，为建设世界一流理工大学打下坚实的基础。

第四篇

治学研究篇

4

科学研究是非常艰辛的工作，也是非常快乐的工作。艰辛来自于求真，快乐也来自于求真。从事科学研究，要有探索问题和解决问题的执着精神。对某个科学问题的研究，可能需要夜以继日、长年累月、坚持不懈地探索，才能取得进展。没有对科学的热爱，很难做到坚持不懈；而有了发自内心的热爱，就会有执着的信念，就会在探索中感受到快乐。

在博士生学术论坛闭幕式上的讲话*

首先，我代表学校向获得表彰的优秀研究生个人和先进集体，向全校博士生学术论坛的成功举办、胜利闭幕表示热烈的祝贺！

我很高兴参加这次“北京理工大学2007年研究生表彰大会暨博士生学术论坛闭幕式”。看到充满朝气、充满希望的年轻学子，立即使我回想起自己的研究生学习时代，仿佛年轻许多。更让我高兴的是，在过去的一年里，同学们勤奋学习、刻苦钻研，不仅在学业上取得优良的成绩，还结合自己的研究课题，积极参与了学校的科研与教学改革，为学校高水平研究型大学建设做出了自己的贡献。去年，学校被三大检索系统收录的论文共1370篇，全部有研究生参与；学校的科研项目，几乎都有研究生参加研究工作；管理与经济学院研究生代表中国参加“国际企业管理挑战赛”荣获世界季军；在全国研究生数学建模竞赛中，学校研究生取得一等奖；在第10届“挑战杯”比赛中，学校获得优胜杯。

这些成绩的取得，依靠的是每一位指导教师的辛勤指导，依靠的是每一位研究生同学的刻苦努力。学校召开表彰大会的目的，不仅在于对优秀研究生所做出的贡献给予肯定和褒奖，而在于激励更多的研究生积极进取、奋发向上，形成见贤思齐、追求卓越的良好氛围，形成优秀成果不断涌现、创新人才脱颖而出、学术氛围日益浓郁的发展态势。

我从这次博士生论坛的论文摘要汇编看到，许多论文选题新颖，富有创意。这表明，越来越多的博士生关注学科发展前沿、重视科技创新。举办博士生学术论坛是提高博士生创新能力的一个重要平台，博士生学术论坛为大家创造了一个平等、活跃、竞争、向上的学术交流环境，在拓宽博士生学术

* 本文系2007年12月26日在北京理工大学研究生表彰大会暨博士生学术论坛闭幕式上的讲话。

易。然而，要有所创新就一定要重视细节，细节往往蕴含着创新的线索。同学们要培养批判性思维，要敢于对现有理论、观念进行质疑和突破。勇于创新，善于创新，不唯书、不唯上、不唯洋、不唯他、只唯实。

科学研究是非常艰辛的工作，也是非常快乐的工作。艰辛来自求真，快乐也来自求真。从事科学研究，要有探索问题和解决问题的执着精神。对某个科学问题的研究，可能需要夜以继日、长年累月、坚持不懈地探索，才能取得进展。没有对科学的热爱，很难做到坚持不懈；而有了发自内心的热爱，就会有执着的信念，就会在探索中感受到快乐。

最近刚当选为中国科学院院士的吴一戎教授是我校校友。他 1988 年从学校硕士毕业后，到中国科学院电子研究所参加工作。近 20 年来，他一直从事空间对地遥感信息系统的研制，参与国家信息获取与处理技术方向战略研究，从未动摇自己的追求和理想。他在工作中注重细节，不墨守成规，勇于创新。正是凭着执着的努力，他主持研制的我国第一部天基 SAR 雷达获得国家科学技术进步奖一等奖。43 岁的他成为 2007 年度中国科学院信息技术学部当选的唯一院士，为同学们树立了当代青年科学家的榜样。

与同学们交流的以上三个话题，希望同学们有所思考，向大师级学者和我们的杰出校友、师长学习，弘扬“团结、勤奋、求实、创新”的学风，心境平稳，专心致志，厚积薄发，有所作为。

技术科学中的美学*

主持人：老师们，同学们，下午好！

今天，我们举行首届北京市研究生学术科技文化节院士论坛——北京理工大学专场报告会。首届北京市研究生学术科技文化节由中共北京市委教育工委举办，旨在弘扬2008年北京奥运精神，提升北京高校科技文化氛围，促进各高校研究生之间的沟通与交流。

院士论坛的宗旨是：激发灵感，创新思维，聆听院士，感悟人生。今天院士论坛的主讲嘉宾是：中国科学院院士、北京理工大学校长胡海岩教授。今天胡海岩院士报告的题目是——技术科学中的美学。下面让我们以热烈的掌声欢迎胡海岩院士作报告！

老师们，同学们，下午好！我来到北京理工大学工作一年多了，还是第一次有机会作校内学术报告，和老师们、同学们进行一次学术交流。今天选择“技术科学中的美学”为题，与大家一起进行探讨。这个报告的基本观点和学术思想来源于1999年我写的一篇论文“论工程科学中的美学教育”。

今天，我想和大家谈谈技术科学和美学之间的一些关系。大家知道，科学和技术的交集部分是技术科学，它主要关心如何解决技术创新和发展中的一些科学问题，尤其关心解决这些科学问题所形成理论以及方法。而哲学与艺术之间的交集部分可称为美学，即美学是从哲学高度来考察艺术之美。这样，我们今天讨论的主题就是科学、技术、哲学、艺术这样四个大领域的交集部分。

* 本文系2008年11月4日在北京理工大学研究生学术科技文化节的演讲；被收入：科学与艺术演讲录. 北京：国防工业出版社，2013：183-201。

的顶尖上相会了。

其次，我要谈谈著名科学家的艺术素养。既然说在最高层面上科学和艺术是相通的，那么科学家与艺术是什么关系呢？我很容易列举出很多著名科学家，他们不仅对科学做出了巨大贡献，同时还具有很好的艺术素养。

譬如，牛顿喜欢管风琴，量子力学奠基者之一普朗克是技艺精湛的钢琴家，爱因斯坦、李四光、袁隆平等都很擅长演奏小提琴。著名油画《蒙娜丽莎》的作者达·芬奇是大科学家，他不仅创作了这幅油画，在意大利还有许多他创作的著名作品。还有著名物理学家李政道，非常擅长绘画和艺术理论。1994 年，他和著名画家吴冠中先生组织了“艺术与科学”的研讨会，邀请一批著名画家以近代物理为题进行作画。当时李政道给画家们出了一个题目，希望画家们用艺术手段来展示原子核内所储存的巨大能量。后来，画家们以这个命题作了很多创作。如今，在清华大学科技园门口有一座著名雕塑，就来自这个命题创作。在雕塑中，两头非常健壮的牛，犄角相抵在一起。它们隐喻地告诉大家，尽管看上去这是一个静止不动的体系，但是内在却储蓄了巨大的能量。这样的例子还有很多，比如著名数学家苏步青、王梓坤，他们都非常擅长写诗填词。而且这些大科学家在撰写回忆录的时候，几乎无一例外地谈到艺术素养对于他们在科学上做出重要创造起到了非常重要的作用。爱因斯坦曾经在回忆录中谈到，当他苦苦思考问题而没有结果的时候，他会静下心来去拉小提琴，奏一首乐曲。而在这个过程中，思绪往往会茅塞顿开。因此我们说，在最高层面上科学与艺术是相通的。同样，在最高层面上科学家与艺术家也是相通的。这种相通就在于他们同样需要想象力，需要创造。问题在于，大师们有这样的感悟，我们作为凡人怎么办？

我想，如果我们没有这样的科学和艺术素养，那么首先应该从学习欣赏开始，这也是我当年撰写上述论文的初衷。今天，我则想用这个学术报告和在座的几百名研究生进行沟通，建议大家能够学会欣赏，去欣赏你所学的专业、所从事的科学研究。由于科学研究的范畴太大，所以我最后选择了技术科学这样一个中等范畴来进行讨论。

三、如何欣赏技术科学

既然谈到如何欣赏技术科学，我就要把报告主题，以及什么是美学在这里做个简单介绍。美学是研究感性知识的科学，是研究人对现实的审美体系相关的科学，或者叫作艺术的哲学。它的研究范畴包括：美的存在、美的类型、美的形态以及彼此之间的关系，人类对美的感受，美感的产生和发展，美感的性质和特征，美和美感的关系等等。另外，还有美的创造，审美教育等内容。

在说明什么是美学这样一个基本概念之后，我要谈谈什么是科学美。因为技术科学是技术中的科学，所以理解了科学美，就比较容易理解技术科学之美。科学不仅仅向人类揭示了大自然客观存在的道理，同时向人类展示了大自然外在和内在的美。人类对科学美的探索，可以一直追溯到很早。例如，像开普勒等对行星的研究。当年，开普勒把他对行星研究的三条定律写成一本专著，叫作《宇宙的和谐》。后来，人们通过对科学美的研究发现，实际上和谐是科学美最主要的体现，也是最基本的体现。现在，人们通常把和谐、简洁、整齐、对称这几个要素作为科学美的重要内涵。

技术科学主要研究技术创新和发展中的科学问题，它的理论根基是数学，物理学，化学等科学分支，所以它很自然地具有科学美的一些基本特征。下面，我们从几个方面来看一下技术科学有哪些美学特征。

我先介绍技术科学的第一个美学特征——统一性。

大家知道，技术科学包含了许多不同的学科分支。但如果从技术科学整体来看，应该说它具有统一的框架，在这个框架中，整体和部分，部分和部分之间是高度和谐的，形成了统一、有机的整体。比如，研究两航机械系统的研究生非常熟悉，你们所研究的系统是一个二阶常微分方程组所描述的力学模型。而研究通信系统的研究生则知道，你们所研究的通信电路的数学模型也是一个二阶常微分方程组。如果你们研究的是连续系统或某种场，例如研究弹性波，电磁波，其模型都是双曲型偏微分方程。再比如，确定性的线性结构力学系统，其运动规律和研究控制系统中的最优控制相同，写出来的数学描述是完全一致的。也就是说，在技术科学中看上去彼此毫不相干的分支之间，有着高度的统一性，而这种统一性主要表现在它们的数学模型往往是相同的。因此，对一个领域有了很深刻的理解，再去研究另外一个领域的问题，入门是非常快的。

我们再看一下技术科学的理论框架。以线性系统为例，这是大家最熟悉的系统，它的数学模型可以由线性微分方程，积分方程，或者泛函微分方程来描述。在傅立叶变换或拉普拉斯变换下，这些微分方程和积分方程就转变成了线性代数方程。为什么会有这样的统一性？因为所有的线性系统均满足叠加原理，这种内在统一性决定了其理论框架必然具有令人陶醉的统一性。

比如，线性机械系统在外界激励作用下，其运动满足二阶线性常微分方程组。系统的响应(即这个微分方程组的解)由三部分组成，包括系统非零初始位移引起的响应、非零初始速度引起的响应、非零激励引起的响应。重要的是，这个结果不仅对于机械系统适用，而且对于控制系统、通信系统等也同样适用。

非线性系统的研究难度很大，远未达到可建立上述统一表达式的阶段，需要个案处理。以往，人们甚至认为研究非线性系统是一门艺术。但是从 20 世纪 60 年代开始，人们在研究非线性系统的过程中逐步改变了认识。这种变化在于，对于非线性系统的研究可不再是一个案例、一种方法的研究，而是发现了一批可以用类似方法进行研究的问题。例如，发现了可积非线性问题的概貌，发现了不可积非线性问题和耗散系统的混沌；这样就把两个极端的现象勾画出来了。有了对这样一个双极端现象的勾画，对人们把握其他非线性系统动力学大大向前推进了一步。以至于从 20 世纪 60 年代起，来自不同学科的专家们站在非线性科学的高度来研究各自不同领域所涉及的非线性系统问题。今天，研究非线性科学的学者们可能已经不再区分所研究的是机械系统还是电学系统，是生物学系统还是经济学系统，因为他们的研究在理论高度上具有统一性。

现在介绍技术科学的第二个美学特征——简洁性。

首先，技术科学的理论体系具有清晰的纲目，最少的构成要素，因此具有可分解性。整个理论体系是建立在为数不多的、非常简洁而又无比深刻的定义和方法基础上。我可以举出很多这方面的例子。例如，研究线性时不变系统可采用著名的模态方法，把高维问题分解为低维问题来处理。又如，研究线性时变系统，如周期性时变系统时，则可基于著名的弗洛凯(C. Floquet)理论将这类系统进行分解处理。再如，研究非线性系统的稳定性需要采用著名数学家李亚普诺夫(A. Lyapunov)提出的方法等等。这些方法构成了技术科学理论体系的最主要基石。有了这些基石之后，其他很多方法都可以派生出来。

其次，技术科学所研究的许多对象具有可分解性。利用可分解性，可以把复杂问题分解为若干个简单问题来进行研究。比如像多自由度线性系统，无论是力学的、电磁学的、声学的系统，它们的响应均可以分解成一系列单自由度系统的响应，这样求解难度就会大大降低。正如前面所说，线性时不变系统的动响应可以分解成非零初始状态引起的响应，再加上非零输入引起的响应。又比如，有时一个系统的输出信号看上去杂乱无章，但是如果采用基于傅立叶积分或级数的变换，就可以将系统输出信号进行分解，转化为一系列简谐振动或纯音的叠加。再比如，对于更加复杂的非线性系统的混沌吸引子，从道理上来讲，它不可能通过一个变换将其分解为若干个简谐信号相叠加。但从其内在结构上来看，它的“骨架”由系统的一系列不稳定周期运动所组成。

我讲这样一些概念主要是想说明，技术科学所研究的问题可以进行分解。在研究一些复杂技术科学问题时，分解是经常要用到的办法。可以说，将复杂系统进行分解和解耦，是20世纪以来系统分析方法发展的主线。比如我们刚刚提到的，信号能量在频率域中的分布，导致了所谓的功率谱概念，使我们知道一个信号的能量分配在哪些频率上，从而揭示了一个复杂信号内在的能量结构。再比如，模态方法和子结构方法可以把大型复杂系统分解为若干个子系统来分析，然后再经过综合，获得整个系统的动力学行为。这是研究系统动力学很重要的手段。

对于非线性系统的分析，我们也已有很多著名方法。比如，研究非线性系统的彭加莱-伯克霍夫(J. H. Poincare-Birkhoff)规范型方法，可以把非线性系统进行规范化处理，获得系统最简单的标准形式。还有李亚普诺夫-施密特(A. Lyapunov-E. Schmidt)约化方法，可以把一个非线性系统在平衡点附近进行约化，获得其标准简化形式。再比如中心流形方法，揭示出一个复杂非线性系统在平衡点附近的流形走向规律：即不外乎有不断向中心点收缩的流，有不断从中心点向外扩张的流，以及限制在中心点附近某个“曲面”上比较复杂的流。这样就把一些系统的复杂规律进行了分解，使研究大大简化。

我们讲简洁性的最后一点要归结到大自然。经过漫长历史演化的大自然，具有令人所钦佩的最佳结构。也就是西方人经常讲的，“上帝从来不用麻烦和困难的方法去创造世界，去创造一个本可以用简易办法就能生成的世界。”这句话是什么含义？

举一个例子，系统的运行原理，总要遵循某种最优准则，比如像力学系统的能量最小原理、势能极值原理等。这些最优规律实际上都是来自大自然，从而隐含着大自然总归是用能量最小，代价最低的方式来完成它的演化。今天，已经有越来越多的人造系统，特别是技术科学专家所关心的系统。虽然它们不是大自然所形成的系统，但它需要按照这样的规律来进行设计，比如势能最小，取得某种稳定。再比如，机电系统往往具备主动控制功能，而这些控制策略无一不是按照某种准则最优来进行设计的，包括基于生物遗传基因算法的最优控制策略。

下面讲技术科学的第三个美学特征——整齐性。

整齐是指同一种形状的一致性重复。在技术科学中，可以举出很多整齐性的例子。比如简谐振动、纯音等这样一些整齐规则的现象，像线性系统的模态正交关系、瑞雷(L. Rayleigh)商等这样一些优美整齐的规律，像非线性分析的摄动法，多尺度法，随机信号分析中的矩方法等整齐、规律的方法。这些整齐的图形、表达式和规律令人赏心悦目，留下深刻印象。

再举一个更加具体的例子。20世纪80年代末至90年代初，我由于研究飞行器中的隔振问题而涉及一个含有间隙的碰撞振动机械系统。我做了很多研究之后发现，当改变对系统的激励频率时，系统碰撞振动会发生突变，也就是所谓分岔。这种分岔和一般的倍周期分岔不同，不是从 1 分到 2，再分到 4、8、16 等；而是从 1 分到 2，再分到 3、4、5 等。几乎就在我发现这种现象没有多久，日本电气工程教授松本（T. Matsumoto）出版一本关于开关电路分岔方面的专著。他在专著中给出了分段线性电路的分岔图，而这个图恰恰和我研究的碰撞振动机械系统的分岔现象具有完全相同的规律。值的指出的是，这是在两个完全不同的领域所发现的相同规律，也再次印证了前面所说的统一性。

我还想谈的一点是，在技术科学研究中出现的很多问题，表面看上去是杂乱无章的，公式是非常繁杂的；但若在新的层次上去考察，有时候就会发现它们具有某种整齐性。比如一个拟周期时间信号，如果在时域看，图形非常复杂，看不到什么规律；但如果经过傅立叶变换到频率域去看，可能只有两条谱线，三条谱线，结构非常简单清晰。所以像谱分析，小波分析这些方法，为人们提供了揭示杂乱信号内在整齐性和规律性的强有力工具。

再比如机械系统，特别是具有阻尼的机械系统，它的模态不具有物理空间中的正交性，因而系统是不能直接解偶的。但是人们研究发现，如果用系统位移和速度构成一个状态变量，在状态空间中系统的复模态具有正交性，这时系统就可以解偶。在解偶之后可以发现，解耦所用到的复模态依然具有清晰的物理意义。这样一些例子启示我们，在从事技术科学的研究中，如果遇到的现象非常复杂，找不到规律，这时不应该一条路走到底，而应该换一个视角，甚至换一个空间来思考。因此，在研究复杂系统的内在规律时，在寻找尽可能简单的整齐性规律，往往会刺激人们去寻求一些新方法、开辟一些新视角，这样就会推动技术科学的深入研究。

下面接着讲技术科学的第四个美学特征——对称性。

对称性实际上是一种特殊的整齐性，是大家所熟悉的概念，因为很多自然现象具有对称性。同样，许多载运工具、工程结构具有对称性。比如汽车、飞机、舰船都有一个对称面，埃菲尔铁塔具有两个对称面等等。这些对称性有的来自功能需求，比如载运工具必须具有一个对称面，否则就难以直线行驶；有的则来自审美需求，比如像埃菲尔铁塔，给人们的视觉带来美的享受。当然，最理想的情况是两者相统一。除了这些简单对称性之外，许多工程结构具有复杂的对称性。比如我们选择一个航空发动机来看，它有很多级叶盘，每个叶盘又由许多叶片组成。叶盘具有周期对称性，也就是说旋转一个特定角度后与原来重复。这样的周期对称性不仅从视觉上看是一种外在的美，关键是它会引起系统内在的周期对称性，而内在规律的对称性对于人们的科学研究是很重要的。随着人们对技术科学的了解，人们往往会为其内在的对称性所折服。因为人们发现，一些几何形状上看上去毫不对称的系统，还具有内在的对称性。例如，我们前面提到的系统弹性矩阵是一个对称矩阵，也就是它的转置矩阵与它相同，其内在的物理含义是线性结构的位移互等定理。还有前面所说的模态正交关系、瑞雷商等，其数学形式都是对称的，背后都有深刻的物理含义。

如果系统具有对称性，那么研究起来就会变得简单，例如至少可以剖分成两个以上的子系统，从而可设法进行分解，简化分析，再用子结构综合的办法，或者数学中的群论方法来研究其整体规律。20 世纪 80 年代初，我在研究发动机叶盘时就曾有这样的经历。当时我国的计算条件很差，学校唯一的计算机只拥有 64 KB 的内存，而分析发动机叶盘的振动问题要求解上万阶的代数特征值问题，直接计算根本不可能。我先用群论把具有几十根叶片的叶盘振动问题化为其中的一个扇形求解，再采用动态子结构方法来进一步降阶，最后把问题的规模缩小了几百倍，成功获得了结果。这项研究也曾是我科学研究生涯的起点，其成功显著增强了我的自信心。

最后讲技术科学的第五个美学特征——奇异性。

我们平时讲奇异，是指一些奇怪现象的极端，特别是某些奇异现象常常与某些灾难联系在一起，一旦发生往往具有毁灭性。但是，如果我们能揭示奇异性的本质，就可以造福人类。技术科学中的奇异性例子很多，比如桥梁的共振、高速转子的临界失稳、飞行器的颤振、电力系统的内共振等。在各种各样的工程系统中，往往都可以找到若干导致系统性质发生突然变化，甚至是灾难性变化的一些特征，人们一般将其归入奇异性。为了描述奇异性，人们就要研究相应的描述方法。比如，现在已有很多和奇异相关的数学工具，例如奇异摄动法、突变理论、奇异性理论、分叉理论等，它们和奇异现象具有高度的相关性。人们关注奇异性，不仅在于它的突发性，还在于它有许多新奇的色彩。对奇异性的研究，常常导致人们发现许多奇妙的美学结构。

例如，人们对非线性系统平衡点的奇异性研究，导致了可以用代数几何方法给出在奇异点附近可能发生的局部分叉，以及这些分岔受到扰动以后所有可能发生的情况。这件事情对于工程师来讲最初几乎是不相信的，因为这个理论结果非常漂亮，漂亮到几乎令人难以相信。但是经过从 20 世纪 70 年代到现在，30 多年的理论计算和实验研究都证实，奇异性现象是有结构的，一旦这类结构被揭示出来，可大大简化对原系统的研究。

谈到奇异性，就要说一下分形几何学，它是用来描述无限自相似的数学工具。所谓分形就是一种无穷自相似图案，我想大家并不陌生。在我的儿童时代，家家都有灭蚊子用的喷雾器，今天在场的不少老师应该对此会有印象。当时，我家的喷雾器上有个图案，是一个孩子手里拿着这个牌子的喷雾器在灭蚊。我当时就想，这个图案太有意思了，一层套一层。但那是 20 世纪 60 年代末的事情，发生在分形几何学诞生之前。而我当时只有小学文化，还不可能去进行深入思考。概要地说，分形几何就是研究这样一层套一层，无限自相似的结构。这种数学工具非常有用，因为只要用一个相似率就能把非常复杂的图形用很简洁的数学工具描述出来。比如，人们在研究非线性系统的混沌吸引子中，就需要用到这个工具。像劳伦兹系统的混沌相轨线、乌依达混沌吸引子的截面等，这些看上去很复杂、杂乱无章的图形，因为具有自相似性，就可以用分形几何来描述和度量。由于分形几何学所涉及的自相似图案奇妙无比，所以它现在已经不仅是一个科学家所关心的问题，而且引起了艺术家的极大兴趣。有些艺术家甚至成立了专门机构，向科学家征集新发现的分形图案。

除了以上五个美学特征，技术科学是否还有其他美学特征呢？建议大家进一步思考。

四、欣赏技术科学的意义

首先，如果一个人能够欣赏所自己从事的技术科学，从原来认为非常枯燥到能够欣赏，那么就可以在认识论方面大大向前跨出一步。跨出这一步将有助于增强创新能力，有助于从所研究问题的美学特征中突破已有的理论和方法的不完善之处。因为我们讲创新能力、创新思维，关键是要使我们的思维跳出原来已有的范畴，通过想象和灵感，来透过复杂的、没有美感的现象，抓住其内在的具有美学特征的标志。我刚才讲到重要的科学发现、重要的技术科学发现，往往是非常简洁的，具有意想不到的简洁表达形式，而所阐述的科学规律又非常深邃。这样的一些探索过程、认识过程，实际上充满了跳跃，它本质上要求研究者需要拥有很好的审美观。

例如，20 世纪初，爱因斯坦研究布朗运动的时候，关注到在液体表面有一些细小的花粉会杂乱无章地运动。对于这样杂乱无章的运动，大部分人看到它会感到束手无策，认为它没有什么规律而言。但偏偏爱因斯坦认为，即使是这样杂乱无章的运动，也应该有规律可循。他抱着这样的一种审美观，这样的一种信念，最后对统计物理做出了奠基性的工作。后来人们知道，花粉在液体表面的这种随机运动，实际上是统计物理规律所刻画的运动。

再举一个时间上更近些的例子。20 世纪 60 年代，菲尔茨奖获得者、美国数学家斯梅尔(S. Smale)提出马蹄映射的概念，用来刻画混沌吸引子。马蹄映射是一种很有意思的过程，它把一个正方形拉长，然后弯成一个马蹄形状，放到原来的正方形上面去，这样就和正方形形成一个交集；然后再把它拉长，拉长以后再弯过来，再放上去，循环无限多次；可以横着放，还可以竖着放，最后这个交集就是斯梅尔马蹄映射的结果。

我认为，这个概念本应由中国数学家提出。为什么呢？因为马蹄映射过程和中国兰州拉面的制作过程是类似的。大家可以想象，把一团面上滴上一滴红墨水、一滴蓝墨水，并让两滴墨水非常接近；把面拉长，然后折过来，再拉长，再折过来，拉长 10 次，再折 10 次。现在我问大家，两滴墨水的距离是比原来近了还是远了？可能没有一个人能答上来。大家可以回去试一试。结果是这样，由于面被拉长了又折回来，拉长了又折回来，实际上两滴墨水被拉成了非常细小的一些颗粒，而这些颗粒和颗粒之间的距离，有的非常相近，有的相距很远。如果相近的话，是它正好被折回来了；如果相距很远的话，是它正好被拉开了。至于被折回来，还是被拉开，实际上取决于变得非常细微的两个点之间原来的距离，而且取值非常敏感。这种效果实际上就是混沌现象。科学界所说的混沌，就是一个系统对于初值具有高度敏感性，但这个系统又没有发散到无穷远的地方去。为什么呢，因为就像是拉面过程，每次拉伸之后又折回来，马蹄映射所描述的混沌，实际上讲的就是这么一件事情。很可惜，中国数学家当时因为“文革”而被迫终止科学研究，没有发现这个规律。但我想说的是，创新思维的重要就在于能从一些意想不到事情上面联想到正在从事的研究。

第二点，我认为欣赏技术科学有助于从它的美学特征来发现已有理论和方法可能有不完善的地方，从而找到改进的办法。因为按照我们刚刚所谈的技术科学的统一性、简洁性、整齐性、对称性来考察某项研究结果，往往会发现什么也不具备，既没有统一性，也不简洁，也不对称，什么都没有。这个时候，大家恐怕会怀疑这个结果是对还是不对，为什么它不具有技术科学所具有的这些基本美学特征？是它本身非常奇怪，属于一种奇异性的现象，还是做错了？或者得到的结果还有什么漏洞？由此可激发进一步的思考。

历史上这样的例子很多，比如著名的麦克斯韦方程的提出过程。我想学习电子科学与技术的同学很熟悉，学过电磁场理论或者电动力学的同学应该也很熟悉，在 1873 年麦克斯韦提出著名的这组方程之前，已经有好几位著名科学家研究过电磁场的相互作用问题。比如说高斯、法拉第、安培分别从不同的角度对电磁场的相互作用提出了数学模型，建立了相应的关系。把他们三个人建立的四个方程放在一起，实际上和现在的麦克斯韦方程很相近了，但是它不能叫作麦克斯韦方程，因为它不完整、不封闭。麦克斯韦在研究这个问题的时候，这四个方程都已经有了，但他感觉到有问题、有漏洞。他注意到第二个方程，也就是法拉第提出的方程，其左端是电场的旋度，而

五、审美能力的培养

首先，我认为审美能力的培养来自主动学习。我今天报告谈的是技术科学中的美学，但如果我讲了很多很多，大家认为很枯燥，一点没有美感，那就说明我这个报告是不成功的。但反过来也可能说明，听众的审美能力还需要进一步提高。大家是不是觉得这个话有一些刺激？

的确，我感到在理工科大学谈美学，可能大家觉得离得比较遥远。但是我认为，每个人都是爱美的，都有审美观，只是是否能上升到理论的高度来看待。审美观是怎么培养出来的？审美观的提高绝对不是靠老师上一堂课或作一堂报告就可以解决，这是不现实的。审美观的培养，我认为必须是一种启发式的，慢慢体会式的。任何人不可能听一场交响乐就说，我的音乐欣赏能力上升了一个台阶。但是如果你听一百场之后，我相信你的欣赏能力肯定会提高，我自己就有这样的感受。我最初看油画的时候，就看不出这幅油画和那幅油画有什么好。我没有读很多油画欣赏的著作，但我在德国和美国工作时，经常去博物馆，当我看了几百幅、上千幅油画之后，慢慢就感觉能够看出哪一幅好，哪一幅有品位了。我相信，就是这种慢慢积累，渐进式的积累和启发，会起到潜移默化作用的。所以我说，审美能力的培养，不能靠一次讲座或者是几次欣赏课就能够解决，必须是渐进式、启发式的，而且这种过程应该让人感到有愉悦感。如果一个人去听交响乐，听一场，听十场，越听越没有愉悦感，那恐怕就不能提高审美感。我们作为教师，在倡导大家提高审美能力的时候要注意，要用那些启发式、探索式的教学设计，使听众处在一种主体的地位，而不是被动地接受灌输的地位。学生是通过一种自主的发现来不断体会发现的乐趣。

在这个方面，我认为目前的教育的确存在问题。我们的老师上课灌输的内容过多，学生连思考都来不及，更不可能在课堂上去欣赏老师讲的学术内容里面嵌入了多少我刚才所说的美学特征。追根寻源，它实际上犯了美学上的一个错误。中国儒家的传统美学思想讲究完美、统一，他们把这作为美的最高境界。在这样的影响下，许多教师唯恐上课讲的知识结构不统一、不完整、不完美，所以出现满堂灌。从美学角度上说，这是在追求一种完美。但这种完美恰恰和我们刚才所讲的奇异性、新奇性是相冲突的。如果教师每堂课所讲的内容都是不留任何余地的，都非常完整，学生都不需要思考，那学生恐怕不会感觉到老师所讲的内容究竟美在何处。所以说，审美能力的培养要有启发性。

在这方面，我曾做过一些尝试。15 年前，我在给本科生讲授《结构振动》课程时，对科学中的美学问题比较感兴趣，就给学生布置一些有关的作业。比如讲授完前几章之后，让学生去归纳整理一个所学知识的理论体系，然后看看它有没有我刚才所说的统一性的特征、简洁性的特征。让学生写一些读后感，效果很好。有几个学生写了读后感之后，对美学发生了浓厚的兴趣，后来读博士，一直到国外留学，留下深刻印象。不久前，有位当年的学生在给我的电子邮件中还谈到，十几年前的这样的一些思维训练对今天做研究还是很有帮助的。

第二点，审美能力的培养必须要有实践环节。提高审美能力光靠坐在那里想是不行的，最好能够自己动手，自己动脑去试一试。所以我刚才说了，本科生应该归纳整理一些自己所学的理论体系，分析一下教材内容在什么地方还有不完整的细节，来增加对科学美的感受。研究生则更多的是消化领会学科前沿的文献、评述，对某些还没有解决的问题进行探索，来增加对技术科学美的欣赏能力。

六、总结与展望

首先，对科学美的认识实际上是一个不断完善的渐进过程。我刚才讲的很重要，但是不能绝对化。因为如果绝对化的话，反而会束缚创新性的思维。历史上这样的例子很多，特别是很多著名学者，陶醉在自己所发现的某一种科学理论的完美之中，因此延误了发展新的理论。

以今天多次谈到的混沌现象为例。这种现象如果不是受到一些大科学家的影响，有可能应该早几十年，甚至早一百年被发现。为何这样说？因为三百多年前，著名学者拉普拉斯提出了决定论的思想。就是说，一个确定性系统如果获得确定性输入，那么它的输出一定是确定性的。由于有这样一个结论影响科学界，以至于在19世纪末像庞加莱（J. H. Poincare）这样伟大的科学家，已经走到了混沌现象的边缘，但没有继续走下去。以至于20世纪50年代很多学者在研究问题的过程中，实际上已经发现了混沌现象，但是误认为自己做错了。因为大家都受到决定论思想的影响，认为既然系统是确定性的、输入也是确定性的，输出怎么能是不确定的呢？如果输出出现不确定，肯定是研究结果错了。事实上，拉普拉斯的决定论思想仅仅适合于线性系统，对于非线性系统未必如此。人们后来的研究发现，对于确定性的非线性系统，确定性输入有可能导致输出是不确定的，有可能输入的微小差异会引起输出产生显著的、但有界的变化，这就是混沌现象。由此可见，如果大家都陶醉在某一种理论的完美之中，那么就有可能影响新的理论发现。所以我说，对于技术科学之美万万不能绝对化。

第二点，在研究手段日新月异的今天，只有具备出色科学和人文素养的学者，才能从错综复杂的、充满悬念的数据、图像、现象中去感受内在的科学美，取得突破性的研究进展。我们现在的计算手段、实验手段比前辈先进了很多，我们每天所获得的计算结果、实验结果可能是前辈的几百倍、几千倍。数据多了很多，但是科学发现为什么并没有比前辈多很多？我们应该反思一下。问题可能是，我们的科学人文素养还不够，还不善于从复杂的计算和实验结果中去领悟那些最根本的东西。

第三点是猜想和想象，这是取得突破的最重要的线索。我不讲整个科学技术领域，就讲技术科学，人工设计和制造的系统是技术科学的主要研究对象。它在理论上、方法上，依然有很多不完美的地方，存在大量还没有探明的复杂现象和规律。所以，我们可以根据技术科学的美学特征来进行一些想象和猜想。譬如，中国科协去年启动了邀请著名学者提出一万个科学猜想，试图用这样的一些猜想来激发起青年学者、特别是青少年对科学的兴趣。人类的很多重要发现实际上源头在于一些有好奇心的学者所提出的一些假设和猜想。在技术科学方面，也可以提出一些猜想，激发年轻人去思考和探索。

第四点是技术科学领域之外的突破。对于我来讲，这可能超出了自己的学识范围和知识结构。但是我认为，在新世纪，技术科学领域之外的突破应该比技术科学内部还要多得多。在这方面，可以随便举出很多的例子来。我们在座的很多是工科同学，如果你们有心观察自己身边的例子，很可能利用现有的知识，就会取得一些意想不到的发现。比如，生命的节律是一种振荡，它的起因极其复杂。对于许多研究生命科学的学者来说，目前所做的研究越做越复杂。但这种节律现象实际上和一些低维机电系统的振荡现象是很相似的，特别是和一些张弛现象很相似。我随便举这样一个例子，希望研究机电系统的同学们能有志向去研究一下生命的节律。很可能按照你们的新研究思路，就能把一些复杂问题简单化，建立起简单的模型，并且发现这样的复杂系统具有非常简单的内在规律。

最后用一句话作为报告的总结：在技术科学研究中，我们应该沿着欣赏完美、发现不完美、探索更高层次完美的螺旋式道路去攀登。我相信，同学们如果这样攀登下去，一定能够取得新的辉煌。我的报告到此结束，谢谢大家。

提问：胡院士，您好！我很有幸，又算不幸，是生命学院的教师。刚刚您提到，我们生命科学是越做越复杂了。我觉得，其实很多人不是想做复杂，可能在现在的科研体制机制下，复杂课题可以拿到更多的经费，而简单课题不会获得资助。但是我非常赞同您说的，因为我也当老师。我觉得，很多工科学的确可以帮助我们生命科学解决很多问题。我是学化学的，从事绿色荧光蛋白的钱先生刚刚获得诺贝尔奖，他的发现导致的技术现在是生命科学研究的重要手段，所以我非常赞同您说的。同时还有一点，因为我是老师，我是无意看到您的讲座通知。我建议还是应该给年轻老师讲一讲这个报告，这样更有意义，因为现在老师在指导青年学生。如果对每年的研究生都讲一次，对我们本校的学生会非常有帮助。我希望，不要说我们生命科学越做越复杂，有的时候也可能是无奈。因为生命科学本身就比较复杂，而研究手段有限。我希望，以后可以从基础的、纯理论、纯兴趣、纯美学的角度去探讨生命科学。谢谢您！

胡海岩：谢谢！您的点评实际上是提醒我们关注这样的问题，国家的政策如果一时不能改变的话，我们在北京理工大学至少要创造这样一种氛围，不因为老师们提出的课题是把一个问题简单化而不给他经费，而应该给他更多的经费。

提问：胡老师，您好！我非常荣幸能再次听您的讲座。我们知道您是力学界的专家，我想请您给我们简单讲一下，在您的领域内，您感觉到最让您震撼的美，给我们普通大众，尤其是像我们这些不了解的学生讲解一下，谢谢您！

胡海岩：这个问题非常大，也非常难。我很难去比较哪一件事情给我的印象最震撼，但是我可以说，对于中国数学家没有提出斯梅尔马蹄映射，我一直感到是一个很大的遗憾。反过来讲，斯梅尔马蹄的提出是一个从来没有见过拉面的美国数学家发现的，我感觉到是一种震撼。这说明，我们还需要加强想象力的培养。

提问：胡院士，您好！我是从良乡来的生命学院大二学生。由于学科差异，还有个人素养有限吧，我听不懂关于这些关于系统方面的理论。但是我想问一下，既然培养审美能力这么重要，对于我们理工大的学生，在这么浓厚的理工科的氛围内，如何培养我们的审美能力？因为我发现在我们学校，培养审美这么非常人文的氛围实在太弱了。

胡海岩：我想，你提出的问题实际上是我们现在经常讨论的“什么是素质教育及素质教育应该包括什么样的内容”这样一个大问题。教育界对这个问题的认识是一个渐进的过程。早期的时候，人们在理工科大学中谈素质教育，往往是认为理工科学生对于自己专业之外的事情知道的很少，而相比之下文科学生的知识面比较宽。因此，认为理工科学生应该学一些文科选修课，把这作为素质教育，而且期望通过一些文科选修课就可以提高理工科学生的素质，也包括我今天所说的审美能力提高。但是经过若干年的尝试后发现，用这样一种简单的、开设一些课程和讲座的方式效果并不是很好。为什么呢？我认为，很重要的一点是学生尚处在被动地接受知识，而不是一种主动的思维过程。因此我谈到，要提高审美能力，要提高学生的素质，让学生主动地思考。这是非常重要的，因为有心和无心是一个本质差别。要是有心的话，即使你从事的工作本身乍看起来并没有多少美学色彩，更没有什么浪漫的色彩，但是你会从中感受出很多愉悦来。和你已有的很多先验知识发生联想，你就会感到它是美的。反过来，你如果是无心的话，即使是很美的东西，你也感受不到。对于你刚才询问的如何提高自己的审美能力，我想不要寄希望于去听若干选修课，或者去听类似于今天这样讲座，就可以解决问题。我的讲座可能不会提高你的审美能力，而只是告诉你将来应该成为一个有心人。希望你除了听讲座之外，在自己参加的学习、研究、课外活动、第二课堂这些事情中，多动脑筋，多想想为什么？想想事情的源头是什么？没有事的时候多望望星空，我想慢慢你就能感受到一些课本上没有的东西。

提问：胡老师，您好！我觉得科学是用来玩耍的，我觉得在玩耍中才能体会科学技术的巨大魅力。我觉得如果想把研究做得很好，体会到科学的魅力，必须能从中得到乐趣。我觉得我们实验室可以做成一种非常开放的，可以去玩科学、玩技术的地方。

胡海岩：你在阐述自己的观点之后提出了一个建议。我赞同你的观点，或者说部分赞同你的观点。如果你对所从事的研究一点兴趣都没有，恐怕你很难做好。很多优秀学者最初从事研究的时候，就是觉得这件事情有趣、好玩。我记得 1992 年在德国工作的时候，曾和德国学者闲聊什么是科学。德国学者告诉我，科学就是政府出钱来满足少部分人的好奇心。我当时听到这个观点非常吃惊，因为我们习惯于说科学技术是第一生产力。后来想想，如果把科学和技术分开来看，他们说得很有道理。满足少部分人的好奇心的确是科学的特征之一，但并非是科学的全部，更不能说是科学精神的体现。

这个观点有两个重要之处。第一，它的确描述出纯科学是没有功利色彩的，是要由政府来资助的。如果是企业出钱资助的研究，那就未必是科学，至少未必是纯科学，而是应用科学。第二，科学要满足少部分人的好奇心，如果所有的人都好奇，那恐怕也不是科学了，因为变成了大家都想知道的事情。所以，这个定义有可以深究、甚至批判的地方，但是恰恰具有跟你刚才所说很相近的地方，就是说纯科学一定是好玩的，是有趣的。特别对于青年学生，好玩和有趣才能有强烈的吸引力。所以，你的问题和建议是值得我们思考的。我们的确需要研究，如何能让学校各类实验室对同学们更加开放，使实验室能吸引同学们，使大家觉得到这来很有意思，很好玩，在乐趣中往往不经意地就获得了重要发现。

当然，真正的科学探索是很漫长的，很艰苦的。但如果你对它有兴趣，可能就不感觉到它是艰苦的。目前，许多文学作品、电影、电视剧在介绍科学家时，特别是描写一些著名科学家的时候，往往花很多笔墨去介绍科学家多么持之以恒，多么刻苦，每天在实验室工作多少小时。虽然事实的确是如此，但是这些描写中忽略了科学家对研究问题的兴趣和执着。大家都有体会，对于真正有兴趣的事情，泡上10个小时、20小时，根本感受不到艰苦。所以有人说，科学家要能耐得住寂寞，耐得住清贫，吃得了苦。对此，我既赞同，又不赞同。赞同在于这是事实，不赞同就在于科学家的内心世界非常丰富，可能他并没有觉得很艰苦，反而觉得很愉快、很有乐趣。谢谢你的问题。

胡海岩：我收到几个纸条，这里的问题都不是很好回答，我试着答一下。

第一个问题是：请结合自己的经历介绍一下在自己的本科、硕士、博士阶段对自己学科的掌握程度，什么时候对自己的学科有一个全面的了解；因为我现在是研一，仍对自己的专业感到陌生。

我不知道这位研一的同学为什么当初要报考这个专业，既然感到陌生，就不应该考，是吧？我对自己的专业是在大三、大四的时候开始比较清楚的，也就是知道力学工作者将来做什么。但是应该怎么做，怎么才能做好，恐怕是10年、20年以后的事情。我想，这位同学一方面在考研之前准备还不够充分，但另外一方面也不用过于焦虑，因为十年之后才清楚也很自然。

第二个问题是：自然界的一切都可以用很完美和谐的数学公式来表达吗？您怎样看待艺术中的凌乱美，就是不整齐、不对称？

这个问题挺有意思，自然界的一切肯定不能用很完美的数学公式来表达，这个结论恐怕不仅现在可以这样说，一百年之后恐怕也不可能把世间所有事物用数学公式来表达出来。至于怎样看待艺术中的凌乱美，也就是不整齐、不对称，我觉得这个问题很有意思。

今天这个报告并不是第一次讲，我大概曾在五六所大学就“技术科学中的美学”作过报告，也有同学提出类似的问题，就是不整齐、不对称是不是就是不美。我可以这样讲，凌乱美恐怕不是科学美，但是它依然是一种美。我今天讲的这些统一啊、简洁啊、整齐啊等，都是科学美。你所说的凌乱美超出了科学美的范畴，但它还是一种美。这种美恐怕和整齐、对称形成了一种反差和互补，如果你能够领会这种凌乱美，这种不整齐、不对称的美，有时候你会有新的发现，可能是超出了整齐、对称，比它们更重要的发现。

大家知道，在物理学界，近几十年来人们围绕着对称和对称破缺做了很多很多研究，已有若干诺贝尔奖获得者颁发给了那些发现对称破缺现象和机理的物理学家，包括早期的李政道先生、杨振宁先生，这种例子很多。因为对称是一种极端的现象，在某些情况下，由于不可避免的小扰动，对称就会被破坏，出现所谓对称破缺。而且有些时候，对称破缺就是一种客观规律，这种客观规律的表述和理论往往需要比对称性更复杂、更高深。所以，如果你能在更高层次上去理解对称为什么破缺了，破缺了以后是如何演化的，应该是很了不起的。

最后一个问题是：我认为哲学对科学研究有非常积极的作用，这是我在课题研究中体会到的，想更深地去了解哲学在科学研究中的价值；但单纯看哲学书籍很枯燥，请问除了自身体会以外，还有什么办法可以使自己更深入地认识哲学与科学间的关系？

这个问题好像超出了今天讲座的范畴，但是我认为，既然我们说美学是艺术的哲学，那么我想美学和科学研究的关系、哲学与科学研究的关系有很多类似之处。高深的美学著作也是哲学味道很浓的，读起来也是很枯燥的。所以，我并不主张大家一开始接触美学就去读很多专著，倒是读一些小册子会比较有用。美学著作我读过几本，我发现那些大厚本自己也读不懂，还是喜欢看小册子。所以，我建议这位同学找那些薄薄的小册子看，包括那些讲自然辩证法的小册子，还有李瑞环先生写的《学哲学 用哲学》。读读小册子，静下心来想想，可能会更有帮助。

主持人：今天，胡海岩院士给我们作了一个非常精彩的报告。他从技术科学与美学的关系出发，向我们介绍了技术科学的美学特征、如何欣赏技术科学、欣赏技术科学的意义和审美能力的培养等等，相信我们还需要有一段时间作进一步的消化。如果同学们有更多的问题，可以给我们研工部发邮件。

最后，让我们用热烈的掌声感谢胡院士，今天的讲座到此结束。

加强基础研究，提高创新能力*

一、基础研究是国家工业化和国防现代化的基石

进入 21 世纪以来，世界范围内的科学技术发展日新月异，科学技术对国防、经济、社会和文化发展的促进作用越来越大。2006 年，党中央、国务院提出建设创新型国家的发展战略。国务院颁布了《国家中长期科学和技术发展规划纲要(2006—2010 年)》，提出以“自主创新、重点跨越、支撑发展、引领未来”作为今后 15 年我国科学技术发展的方针。

在这 16 字方针中，“自主创新”是主线，是国家最重要的核心竞争力，是国家走新型工业化道路的唯一途径，更是国防现代化的唯一途径。众所周知，国防现代化是买不来的，也是仿造不出来的。

历史上，新中国的国防科技工业经历了全套技术引进、仿造、跟踪研制等阶段，奋斗几十年，但始终与西方军事强国在装备研制上保持着代差。以军用飞机的研制为例，我国航空工业通过引进国外技术制造出第一代歼击机；通过仿造和跟踪国外技术研制出第二代歼击机；近年来又通过引进、消化吸收再创新研制出第三代军机。然而，美军的第四代歼击机已成批列装。第四代歼击机具有高性能隐身、超音速巡航等特征，其综合作战能力数十倍于第二代歼击机。我国要研制这类歼击机，没有任何国际合作的可能性，必须依靠自主创新。这样的例子还有许多，说明国防科技工业的发展必须依靠自主创新。

自主创新有三种类型：一是原始创新，即获得新的科学发现、新的理

* 本文系在 2008 年 12 月 23 日在北京理工大学国家自然科学基金工作会议上的讲话节选。

在兄弟高校所取得的耐高温长寿命抗氧化陶瓷基复合材料技术、超精密特种形状测量技术与装置、卫星新型姿控储能两用飞轮技术等重大成果背后，都有长达十几年，甚至更长时间的基础研究和应用基础研究作为支撑，从而在概念、理论、方法和工艺等方面取得原创性突破，真正成为国际领先。

第三，基础研究是先进大学文化的重要组成部分。人类在探寻规律和追求真理的过程中凝结成的科学与人文精神，以及基础研究所汇集的智慧结晶，促进了人类思想的一次又一次解放。国内外众多研究型大学的实践证明，一所大学的文化品质与该大学基础研究的水平呈现显著的正相关性。优秀学者在追求真理中所展现出的高尚科学精神，深刻地影响着大学文化。爱因斯坦曾说过："照亮我的道路，并且不断地给我新的勇气去愉快地正视生活的理想，是善、美和真。人们所追求的庸俗目标——财产、虚荣、奢侈的生活——我总觉得都是可鄙的"。科学大师的话值得我们深思。

三、对提高基础研究水平的思考

在基础研究领域，应遵循"投入是基础，人才是关键，文化是灵魂，体制是保障"的原则，实施四项发展战略。

第一，双力驱动战略。实现以认识世界为驱动的自由探索研究与以国家发展和安全需求驱动的导向性基础研究双力驱动，做到"学科发展推动与任务需求牵引"相结合；基础研究与应用研究相结合；基础科学与工程学、人文和社会科学协调发展。

第二，超前发展战略。根据《国家中长期科学和技术发展规划纲要（2006—2020年）》，以2020年的国家科技需求为目标，先行一步部署近期的人才与投入，做到人才培养优先部署；基础研究经费超前投入。

第三，和谐发展战略。针对基础研究的"基础性"特点，注重研究领域布局及协调发展；针对其"探索性""不可预见"等特点，保证一定的支持面，保护教师的科学敏感性；针对其"长期性""厚积薄发"等特点，注重长期积累和连续资助，引导教师发扬长期探索精神；针对其"战略性""前瞻性"等特点，鼓励教师在个人兴趣和国家战略需求的结合点上开展研究。

第四，开放合作战略。调动学校各方面重视和发展基础研究的积极性，推进基础研究与创新教育相结合；基础研究与应用研究的衔接与互动；广泛开展国际合作与交流。

实现这些战略，将涉及学校建设与发展的许多方面，需要全校师生员工的共同努力。

（一）处理好基础研究与应用研究的关系

在以工科为主、应用研究见长的大学中，如何使基础研究获得又好又快的发展是个难题。破解难题的方法之一是要处理好基础研究与应用研究之间的关系，特别是推进两者之间的相互结合。强调基础研究，绝非不重视应用研究，而是希望以应用研究去牵引基础研究聚焦，进而使基础研究推动应用研究提高水平。一方面，以基础研究为主的学者与学术团队，应该在源自兴趣的自由探索研究之外，更加关注国家重大战略需求，关注学校的应用研究，主动配合从事应用研究的学者与学术团队提炼科学问题，开展导向性基础研究。例如，学校正在开展的新概念武器、空间机器人、深空探测、信息对抗等国防技术领域有大量悬而未决的科学问题，迫切需要开展相应的基础研究。另一方面，以应用研究为主的学者与学术团队，应该从资金、实验条件等方面支持从事基础研究的学者与学术团队开展探索性研究，共同选择前瞻性研究领域，通过联合指导博士生等实质性合作，为引领国防科技的发展奠定未来的基础。

（二）处理好学科发展与学科交叉的关系

当今科学技术的发展，一方面是高度分化，新学科、新领域不断产生，学科不断更新；另一方面是学科的不断融合，科学在继续分化的同时，更多呈现出交叉和综合的趋势，新兴学科和交叉学科不断涌现。在我国教育界和科技界，历史和体制造成了不少学科壁垒，急需大力推进学科交叉。但在推动学科交叉的进程中，又不能忽视学科的自身发展。学科交叉发展的原动力自己“生存”的根基，形成有利于创新人才健康成长和充分发挥作用的文化环境。

培育力学研究人才的几个问题*

我国力学人才的培养目标主要取决于国家工业的当前发展水平和未来需求。我国是世界上具有最完整工业体系的国家，力学人才的培养目标需要多种类型，如学术型、应用型、复合型等等。我想谈的是，在高水平大学、特别是在具有国家重点一级学科的几所大学中，培育力学研究人才所涉及的几个问题。

一、正确评价苏联高等教育模式，重视引进、消化吸收再创新

我国高水平大学的力学专业大多创办于20世纪50年代，受到苏联高等教育模式(简称苏联模式)的较大影响。改革开放后，我国高等教育从过去全盘照搬苏联模式到否定苏联模式，再到引进以美国为主的西方模式。苏联模式是否一无是处？我认为否！今天在座的力学界前辈中有留学苏联的黄克智院士，有北京大学数学力学系、兰州大学数学力学系按苏联模式培养的程耿东院士、伍小平院士、刘人怀院士。在座的优秀中青年力学家也大多是改革开放初期进入大学，接受过以苏联模式为主的高等教育。应该说，苏联模式可以培养出优秀力学研究人才。

我认为，高水平大学力学专业的毕业生应该是未来的工程科学家、研究工程师。他们有别于一般的工程技术人员，以解决工程技术中的科学问题为己任。苏联模式重视理论基础，这对于高水平大学力学专业的毕业生是非常必要的。理工结合，难在科学家理解工程，更难在工程师理解科学。力学专

* 本文系2008年10月11日在教育部力学教学指导委员会召开的人才培养座谈会上的讲话。

业学生在青年时代打好理论基础非常必要。

如果说我国高等教育在20世纪50年代院系调整之后走过很长一段弯路，则主要失误在全盘照搬，没有引进、消化吸收再创新。因此，我们不应全盘否定苏联模式，而应否定全盘照搬的做法。目前，在引进西方其他国家高等教育模式的同时，也不应全盘照办，而要根据我国国情，引进、消化吸收再创新，创建中国模式。

二、夯实理科基础，投身研究型学习

力学研究人才的知识结构既要宽、又要厚，需要有扎实的力学、数学、物理、化学、生物学基础，还要具备材料、能源、信息方面的知识。按美国高等工程教育模式设计的4年制本科生教育，关注了知识结构的宽度，但深度明显不够。如果要加大深度，则宽度又受影响。

我认为，在高水平大学的力学专业应按照六年制、本硕贯通的方式培养力学研究人才。这种做法的基本特点如下：一是以本硕贯通来吸引、招收优秀高中毕业生；二是将本硕培养计划打通，提前学习硕士生阶段的英语、数学等课程，提高学习成效；三是前2～3年按理科要求培养，理论基础宽厚；四是中期适度分流，保证培养质量；五是第四年进入导师研究团队，从事研究性学习。

这种方式的主要的优点是：兼顾了力学研究人才对知识结构既宽又厚的要求；需要解决的主要问题是：要有充裕的保送研究生指标，要有对部分学生中期分流的妥善办法。

我任南京航空航天大学校长期间，倡导并举办了六年制本硕贯通培养的工程力学专业，后冠名为“钱伟长工程试验班”。目前，2004级、2005级学生已进入硕士生阶段的学习，指导教师反映很好。分流的学生则转入飞行器设计与工程专业学习，学生和家长也比较满意。目前，北京理工大学也启动了类似的教育改革。

三、参加工程实践，学习提炼科学问题

力学是工程技术中的科学，力学家必须要懂得工程技术，能从工程技术中提炼出科学问题。在过去的苏联模式培养过程中，数学力学专业的学生接触工程技术不多，没有接受如何从工程技术中提炼力学问题的训练。历史所开的一个玩笑是，没有任何进步意义的“文革”使许多力学专业毕业生到基层工作，在工程实践方面补了课，懂得了什么是工程，学会了如何从工程中提炼力学问题和解决力学问题，进而指导工程实践。

我认为，工程实践环节对于力学人才的培养非常重要。“文革”期间，我曾在工厂工作过几年，学习和实践机械制造工艺。恢复高考后，又进入大学学习数学、力学专业。这种逆序过程的效果虽然不如前者，但尚可弥补不足。此外，我在德国从事研究时注意到，几乎所有的德国力学教授都有在企业担任工程师的经历，或是在攻读博士之前，或是在申请教授席位之前。我曾也担任德国力学教授的助教，注意到他们能列举出许多亲身经历过的工程中的力学问题，内容丰富生动。

因此，我建议高水平大学的青年力学教师应该在工程实践方面补课，在申请教授之前应有两年以上的工程师经历。只有力学教师具有工程实践经验，才能引导学生从工程实践中提炼力学问题。

对力学教育的若干思考*

近年来，我国高校的力学教师积极投身于力学教学改革，尤其在课程体系、教学内容、教学手段、知识与技能竞赛等方面进行了许多探索，取得了积极成效。与此同时，力学教师对于力学课程的学时不断压缩、众多学生的学习兴趣不高等问题深感困惑。更加值得深思的是，工业界对近年来高校毕业生的英语水平和计算机技能给予了肯定，但对其力学等专业基础知识的掌握状况和应用能力评价不高，甚至还有不少严厉的批评。

力学属于技术科学或工程科学，力学教育是高等工程教育的重要组成部分。本文拟从建设创新型国家对高等工程教育的需求出发，以高等工程教育的培养目标和定位作为主要参照，讨论力学教育所涉及的若干问题。

一、建设创新型国家对高等工程教育的需求

新中国成立后，我国在高等工程教育中全盘学习苏联模式，以比较窄的专业化教育为主；20 世纪 80 年代后，又转向主要学习美国模式，在拓宽专业的基础上增加了部分通识教育。21 世纪以来，我国高等工程教育界正日益关注法国、德国的高等工程教育，借鉴其成功的经验。但从教育理念和教育实践层面看，我国尚未形成适应本国工业化发展需求的高等工程教育体系，开辟出一条自己的道路。据报道，我国工科毕业生数量大约是美国的 4 倍、德国的 10 倍，但我国工程师人均参与创造的产值却仅仅是美国、德国工程师的 5%～10%。这说明，我国的高等工程教育还存在突出问题。

任何一个国家的高等工程教育必须瞄准该国工业化进程的当前和未来需

---

* 本文刊于：力学与实践，2009，31(1)：70-72.

求去定位、去改革、去发展。我国具有完整的工业体系，但目前的工业化水平还不高，特别是自主创新能力不强；而且大型骨干企业、中小型企业的发展水平参差不齐，对工程师的需求具有多种层次和类别。因此，我国高等工程教育体系应该是一个多层次、多类别的教育体系，需要根据各类企业的不同需求培养不同层次和类别的工程师。对于高等工程教育中起着基础性作用的力学教育，自然应该围绕不同的层次和类别的培养目标而进行设计，开展实践。

目前，老一辈力学教师普遍怀念 20 世纪 50—60 年代力学教育在高等工程教育中所处的显赫地位，而中青年力学教师则怀念 80 年代所接受的坚实的力学教育。然而，我们必须正视时代发生了巨大变化。与 20 世纪 50—60 年代相比，航空、航天、机械、动力、土木、水利等行业对工程师的要求发生了巨大变化。笔者曾参与中国航空工业第一集团公司科技委员会对航空科技人才需求所作的调研，获得若干资料。现以航空科技工业所涉及的飞行器结构设计人员为例作如下简要分析。一是人才类型的变化：当年，航空科技工业需要大量具有坚实力学基础的结构工程师、强度工程师从事结构强度设计、计算和校核。今天，这些工作仅需少量会用 NASTRAN、ANSYS 等软件进行结构强度计算的工程师就可以完成。二是知识结构的变化：当年，飞行器结构工程师、强度工程师需要掌握坚实的理论力学、材料力学、结构力学知识，熟练地使用计算尺、手摇计算机、设计手册。今天，飞行器结构工程师、强度工程师仅需要不多的理论力学、材料力学、结构力学知识，更多地需要有限元知识，能熟练地运用计算机及其软件。上述现象似乎表明：当今航空科技工业所需要的结构工程师和强度工程师数量减少，知识结构趋于扁平，他们所需要的力学知识似乎远远不及英语、计算机技能重要。

然而，上述变化仅仅是表象。事实上，面对需要通过独立探索、自主创新研制的新一代飞机，总设计师、副总设计师、结构工程师、强度工程师需要既宽又深的知识结构，不仅需要坚实的力学基础，还需要对材料、制造、控制、隐身等技术的深刻理解，特别需要具备良好的力学建模能力。以研制第四代歼击机为例，结构工程师和强度工程师需要对高度翼身融合结构、多传力及复合传力结构进行力学建模，要深入考虑发动机矢量推力、内埋武器弹舱开闭、飞机大机动飞行等复杂载荷条件下的结构强度、振动、声疲劳等力学问题，开展材料与结构一体化设计、结构的优化设计。至于研制高超声速飞行器，结构工程师和强度工程师还需要深入考虑如何从结构设计角度对气动热进行防护、避免热颤振，甚至需要与材料工程师共同研制非烧蚀耐高温复合材料结构等。

在我国建设创新型国家，实现新型工业化的进程中，既需要大批以应用现有技术为主、研制开发产品的工程师来适应当前以集成创新、引进消化吸收再创新为主的工业发展模式，又需要一批以技术创新为主的研究工程师去适应未来以原始创新、集成创新为主的工业发展模式。企业期望前一类工程师要“上手快”，后一类工程师要“有后劲”。这样有着显著差异的人才需求，必然导致不同的培养目标和培养方式。对于多数大学而言，其主要任务是培养第一类工程师。对于研究型大学而言，则应把培养第二类工程师，即研究工程师作为其主要使命。我国高等工程教育应有面向不同需求的多类别、多层次目标。相应的，力学教育也应该有多类别、多层次的课程体系、教学内容、实践环节。

二、研究工程师培养与力学教育

本文从力学教育角度探讨航空、航天、机械、土木类的研究工程师培养，其主要观点也适合于培养以电磁场理论、电路理论、信号处理等其他技术科学分支为基础的研究工程师。

研究工程师知识结构既要宽、又要厚，特别应该具有宽厚的技术科学根基。以面向新型飞行器研制的工程师为例，其知识结构包括扎实的数学、物理、化学、力学理论基础，还包括对材料、制造、测试、控制、计算机等技术领域有深入的理解。其中，力学是结构工程师和强度工程师最主要的基础课和专业基础课，即技术科学根基，是其从理性角度解决结构设计问题的主要工具。迄今，著名飞行器设计师的成功无不得益于其宽厚的力学功底。然而，学好力学又不是一件容易的事，不仅需要有良好的数学、物理基础，还需要有充裕的学习时间。

目前，仿照美国高等工程教育模式设计的 4 年制本科教育，照顾了知识结构的宽度，但深度明显不够。如果要加大深度，则宽度又受影响。相比之下，法国、德国的高等工程教育模式值得我国借鉴。例如，法国的高等工程教育以其 14 所高等工科专业学院为主要代表，实施精英教育。这些学院多数隶属于国家各个工业部门，少数为私立，主要培养研究工程师，从事应用科学研究。高等工科专业学院的生源主要来自大学预科班的优秀生及普通大学理工科第二阶段的优秀生。这类学院的学制为 3 年，连同预科或大学第一阶段的 2~3 年，则学生的实际修学年限达到 5~6 年，毕业后获得工程师文凭，其水平相当于欧美国家的工学硕士。由于这类毕业生理论基础扎实，实际应用能力较强，颇受工业界欢迎，就业率高，薪金也高。

在我国研究型大学中，可以按照六年制、本硕贯通的方式培养未来的研究型工程师。考虑到在我国高等工程教育中政治理论、英语、体育等课程所占用的学时数，这种培养方式与法国的五年制工程师教育水平基本相当。

这种培养方式的基本特点如下：一是以本硕贯通来吸引、招收优秀高中毕业生；二是将本科生和硕士生的培养计划打通，使学生提前学习硕士生阶段的英语、数学等课程，提高学习成效；三是前 2~3 年可以按理科要求进行培养，保证理论基础宽厚；四是中期适度分流，保证最终培养质量；五是第四年进入指导导师的研究团队从事研究性学习，或安排到大型企业、研究所从事工程研究。它的主要的优点是：兼顾了研究工程师对知识结构既宽又厚的要求；需要解决的主要问题是：要有充裕的保送研究生指标，要有对部分学生中期分流的妥善办法。前者需要得到政府教育主管部门的支持，后者则需要学校进行合理的培养模式设计。

近年来，国内多所研究型大学已在本硕贯通培养模式上开展了积极探索。例如，2004 年，笔者曾在南京航空航天大学倡导并参与举办了六年制本硕贯通的工程力学专业，后冠名为“钱伟长工程试验班”。目前，2004 级、2005 级学生已进入硕士生阶段的学习，指导教师反映很好。中期分流的学生则转入飞行器设计与工程专业学习，学生和家长也比较满意。

对于上述培养模式，力学教育已具有了相对比较充分的时间保障。在此前提下，如何设计和实践高质量的力学教育成为值得关注的问题。传统的观点是：在培养计划中大幅度增加力学课程的门数和每门课程的学时数，强化学生的理论基础。而改革的观点是：对培养计划中的数学、物理、力学、控制等课程进行整体优化，压缩课堂教学学时；增加富有挑战性的实践环节，培养学生的创新能力。

三、从技术科学的统一性看力学理论教学

20 世纪以来，技术科学取得了迅猛发展，力学、光学、工程热物理、电磁场理论、电路理论、控制理论等逐步成为高等工程教育的主要基础课程。在力学框架下，又有理论力学、材料力学、结构力学、弹性力学、流体力学、振动力学、计算力学、实验力学等课程。在目前的高等工程教育中，多按照各学科自身的发展脉络，分别开设上述课程，导致不少内容相互重复。例如，振动力学的单自由度系统振动理论在理论力学、材料力学中均有所涉及，多自由度系统固有振动的特征值计算、振动响应的数值积分方法在计算力学中也有所涉及，而系统脉冲响应、频率响应等与控制理论、电路理论中的内容相同。这固然有学科划分和学科传统的问题，但更多则是对学科的认识和教学管理的问题。

随着技术科学的发展，各个学科之间的相互渗透和交叉日益广泛和深入。人们也越来越清晰地认识到，技术科学的理论体系具有统一性，其整体与部分、部分与部分之间具有高度的和谐和深刻的内在联系，形成了一个统一的整体。

例如：描述离散机械振动系统、晶体管振荡电路的数学模型都是一类二阶常微分方程，而描述弹性波、声波、电磁波的数学模型都是一类双曲型二阶偏微分方程。钟万勰先生则发现，在状态空间描述下，结构力学与现代控制理论之间具有相似性。这些均表明，不同技术学科的基本理论之间具有和

谐性，整个技术科学则具有相当统一的理论框架。一旦在研究某一工程科学分支上有所突破，往往会带动整个工程科学的发展。

又如，实践中的工程系统往往被简化为线性系统，其数学模型是某种线性算子方程。例如，结构静力学问题由线性代数方程描述、结构动力学问题可以由线性常微分方程、线性偏微分方程或线性积分方程描述，具有测控时滞的结构动力学问题则需要用线性泛函方程描述。建立在叠加原理基础上的线性系统理论具有令人陶醉的统一性。对于线性系统的动力学响应，不论系统多么复杂，维数有多高，矩阵记号下的杜哈梅积分保持不变，模态坐标下的系统运动微分方程与单自由度系统的运动微分方程相同。

笔者建议：从技术科学统一性的高度来看待力学课程体系和教学内容的设置与改革，对多门相互关联的课程进行整合优化。例如，可以为航空、航天、机械、结构类的学生开设“系统动力学与控制”课程，将理论力学、振动力学、控制理论、电子线路等多门课程的内容进行整合，按照系统建模、系统分析、系统设计、系统控制等几个大版块组织教学。也可在现有课程基础上开设一门高层次的综合课程，重点讲授技术科学的统一性和方法论，引导学生进行跨学科思维。当然，这类改革属于高等工程教育的课程体系改革。在改革中，需要认真分析整合后的课程与其前后课程之间的关系，谋求全局优化。

四、从实践与创新的统一性看力学实践教学

过去，在力学教育中设置大作业、实验等实践环节主要是为了巩固所学习的知识。在培养以技术创新为使命的研究工程师时，实践环节不仅应该起到巩固知识的作用，还应该起到培育创新能力的作用。事实上，知识的应用与创新是高度相互关联的，实践是技术创新的必由之路。高水平实践环节的设计，既要为了培养学生应用知识的能力，更要为了培养学生创新能力。

例如，目前的力学教育通常以课程考试作为结束，仅仅督促学生复习所学知识，起不到培养创新能力的作用。笔者建议：对于研究工程师的力学教

育应该以大作业、实验设计等实践性环节作为主要考核方式，不仅要求学生复习所学知识，而且要求学生主动运用知识，在运用中尝试创新。

又如，工科专业的毕业设计是教学计划中的最后一个环节。由于我国的工程设计尚处于工业化初期或中期水平，许多工程设计是仿制产品的再设计，其设计过程就是查手册、查标准、套公式、绘图纸。这类设计以现有的设备/结构为样板，具有仿制阶段的主要特征。目前，在航空、航天、机械、结构类专业学生的毕业设计中，大多不涉及力学建模、分析、计算和设计，这就无法培养学生主动运用力学知识去进行技术创新。从技术创新的要求看，工程设计的核心应该是创新设计，而不是仿制再设计。笔者建议：将工程设计作为一个高于理论与实践的创新环节，在选题上给学生提供机会，使其主动地运用所学的力学知识去思考，去创新。在这样的认识下，力学教育将贯穿于高等工程教育的全过程，并将提高研究工程师的技术创新能力。

再如，课外科技制作是学生增加实践、提高创新能力的重要途径。例如，北京理工大学力学系组织全校学生进行结构设计大赛，要求参赛者基于价格低廉的桐木和乳胶来设计与制作承受运动载荷的不对称双跨桥梁结构模型，自行建立力学模型，进行分析、计算和试验，提交结构设计计算报告。该竞赛吸引了全校数百名学生参加，使参赛者综合运用力学知识的水平、创新能力有显著提高。笔者建议：对于这类便于普及又富有成效的课外科技制作活动，可纳入教学计划。

值得指出的是，大学无法孤立地、直接地培养工程师。即使是按照六年制、本硕贯通方式培养的学生，也仅是未来的研究型工程师，或称作研究工程师的毛坯，还需要经过长期的工程实践锻炼方能成才。笔者建议：大学要从培养高质量工程师毛坯的需求出发，加强校企合作，从企业工程师中招聘教授，改变从书本到书本的传统教学模式；企业应积极地为学生提供长期的实践机会，重视工程师的继续教育，使一部分优秀工程师通过学习、实践和创新成长为工科教授。

五、结语

综上所述，针对我国实现新型工业化进程中的需求，我国高等工程教育应是一个多层次、多类别的教育体系，力学教育也必然是多层次、多类别的。我国的研究型大学应将力学教育置于培养研究工程师的过程中予以审视，将其与其他技术科学课程一同进行整体优化，为未来的研究工程师提供优质的技术科学(包括力学)教育和具有创新色彩的实践环节，使他们今后肩负起技术创新的使命。

参考文献

[1] 胡海岩. 论工程科学中的美学教育[J]. 南京航空航天大学学报（社会科学版），1999(2)：71-74.

[2] 黄再兴，胡海岩. 国内外大学工科专业力学课程设置情况对比[J]. 力学与实践，2003，25(1)：72-73.

[3] 赵宇新，章建石. 法国高等工程教育改革趋势[N]. 科学时报，2007-07-17.

[4] 李燕凌. 转变教育思想教育观念培养跨世纪高等工程人才[J]. 成都气象学院学报，1997(3)：79-85.

向老一辈优秀科学家学习*

最近，中国科学院总结了建院60年来取得的成就，并在此基础上进一步研讨今后国家层面科技发展的重大战略问题。2009年11月3日，温家宝总理在人民大会堂向首都科技界发表题为《让科技引领中国可持续发展》的重要讲话，这是他参观中国科学院建院60周年成果展览之后，和首都科技界进行的一次交流。

新中国成立之初，钱学森等一大批从海外回来的优秀科学家，80%以上都汇聚在中国科学院，创建了中国科学院的各个研究所。最近我参加中国科学院院士增选大会，参观了中科院60周年成果展，学习了胡锦涛总书记、温家宝总理、刘延东国务委员、路甬祥院长等领导的贺词和讲话。恰好上周，我们又缅怀两位伟大的科学家，一位是钱学森先生，一位是贝时璋先生，学习他们长期以来为国家科学技术的发展做出的重大贡献和他们的高尚人格。

今天，结合“如何把北京理工大学建成一所高水平研究型大学，从而更好地服务于国家科技发展的战略目标和高层次人才培养的重大需求”这个问题，我谈谈如何学习老一辈科学家。

一、学习老一辈优秀科学家，把服务国家战略需求作为自己的神圣使命和责任

像钱学森、贝时璋等老一辈科学家，他们义无反顾回到当时还非常贫穷、落后的祖国，就是要为国家做一番事情，没有或者是几乎没有个人利

---

* 本文系2009年11月13日在北京理工大学党委理论学习中心组的主题发言节选。

益。1956年，我国的第一个科技发展中长期发展规划，就是由这批老科学家组织制定的。历史已经证明，这个发展规划是非常成功的。在当时一穷二白的条件下，老科学家们聚焦世界上最前沿、国家最需要的研究领域，制定了这个发展规划，对创建新中国的科技事业发挥了奠基性作用。现在看，能制定出这样好的规划，说明这批老科学家的眼光非常长远，更重要的是他们的胸怀非常开阔。在规划中，没有多少是他们个人要想干什么，而是新中国需要什么。

我们现在做事，往往容易首先想，我能在规划里面干什么，我的团队能在里面干什么。在这方面，与老一辈优秀科学家比起来是非常惭愧的。现在很多方面，比如科学技术的研究、人才的培养，没有充分体现出社会主义制度的优越性，是和我们的胸怀不够开阔有关系。

近年来，高校的改革也还没有走出一条成功的路子来。很多高校内部的科技管理体制，基本上是打破了大锅饭之后、比较有利于个体化发展的模式。从局部看，每一个个人、每一个团队的积极性是很高的。但是否形成合力、是否全局最优方面的问题较多。低水平重复或相似的实验室建了不少，能解决国家重大需求的高水平实验室却非常缺乏。打破大锅饭之后，比较注重发挥每一个个体的积极性，没有从政策上充分凝聚力量。从个体来讲，不少教授满足于当一个小老板，或者是当一个个体户，带几个研究生，实现团体利益的最大化。从这方面来看，我辈学者和中青年学者，与老一辈科学家相比有很大差距。

因此，学校要围绕着国家的重大战略目标来组织队伍，来调整科技政策，来决定资源分配，来营造学术环境。至于什么是国家的战略目标，温家宝总理讲得特别明确：五个重大领域。这五个重大研究领域，北京理工大学都有很高的关联度，在工业和信息化部的七所学校中，由于我校的学科专业面比较宽，关联度比其他高校要高。关键是我们自己有没有这样的勇气，有没有这样远大的志向，紧紧围绕着国家的战略目标做事。从学校的政策、机制、体制方面敢于下功夫，敢于做一些大力度的改革，使得我们能够在体制、机制上适应国家重大战略的需求。否则，仅仅靠教授个体的努力，是不能适应形势发展的。打破大锅饭，调动每一个人积极性的时代不能说完全过去了，但那些政策发挥作用的历史时期基本上结束了。时代要求我们朝着“怎么能够发挥大团队的作用，围绕着大目标做事”的方向转变。这是当前需要下很大气力去思考、去推进的工作。

二、学习老一辈优秀科学家，勇于从事原创性、探索性工作

以人才培养为例，不可否认，在师资水平、生源水平、办学和学术氛围上，我们和世界发达国家的著名大学有很大差距。也正因为如此，相当一部分教师缺少培养优秀人才的信心，总觉得条件不如别人。教授在研究生培养中，喜欢培养一些能够完成自己科研项目的研究生。真正像钱学森先生那样思考人才培养的教师恐怕还不多。同样，在我们的学生中，许多人满足于能够拿到学位，能够找一份好工作，真正有远大志向，想要在科学研究的前沿做一番原创性的探索、开拓的学生比较少。从事原创性工作的勇气和信心明显不足，这是影响我们人才培养质量的瓶颈。

回顾世界科技发展的历史，很多优秀人才并不是出自名门，很多重要成果恰恰源自一些条件不太好的大学和实验室。这种例子很多，像生物学的DNA双螺旋结构，公认是在落后条件下取得的重大发现。同样，我国的“两弹一星”工程也是在非常困难的条件下取得了成功。所以，科学技术研究是否成功，很大程度上还是取决于人的主观能动性。我们应该弘扬艰苦奋斗的精神，在相对比较落后的条件下敢于探索，走一条自己独创的道路。

在条件相对艰苦的地方，有“穷则思变”的劲头，下决心去探索，走自己的道路，往往能够取得成功。从某些方面来讲，有时候我觉得条件太优越了，反而缺少这样的动力。看看有些条件不如我们的学校，为什么能够培养出比我校多几倍的优秀人才，为什么能够源源不断地产出高水平的学术成果。这值得我们好好反思。如果没有创新的勇气和信心，目标比较短浅，比较容易自满，创新恐怕就成了一句空话。所以，在这方面的确要向老一辈科

学家学习。

三、学习老一辈优秀科学家，严谨治学、力戒浮躁

前几年，钱学森先生在加州理工学院工作的老朋友分两次把钱老当年在那儿工作的手稿运送回北京，总计有 120 多千克，现在陈列在中国科学院力学研究所。我去参观了几次，每次都非常受教育。每一项研究手稿都是几百页，工工整整，对研究过程记载得非常详细。探索、失败，再探索、再失败的过程，否定再否定的过程，都非常翔实。我们可能只看到了伟人成功的一面，没有看到他们所经历的失败。同样，现在的年轻学者们、研究生们，也缺少这样的严谨训练，尤其喜欢在计算机上把一切搞定。缺少动手能力、缺少实验、缺少产学研用相结合，这已成为一个很突出的问题。

最近，我到西安地区兵器工业集团的 6 个研究所去调研。这些单位反映，现在的毕业生英语能力、计算机能力比过去的毕业生有了大幅度的提高，但是对于基础理论的把握，从事科学研究的基本功却不如以前，这给我们敲了警钟。

培养优秀的毕业生、优秀的工程师，必须基础扎实，必须德育为先，两者相辅相成。因此，我们要大张旗鼓地倡导严谨治学，力戒浮躁。要把严谨治学的要求蕴涵在校风中，体现在人才培养的每一个环节。

在工程科学研究中践行“两论”*

经过两天的学术交流，由中国科学院技术科学部主办的“工程科学进展”技术科学论坛即将结束了。我受学部常委会委托，对本次论坛进行总结。

首先，我代表学部常委会感谢精心组织本次论坛的各位院士，尤其是叶培建院士、程世杰院士、王光谦院士、赖远明院士；感谢精心准备报告的各位中青年学者；感谢学部办公室的工作人员；感谢大家的积极参与！

本次论坛的特点之一是内容非常丰富。我们邀请了来自机械、电气、热能、空天、土木、水利、采矿 7 个学科领域的 20 位优秀中青年科学家介绍了相关的研究进展，特别是他们的代表性研究成果。几乎所有的报告都涉及国家重大需求和人民切身利益，引起大家共鸣。仅从空间尺度看，所涉及的内容既有上天数千公里，又有入地上千米。

论坛的特点之二是报告人具有广泛代表性，他们来自著名大学、中国科学院、央企研究机构以及政府部门；除了内地学者，还包括我国香港学者。尤为可喜的是，在他们中有两位女科学家，这或许是本学部历次技术科学论坛的首次。

若从学术角度对本次论坛进行总结，远非我的能力所及。我想，还是借此机会从对工程科学的理解角度来谈谈自己的感受。

在我国，最早向公众介绍和倡导工程科学的应该是钱学森先生。1947 年夏天，他回国探亲时应邀在浙江大学、交通大学、清华大学发表演讲《工程与工程科学》。这篇演讲次年刊登在 *Journal of the Chinese Institution of Engineers* 上。钱老在演讲中介绍了工程科学的概念，通过一系列实例说明工程科学家如何从工程中发现和提炼科学问题，根据工程需求和特点需找新方

* 本文系 2013 年 3 月 1 日在中国科学院技术科学部工程科学进展论坛上的总结讲话。

法去解决这些科学问题，发现其内在的客观规律，再运用这些规律去指导工程实践，完成整个研究的闭环。从他的演讲中可看到工程科学的特点：一是实践为先，二是抓住和解决主要矛盾。又过了若干年，钱老读了毛主席的名著《实践论》和《矛盾论》后由衷感慨，毛主席已经从哲学高度概括了工程科学的精华。我认为，本次论坛的所有报告都理论联系，都注重抓住和解决主要矛盾。可以说，各位中青年科学家都很好地学习和理解了毛主席的《实践论》和《矛盾论》，理解了工程科学思想。

在把握工程科学研究的基本规律之后如何进一步提升呢？我想应该回到钱老的《工程与工程科学》这篇演讲。当年，钱老列举了两个重要的例子，一个是他自己正在从事的远程火箭技术，另一个是核能材料技术。这都是当时的工程前沿，其特点是先有科学，后有技术，再有工程。我们目前谈论工程科学，比较多的是谈论来自工程的科学问题（Science from Engineering），或是工程中的科学问题（Science in Engineering）。而钱老所举的例子则是，如何将科学发展为工程（Science to Engineering），是科学到工程的原始创新。

目前，我国已进入工业化中期，要在30年后成为工业强国。我认为，我国必须要有这样的研究，才能有原创性的技术、工程和工业。目前，我国的量子通信研究颇有这样的味道，值得引起我们学习和借鉴。希望各位中青年科学家能思考这样的工程科学问题，推动我国早日建成工业强国。

我们应该看到：论著署名不规范只是表象，其背后诸多深层次的成因更值得关注。论著署名不规范折射出学术界浮躁之风弥漫、急功近利盛行。多年来，政府和学术界已习惯于依靠各种评优来催生创新成果，但成效并不理想。现在应该给学者们“松绑”，使大家像学术前辈那样潜心治学。同时要抓紧改进和完善学术评价体系，规范论著署名。开展这些工作迫切需要全社会的密切协同，有关政府部门、高等院校、科研院所、专业学会、学术期刊、出版商等负有重要责任，而做好顶层设计至关重要。

独立思考，顶天立地*

很高兴出席这次研讨会，与各位优秀青年学者交流。近年来，我在与青年教师的交流中得知他们在高校任教的许多感受，共性之处可归纳为八个字：机会巨多，压力山大。

先说机会：近年来，国家日益重视优秀青年人才培养，出台了许多人才计划。国家杰出青年科学基金、国家优秀青年科学基金是这些计划中的优秀品牌，成为众多青年人才成长的加油站。去年 10 月，国务院发布《统筹推进世界一流大学和一流学科建设总体方案》，提出建设高等教育强国；今年 6 月，习近平总书记在全国科技创新大会上提出建设世界科技强国。在这样的背景下，我相信青年教师的发展机会更多了。

再说压力：由于政府、高校都高度重视人才工程，导致许多青年教师从任教之日起就瞄准一个个人才计划，制定自己职业生涯发展的时间表。为了早日进入人才计划，不少人谋求学术产出数量，千方百计多招收研究生，寻找容易发表论文或论文易于被引用的研究热点。而不合理的学术评价体系则推波助澜，导致学术界急功近利之风日渐盛行，某些青年学者甚至学术行为失范。

对此，在座各位肯定深有体会，不愿随波逐流。因此，我送给大家八个字：独立思考，顶天立地。

先说独立思考：中国要成为世界教育强国、科技强国，要拥有世界一流大学和一流学科，必须要有一流的青年学者。青年学者不可能靠模仿前辈学者成为一流学者，也不可能靠跟踪世界科技发展成为一流学者。希望各位不要寄希望听资深学者讲述学科发展态势来选择研究领域，更不要从文献堆里

* 本文系 2016 年 7 月 22 日在第十届全国动力学与控制青年学者学术研讨会上的讲话。

北京理工大学从延安一路走来，一直与国家命运休戚相关。学校长期致力于服务国家安全、经济和社会发展，做出了不少贡献。但面对上述形势、任务和要求，我们的精神面貌、思想准备、工作水平还有很大差距。例如，我们没有像先辈那样目睹中华民族用大刀长矛对洋枪洋炮、靠鲜血和生命获得民族独立的艰辛历程，在学术报国的使命感和责任感上有差距。再如，我们在科技领域长期跟踪和模仿世界强国，在原始创新的决心、信心和文化上有差距。又如，我们的改革发展靠“摸着石头过河”，较为关注“立竿见影”，但在学术生态和制度建设上有差距。

按照建设世界一流大学、一流学科的目标和要求，按照国防科技创新发展、工业化和信息化深度融合发展的目标和要求，我们必须树立更加强烈的担当精神和使命意识，坚持和弘扬北理工人特有的“延安根、军工魂”，以坚定的信心、顽强的意志、集体的智慧，走出一条创新驱动发展之路，建设扎根中国、世界一流的理工大学。

面对创新驱动发展、“双一流”建设这两项重大任务，必须充分认识这两项任务的辩证统一关系。前者创造了良好的外部环境，后者为内涵建设指引方向，科技工作是两者的重要结合点。在科技工作中，要把这两大任务有机统一起来，放眼全局，瞄准长远，谋划大事，跻身一流。

在谋划和推进科技工作中：一要强化服务国家战略需求，解决重大问题，产生原始创新的高水平科学研究的创新能力；二要通过科技体制机制改革、包括科协工作改革，营造敢于质疑、执着探索、勇于创新、抵制平庸、鞭笞不端的学术氛围，形成有利于科研活动的政策环境和运行机制；三要通过科技工作，引导、支持和支撑学科优化、特色发展，打造学科高峰，建设若干一流学科群；四要注重科教融合，提高学科和专业水平，为提升人才培养质量，立德树人这一根本任务服务。

在谋划科技工作着力点时，必须瞄准建设世界科技强国的宏伟目标。一要面向国家战略需求和世界科技前沿，强化基础研究，推动交叉融合，大力提升科技创新能力；二要坚持和发挥国防科技特色，在若干重要研究领域形成不可替代的优势，从设计未来战争的高度来设计和研究武器装备；三要主动服务工业化和信息化深度融合，推动制造强国、网络强国建设；四要积极服务区域创新发展，参与“一带一路”倡议、京津冀协同发展、长江经济带发展；五要聚焦产业转型升级，加强推进技术转移和科技成果转移转化工作。

二、深化改革——构建新体系、激发新活力

“十二五”期间，学校实施学科优化战略，坚持“强地、扬信、拓天”的学科特色发展途径，为科技工作聚焦方向；实施强师兴校战略，坚持引培并举，为科技工作充实了人才队伍；实施教育创新战略，加强教育与科研互动，提倡科技工作反哺教学工作；实施开放发展战略，加强对外合作，为科技工作打开视野。五年来，学校在科技工作中坚持“强化基础、着力前沿、协同创新、持续发展”，在科研规模增长、彰显国防特色、创新体系建设、科研成果产出、服务面向拓展等方面取得了令人鼓舞的成绩。

“十三五”期间，国家将深化科技体制机制改革，探索形成科技管理体制新局面。在科技战略设计层面，国家已出台四项重大改革：一是建立科技计划联席咨询，信息互联统筹的国家科技管理平台；二是重构五类科技计划布局，包括自然科学基金、科技重大专项、重点研发计划、技术创新引导专项、基地和人才专项；三是科技计划全链条设计/一体化实施的资源配置方式；四是科技计划逐步实现专业机构管理模式等。在具体政策与实施层面，国家正在推进的改革包括：科研组织模式创新、科研项目与经费管理、科技成果处置与收益、知识价值为导向的分配政策、人才发展机制等。

2015 年以来，学校贯彻落实党的十八届三中全会精神，对照建设世界一流理工大学的任务和存在的问题，制定了《综合改革方案》。方案明确科技工作改革的总体目标是：深化学科发展与科研创新机制改革，创造一流成果。提出的具体任务包括：改革重大问题凝练和研究支持方式；改革国际学术前沿和重要高新技术相关科研的组织模式；改革科技成果转化体制机制，提升成果转化成效；改革科研分类评价体系，提升科研能力等。

为了适应改革形势，学校编制了《“十三五”教育事业发展规划——科学

研究专项规划》和《“十三五”教育事业发展规划—能力建设专项规划》，形成了《关于促进双一流建设，提升科技创新能力若干意见(讨论稿)》。在科技工作会议前，通过了《科研项目管理办法》等十余项新制定或修订的文件。“十三五”科技工作的指导方针是：创新驱动，协调发展，交叉融合，持续提升。并将从以下几个方面激发科技工作新的驱动力。

一是聚焦优势特色、集成融合创新，构筑一流引领能力。瞄准武器装备创新发展、工业化与信息化深度融合等国家战略需求，走“地、信、天”集成融合发展之路。以“前瞻性、先导性、探索性、颠覆性”前沿科技发展趋势为指引，以重大科技专项、重大项目为牵引，以武器系统、机动平台、信息技术、空天技术等作为主要研究领域，以重点实验室、特色研究院、高端智库等作为载体，充分发挥多学科交叉优势，形成服务国家战略需求的体系能力，构筑世界一流水平、国防特色鲜明的引领高地。

二是强化基础学科、理工交叉融合，夯实持续发展动力。继续强化基础研究，促进理工交融、工理管文相互渗透。要加强和补好基础研究短板，在独创独有上下功夫，在前沿领域一争高下，在“无人区”闯出新天地。要结合学校特色，进一步推动和加强理工融合，形成理科支撑工科提出和解决科学问题，工科支持理科特色发展的理工融合格局，为多学科相生共长、协调发展提供持续发展的动力。

三是放眼科技前沿、引培导向布局，培育长远发展潜力。要牢牢把握当前信息网络、人工智能、生物技术、清洁能源、高新材料、先进制造等领域呈现群体跃进的态势，把握跨领域、跨学科碰撞引发颠覆性、引领性科研活动的趋势，抓住全球化人才流动的机遇。要立足国家战略需求和学校自身特色，按照世界一流标准，有的放矢，引进具有发展潜力的科技人才，融入现有学科体系并开辟新的研究领域，培育成未来领军人才。

四是完善合作布局、拓展发展空间，释放科技创新活力。要坚持主动服务产业转型升级与区域经济，在前期形成的对外合作机构布局基础上积极谋划，寻求多渠道、多形式拓展学校发展空间。同时，要进一步完善技术转移体系，深化技术转移利益分配和决策机制改革，充分发挥军民融合优势，推动产学研用融合，服务国家科技创新与社会经济发展，释放科技创新活力。

五是突出四个服务、积极发挥作用，使科协助力“双一流”建设。要按照习近平总书记提出的要求，推动学校科协积极为科技工作者服务、为创新驱动发展服务、为提高全民科学素质服务、为党和政府科学决策服务。科协要围绕学校的“双一流”建设工作制定工作计划，积极完善组织机构和制度建设，大力推动学术交流与合作、科学道德与学风建设、学生科技实践活动、科学普及、人才举荐、决策咨询等工作，为学校事业发展营造良好的学术生态和文化氛围。科协还要积极适应中国科协所属学会和省级科协有序承接政府转移职能的要求，促进科协工作大幅提升水平。

三、不忘初心——一切围绕育人、一切服务育人

在全国高校思想政治工作会议上，习近平总书记明确指出：“高校立身之本在于立德树人。只有培养出一流人才的高校，才能够成为世界一流大学。必须牢牢抓住全面提高人才培养能力这个核心点，并以此来带动高校其他工作”。国务院颁布的“双一流”建设总体方案中则明确指出：坚持以中国特色、世界一流为核心，以立德树人为根本。

2016 年，学校开展了为期四个多月的人才培养工作大讨论，分析了人才培养工作中存在的突出问题，针对这些问题，学校制定了《关于全面提高人才培养质量的若干意见》，明确提出如下奋斗目标：走出具有中国特色，北京理工大学风格的世界一流大学人才培养之路。

必须牢记，大学的第一使命是人才培养，这是我们的初心。因此，学校的科技工作有别于研究院所，其谋划和开展必须紧密围绕人才培养工作。要坚持“学术为基，育人为本、德育为先”的价值取向，在谋划和开展科技工作中实现科教互促、科教双赢。

在科技工作与人才培养的互动中，一是要把精深的学术、探索的精神、研究的乐趣反哺于人才培养，把服务国家战略、严谨学术作风、追求卓越贡献的理念回馈给青年学子；二是要通过建立学术前沿进展与教学质量提升的

良性循环体系，探索多导师/跨领域跨学科/校院所联合/国际联合等多种培养模式，激发学生的学术兴趣和志向；三是要营造崇尚科学真理、敢于质疑批判、恪守学术诚信、追求精工卓越的良好学术生态。

第五篇
讲话采访篇

5

清清延河水抚育我茁壮成长，
悠悠岁月长磨炼我意志如钢。
我们的生活艰苦而又紧张，
我们的革命热情却日益高涨。
蓝天是我们的屋顶，
高山是我们的围墙。
为了祖国的新生，为了民族的解放，
任何困难也不能把我们阻挡！
……

让我们踏着雄壮歌声，展开翱翔翅膀，迎接美好灿烂的明天；

让我们弘扬延安精神，继承先辈事业，创造壮丽璀璨的辉煌！

在北京理工大学校长任免大会上的讲话*

今天，我怀着激动而又忐忑不安的心情接受党中央、国务院的任命。我由衷感谢党和国家对我的信任，赋予我北京理工大学校长这一光荣的历史使命。

刚才，中共中央组织部、国防科学技术工业委员会、中共北京市委的领导同志发表了重要讲话，对北京理工大学的建设与发展、对我今后的工作提出了殷切期望。我十分感动，深受鼓舞；一定铭记在心，认真贯彻落实。

匡镜明校长作了情真意切的离任感言，让我们感受到一位在北京理工大学学习、工作、生活近半个世纪的老学长对学校的深情与挚爱，感受到一位为学校建设倾注了无数心血的老校长对学校未来发展的期待与祝福。我提议，让我们一起再次以热烈的掌声向匡镜明校长致以深深的敬意！

今天，我非常高兴和荣幸成为北京理工大学的新成员。作为一名自幼热爱军工的热学男儿、一名30年来一直在高校学习、工作的学者，一名10年来一直投身于国防科技高等教育改革与发展的实践者，我一直仰慕着北京理工大学。今天，受命担任北京理工大学的校长，使我产生了强烈的荣誉感和神圣的使命感。

此时此刻，思绪万千。我仿佛看到诞生于抗日战争烽火之中、我党创办的第一所理工科大学——自然科学院。我仿佛看到李富春、徐特立等老一辈无产阶级革命家带领创业者们肩负重任，白手起家，使自然科学院崛起于革命圣地，开启了为新中国培养科技干部的办学历程。我仿佛看到随后的一代代北理工人薪火传衍，励精图治，书写了学校不断发展壮大的历史篇章。

60多年来，北京理工大学始终勇立我国高等教育的潮头，致力于国防科

* 本文系2007年8月24日在北京理工大学校长任免大会上的讲话。

技人才培养和研究，为国家做出了重要贡献。60多年来，北京理工大学始终追求办学境界的不断攀升，已发展成为一所在国内外具有广泛影响的著名学府。60多年来，学校的校名几经更迭、校址几度变迁，但延安精神和“团结、勤奋、求实、创新”的校风代代相传，并不断被赋予新的时代内涵。最近，全国科教界正在学习的毛二可院士及其创新团队的事迹即是其最典型的体现。

作为北京理工大学的新任校长，我为学校所取得的光荣业绩由衷自豪。面对学校辉煌的历史，面对新时代的任务与挑战，面对党和国家以及全校师生员工的信任与期待，我深感责任重大、使命艰巨。昨天到校后，焦文俊书记、匡镜明校长与我进行长谈，使我增强了工作信心。我一定不辜负大家的厚望，虚心向匡镜明校长和其他老领导学习，虚心向焦文俊书记和学校领导班子成员学习，虚心向全校教职工学习，以努力学习和勤奋工作来弥补自己能力和水平的欠缺；一定自觉置身于校党委领导之下，认真履行高等教育法赋予校长的职责，恪尽职守，为北京理工大学的进一步发展贡献自己的全部力量。

从匡镜明校长手中接过重任，我将与焦文俊书记一起，与学校领导班子成员一起团结全校师生朝着既定的目标奋力前行。延续而创造，继承以发展。

在新的发展阶段，北京理工大学面临着诸多机遇与挑战。建设创新型国家的宏伟目标、国防科技工业转型升级、高等教育事业持续快速发展、北京市率先发展，“985工程”二期建设和“211工程”三期建设，这些都为我们提供了发展的机遇和条件。同时，我们也必须清醒地看到学校自身状况与发展目标之间的差距，看到学校与国内外一流大学在培养国家栋梁之材、解决重大科技问题、提供优质社会服务方面的差距，看到科学发展、和谐发展、特色发展对我们提出的新要求。

我们要按照第十二次校党代会提出的要求，“不断进行理论创新、制度创新和机制创新，以新的办学理念和办学模式探索高等教育发展的前沿领域”；“要保持清醒的头脑，加倍努力，克服困难，迎接挑战，增强紧迫感、责任感，坚持改革和创新，进一步加快学校的发展建设，实现北京理工大学的新跨越”。

我坚信，在国防科学技术工业委员会、中共北京市委和北京市人民政府的领导下，在学校领导班子和全校师生的共同努力下，我们一定能够早日实现建设“国内一流、国际知名”的高水平研究型大学的奋斗目标！

大学发展必须循序渐进，科技创新源于学术基础*

——访北京理工大学校长胡海岩院士

对于即将迎来70周年华诞的北京理工大学来说，独特的历史地位赋予了该校在国家实现国防现代化的道路上，在知识创新体系、技术创新体系和国防创新体系构建中更多的责任。在一个小时的采访中，胡海岩校长给我们的感觉是“思路清晰”“学者风范”和“年轻有为”。尽管已有9年的大学校长经历，但从南京航空航天大学调任北京理工大学，胡海岩“还是感觉很有压力”。他明确表示，大学的发展必须循序渐进，注重内涵，不能急功近利。对于如何进行大学的内涵建设、选择什么样的人担任大学管理者、如何处理好科技创新和学术基础之间的关系等，胡海岩校长给出了自己的答案。

一、国防科技特色大学：理工并重、交叉融合

《科学时报》：您2007年出任北京理工大学校长，近两年来在学校的建设和发展上提出了什么理念和思路？有哪些在您任内有希望实现的目标？

胡海岩：从南京航空航天大学到北京理工大学，九年的校长经历使我有一个体会——大学建设，欲速则不达。大学建设必须注重其内涵，而真正的内涵建设时间漫长。所以，大学校长不能急于让学校在短期内发生大改变。特别是以学术为核心的竞争力必须依靠科学规划和扎实工作，靠日积月累而提升，不可能靠打“突击战”一蹴而就。

大学的建设和发展必须循序渐进，可以说是个“慢活儿”。作为校长，当

* 本文刊于：科学时报，2009-05-19；采访记者崔雪芹、陆琦。

然不能因为是“慢活儿”就无所作为。在今年初的学校工作会议上，我曾代表校党委提出了“激情进取、科学发展”的若干办学思路。创建一流大学要有激情，没有激情，就无法充分解放思想，就谈不上发展；但只有激情而没有科学的发展谋略，就无法实事求是，也无法把大学建设好。所以“激情进取、科学发展”是我们创建一流大学应具备的精神面貌和工作思路。

在“激情进取、科学发展”的基本思路下，我们规划了北京理工大学未来的发展目标，明确了实现目标的措施。具体来讲，学校几年前确定了“三步走”的发展战略：第一步，到建校 70 周年，即 2010 年时，达到国家研究型大学建设水平；第二步，到建校 80 周年，即 2020 年时，建成“国内一流、国际知名”的高水平研究型大学；第三步，在建校 100 周年，即 2040 年时，建成具有延安精神文化背景和国防科技特色的世界一流大学。我认为，第一步建设目标即将实现，学校上下正在为实现第二步建设目标努力奋斗，这也正是学校作为“985 工程”重点建设高校所确立的目标定位。

围绕上述办学目标，我们现在集中精力关注的是学校的内涵建设。内涵建设的主要内容可以理解为：“大楼”“大师”和“大气”。这三个“大”是高水平大学内涵建设最重要的三个方面。

所谓“大楼”，是指高水平的基础设施、教学科研设施、公共服务与保障体系以及优美的校园。“大楼”建设是立竿见影的，相对比较容易。近几年，我校在驻京的中央部委所属高校中率先建设新校区并投入运行，学校面貌发生了巨大变化。目前，我们还在抓紧推进一系列基础设施建设，进一步改善办学条件。我相信“大楼”建设在 3~5 年中就会见到成效。

所谓“大师”，是指杰出的学科带头人及其创新团队。近几年，学校上下对“大师”重要性的认识比过去提高了很多。在“以人为本”的科学发展观指导下，在“注重领军人物”的内涵建设思路引领下，大家都认识到“大师”是最紧缺的办学资源。我们在这方面下了不少气力，通过“引进加培养”，提高师资队伍和干部队伍水平。一方面，我们通过面向海内外公开招聘各学院院长等举措，引进了一批“长江学者奖励计划”特聘教授、国家杰出青年科学基金获得者。另一方面，学校努力创造良好的育人氛围，一批优秀中青年学者正在成长。

所谓“大气”，是指高尚的大学精神、先进的大学文化及相应的现代大学制度。相对于“大楼”和“大师”，“大气”建设是最难的，需要很长时间的积累。北京理工大学办学近70年，形成了延安精神、服务国防等具有自身鲜明特色的大学文化。但我们必须看到，大学文化建设还不适应创建一流大学的需求，学校的制度建设、体制机制建设也需要进一步改革和改善。

“大楼”和“大师”是硬实力，“大气”是软实力，这三者构成了学校提升整体办学水平和核心竞争力的三大基础。

《科学时报》：北京理工大学是我国国防科技人才培养和国防科学技术研究的重要基地之一。在您看来，如何使学校的特色更加鲜明，并在某些领域或学科真正成为世界一流？

胡海岩： 研究型大学的建设和发展以学科的建设和发展为龙头，一流大学必须要有一流的学科。我认为，一所大学只建设几个一流学科还未必是一流，更重要的在于这些一流学科必须是引领当前和未来国家科技发展的主干学科，是国家科技发展中新兴的“朝阳学科”。

北京理工大学作为国家重点建设的、以国防科技为特色的研究型大学，应该以建设创新型国家为己任，积极服务于国家重大战略需求，主动应对新军事变革带来的科技挑战，创建引领国防科技发展的主干学科。关于如何创建这样的主干学科，是否把财力和物力都集中投向这些学科？我认为并非如此。国防科技所特有的先进性、对抗性、保密性，要求我们必须提升原始创新能力。因此，我们提出要坚持走“理工并重、相互融合”的发展道路。

“理工并重、相互融合”不单单是两类学科的交流合作，而应该体现在学校的办学理念和办学思路上，体现在学校制度建设、体制机制建设上，融合于研究型大学的人才培养、科学研究、社会服务的使命中，并最终体现在理工学科共同创建引领国防科技发展主干学科的中心任务上。

理科建设，在工科为主的高校中难度比较大，建设周期长，见效慢。但是，一流的理工科大学在具备一流工科的同时必须具备一流的理科。科技创新源于扎实的学术基础，只有具备扎实的学术基础，才能胜任科技创新的使命，才能培养高层次的创新人才，产出高水平的学术成果，进而提升学校的办学水平。

一个学科从诞生、成长、进入壮年，最终会衰老。为了使学科具有旺盛的生命力，需要对传统学科不断更新其内涵，特别注重传统学科与其他学科的交叉融合；同时学科建设必须富有远见，要善于捕捉、善于谋划，将现在所谓的“支流”学科建设发展成未来的主流、主干学科。

二、大学校长：德才兼备

《科学时报》：1988 年至 1997 年，这十年是您潜心学术的十年。这之后，您开始涉足高等教育管理。您是否觉得大学管理工作对您的科研事业发展有所影响？在您 20 多年来科研工作取得的卓越成就中，您最看重哪一项成果？它为什么让您如此看重？

胡海岩：如果专心致志从事学术工作，我相信，自己的学术水平会更高些，学术成就也会更多些。

2006 年，我带领学术团队完成的“振动控制系统的非线性动力学”获得国家自然科学奖二等奖，这是让我感到自豪的一项研究。

我之所以自豪，不仅仅是因为这项成果获了国家奖励，而在于它具有两方面的重要意义。从科学研究方面看，这项研究带动了一个学科研究领域的发展，推动了科技进步。我们的研究成果不仅吸引了很多学者投身到这个研究领域中，而且对于如何解决振动控制所涉及的非线性动力学问题具有指导意义。从人才培养方面看，这项历时 20 多年的研究培养了一批优秀青年学者，他们中有国家杰出青年科学基金获得者、全国优秀博士学位论文获得者，他们中的大多数在国内外力学界已具有很好的学术声誉，青出于蓝而胜于蓝。

作为大学教师，如果只完成了科研任务而没有培养出优秀人才，则没有完成大学教师的神圣使命。大学教师，既要研究出成果，又要培养出人才。这两个方面的责任体现出大学教师的核心价值。

《科学时报》：目前国内高校中，学而优则“仕”的情况很多，不少大学校长和大学管理者由已经取得了优秀成果的学者出任。有人认为，这样一方面会影响这些学者对科研工作的投入，浪费人才；另一方面会造成科研资源分配不公，败坏校风。您对此是怎么看的？

胡海岩：这是一个两难的问题。究竟选择什么样的人担任大学校长和大学管理者？是选优秀的学者，还是选纯粹的行政管理者？

据我了解，在世界范围内，研究型大学的校长，都是由优秀学者来担任的。丰富的研究经历，优雅的科学品味，高尚的大学情操，这些对于大学校长深刻理解大学精神和圆满完成大学使命都至关重要。至于其他管理岗位，则应根据其职责要求来物色人选。

当然，人的精力毕竟有限。优秀学者担任校长或大学管理者，对学者自身来讲，其学术研究肯定会受到影响。但如果从全局最优的角度看，选择少数优秀学者在学术上做出一些牺牲，而换来一批大学的发展，无论立足眼前还是志在未来，对于民族复兴和人类进步都是值得的。如果能物色到心胸开阔、具有全局观念的优秀学者来担任校长或大学管理者，不用担心资源分配不公的问题。

目前，尽管有些大学管理者在某种程度上过多地关注自己的学术工作，而在学校管理上投入不足，甚至利用职权多占资源。但从总体来看，我国绝大部分研究型大学的校长是德才兼备的，他们将主要精力放在大学管理上，利用业余时间从事若干学术工作。我认为，适度从事学术工作有利于他们保持学者的思维和风格，有利于他们加强与教师的联系和沟通，有利于他们办好大学。

《科学时报》：担任大学校长近九年之后，您觉得一位合格的大学校长应该具备哪些基本素质？

胡海岩：不同类型的大学对校长提出了不同的要求，但德才兼备是担任大学校长最基本的素质。首先，大学校长要有“德”，要有高尚的追求，博大的胸怀，才能肩负起校长的使命，否则大学的建设无从谈起。其次，大学校长要有“才”，要有高尚的科学品位，敏锐的学科洞察力，应是一位优秀学者。可以看到，在许多世界著名大学，正是由于校长具备优秀学者的素质，拥有与其他优秀学者相同的科学品味和对科学问题的共识，因此而富有号召力和凝聚力，能够使优秀学者们源源不断地汇聚到大学的校园中。

至于具体的管理知识和经验，可以在实践中学习和积累。我认为，大学校长更多是锻炼出来的，而不单单是选拔培养出来的。

三、创新型人才：学术基础+创新意识

《科学时报》：近年来，“创新”理念已经深入人心。在您看来，我国高校科技创新工作的现状如何？在哪些方面还有欠缺？我们该如何努力改变这种现状？

胡海岩： 目前，我国高校的科技创新现状，令人喜忧参半。

好的方面是，这几年大家的科技创新意识比过去明显加强。不论是大学的管理者，还是教师，都开始注重科技创新。无论是在大学的办学理念层面，还是在学校的具体措施方面，都较以往有了进步。同时，国家和学校的政策、体制机制也在不断进行改革。所有这些都值得我们欣喜。

但我们必须注意到，随着科学技术的发展，科学研究规模的扩大，不少学者已将从事科学研究作为谋生的手段，而不是从事事业的追求。目前，不少“创新”成果带有明显的功利色彩，是为功利而创新。有些成果所体现的创新只是某种标新立异，甚至是刻意包装。这样做的直接后果就是，我们的学术看上去很繁荣，似乎天天都有新发现和新发明，但是真正在科学技术史上具有里程碑意义或者能长久留下来的东西并不多，有重大影响的科技成果并不多。

我们还必须看到，以急功近利的心态去看待科技创新和从事科技创新，使得科技创新所需要的学术基础比过去有所弱化。无论是学生的学习，还是教师的学术研究，在学术基础方面不如过去。更加令人担忧的是，我们的学术风气会由此而被败坏。

我想，这可能与市场经济一样，是我们必须经历的一个历史阶段。历史

上，韩国等新兴工业化国家的科技发展也曾经历过类似的阶段。但是，我们不能被动地经历，而必须主动、深刻地反思，在发现问题后予以积极纠正。只有这样，我们才能正确引导青年学者和莘莘学子，使大家以沉稳的心态来看待科技创新、看待科学本身。

《科学时报》：科技创新的主体是人，是具有创新精神和创新能力的人才。培养这样的人才，是高水平研究型大学的使命。您认为，被誉为“培养国防科技高级人才摇篮”的北京理工大学培养的人才应该具备哪些基本素质？为了实现这样的人才培养目标，学校进行了哪些实践与探索？

胡海岩：北京理工大学是一所以国防科技为特色的高校，其主干学科培养的人才主要服务于国防科技工业。国防科技工业的需要，决定了我们人才培养的目标。同时，作为一所国家重点大学，人才培养不能仅仅满足现在的需要，更要着眼于未来，特别是要培养满足未来国防科技发展需要的领军人才。

实践证明，国防科技工业的发展必须依靠自主创新。我国的国防科技工业正处在以集成创新和对引进先进技术进行消化、吸收、再创新为主的阶段，原始创新的比重还不高。但我相信，不久的将来，它将以原始创新和集成创新为主。因此，学校必须着眼于未来，加强学生科技创新能力的培养。

创新型人才的基本素质包括两个方面，一是宽厚的学术基础，二是强烈的创新意识，单单强调其中任何一个方面都不行。20世纪以来，最重要的技术进步主要来自基础研究成果。因此，不论是人才培养还是科学研究，没有学术基础就没有根基，科技创新源于扎实的学术基础。基础研究的水平越高，对客观规律认识得越深入，创新视野和思路就越宽阔，创新成果的影响也越大。

正是基于这样的认识，北京理工大学决定在宇航学院、机电学院、信息与电子学院试行“本硕博贯通培养计划”，实行理工结合、贯通培养。该培养计划旨在培养面向国家工业化、信息化、国防科技现代化的新一代科技领军人才，追求“刻苦学习理论、勤于动手实践、勇于独立思考、善于自我创新”的培养目标。在培养过程中，努力将理科基础学习、工科专业学习、实践创新研究融为一体，注重塑造学生的科学精神和人文素养，培养学生从工程中提炼、解决科学问题的能力和在技术上自主创新的能力。

《科学时报》：去年 11 月，您在北京理工大学作了一场有关“技术科学中的美学”的报告，提出要在技术科学的教学和研究中引入美学思想。在北京理工大学这样一所理工类高校中，提倡美学教育是出于什么样的理念？

胡海岩：在高层次人才的培养中，需要高雅科学品位的养成。当然，这包括很多方面，而重视美学教育是其中的一个重要方面。美学是艺术的哲学。如果一个人有很好的美学修养，他势必对于艺术、哲学有比较多的关注，这种关注会引导他去从哲学的高度和艺术的角度来看待所从事的科学研究或者技术研究。所以，美学教育对于高层次人才拓宽视野、提高学术品位、增强创新意识是有所帮助的。

当然，一个人的科学品位和创新意识绝不是听一场报告就能提高的。我的报告只是提供一个看问题的角度，希望引起研究生和高年级本科生的兴趣。

我认为，大学的学术报告应该是一个“百家论坛”，百花齐放，百家争鸣。我更希望，学术报告的听众们能够有自己的一些深入思考，特别是一些批判性思维。大学是各种学术思想兼容并包的学术机构，而不是行政机构，不应把大学管理者的思想和观点以行政方式发布下去。重要的是，通过演讲启发学生主动思考，通过教学培养学生善于学习，通过实践锻炼学生创新思维，通过表率引导学生完善自我，最终通过大学生活使学生体味受益终身的人文精神。

在北京理工大学建校七十周年庆祝大会上的讲话*

尊敬的张德江副总理，各位领导、来宾和校友，老师们、同学们：

仲秋令月，丹桂飘香。我们隆重集会庆祝北京理工大学建校70周年，共同见证她辉煌的历史，共同展望她美好的未来。首先，我代表北京理工大学全体师生员工，向莅临大会的各位领导、嘉宾表示热烈的欢迎！向所有海内外校友致以亲切的问候！向多年来一直关心、支持学校建设发展的各级领导、各界朋友、国际友人表示深深的谢意！

北京理工大学是中国共产党创办的第一所理工科大学。1940年9月，她的前身——毛泽东主席亲笔题写校名的自然科学院迎来了开学典礼。这在中国高等教育史上具有里程碑意义。

延河岸边，杜甫川中。李富春、徐特立、陈康白、李强等先辈以培养“革命通人，业务专家”为目标，弘扬“蓝天为屋顶、高山作围墙”的艰苦奋斗精神，为抗战建国培育科技人才。马兰草纸、新法制盐，处处展现了自然科学院人的智慧；灰生铁、南泥湾，每每诉说着北京理工大学先辈们的贡献。“强国必先强教”，我党的理工科高等教育从这里迈出了坚实的第一步。

马背颠簸，战火迁移。始立张家口，又移太行东，四更校址，四易校名，华北建学院，进京并法大。刘再生、恽子强、曾毅等先贤，历经磨难而不辍，蹉跎岁月而重生，学校发展壮大，成为新中国第一所新型重工业大学，为解放战争和新中国培养了一大批专门科技人才和“从事新民主主义重工业建设的高级工程干部”。

建国伊始，激情岁月。魏思文院长以“我们要在宇宙空间占一个位置”的

* 本文系2010年9月26日在北京理工大学建校七十周年庆祝大会上的讲话。

雄心壮志，激励师生为强大国防而奋斗；钱学森先生亲临学校，指导师生们创建起我国第一批导弹、火箭专业。学校以“为国家培养红色国防工程师”为己任，重教学、强科研，师生们研制出探空火箭、轻型坦克、电视发射台、大型天象仪……创造了多项中国科技史上的第一。年轻的北京工业学院成为新中国第一所国防工业大学，跨入首批16所全国重点大学的行列。

改革开放，谱写华章。学校成为全国首批设立研究生院的大学，首批进入国家“211工程”建设的大学，第10所进入国家“985工程”建设的大学。从1988年更名为北京理工大学，到先后隶属国防科技工业委员会、工业和信息化部管理，学校在改革中快速发展，在开放中不断提高，成为服务于国家工业化、信息化和国防现代化的高水平研究型大学。

70年，宛如一条奔腾不息的大河；70年，更似一首回肠荡气的长歌。这条河，哺育了几代壮士豪杰踏遍千山万水革命情；这首歌，传唱了万千青年才俊创树丰功伟业报国志。

70年发展史，是一部党和国家强教兴国的见证史。毛泽东、周恩来、邓小平、李富春、习仲勋、江泽民、李鹏、曾庆红、李长春等中央领导，或批示题词、关注支持，或担纲领航、莅临指导，给予我们莫大的支持和鼓励。

70年发展史，是一部先贤志士探索创新的教育史。徐特立老院长关于教育、科研和经济“三位一体”的办学创想，曾毅老院长“通才与专才结合”的办学理念，魏思文老院长“理论联系实际”的办学实践，似明灯盏盏，指引我们前进的方向。

70年发展史，是一部无数教师默默耕耘的奋斗史。华寿俊、王仕玲发明马兰草造纸技术，朱德总司令赞曰：“马兰造纸俏”；陈荩民编著系列教材、探索教育改革，得到周恩来总理高度称赞。如今，更有王越院士、徐更光院士、毛二可院士等一批名师享誉讲坛，凝聚着我们教书育人的力量。

70年发展史，是一部莘莘学子刻苦求学的报国史。这座被誉为红色国防工程师摇篮的学府，走出了“中国核潜艇之父”彭士禄院士、“中国预警飞机之父”王小谟院士、年轻的天基雷达总设计吴一戎院士……一代代学术精深、拳拳报国的校友勤奋身影和奋斗历程，成为我们追随效仿的楷模。

先辈之风、泽被后人，明道利器、与古为新。今天的北京理工大学，国防特色突出，工理管文多学科协调发展；深化教育改革，人才培养质量稳步提高；强化科研优势，科技创新能力持续增强；坚持培养引进，师资队伍实力不断提升；创新体制机制，文化氛围明显改善；加大对外开放，办学国际化进程不断加速。

70 年厚重的办学史给予我们三点深刻启示：

一是必须坚持德育首位，弘扬延安精神。黄土高原、巍巍宝塔，孕育了坚持正确政治方向、“解放思想、实事求是”、密切联系群众、“自力更生、艰苦奋斗”的延安精神。这一宝贵精神财富流传至今，已浸透到北理工人的血液里、植根于北理工人的灵魂中，铸成了“德以明理 学以精工”的校训、“团结 勤奋 求实 创新”的校风、“实事求是，不自以为是”的学风，激励着我们崇德尚行，达到以探索客观真理作为己任之境界；治学严谨，实现以掌握精深学术造福人类之理想。

二是必须坚持国防特色，夯实立校之本。建校之初，学校的办学宗旨、专业设置和人才培养目标都具有鲜明的国防特色。新时期，学校服务于国防现代化和科技强军的国家发展战略，深化改革，抢抓机遇，建成了军民结合、寓军于民的学科专业群和科技创新平台，培育了一大批军民两用科技人才和成果。看那国庆 60 周年阅兵方阵，北理工人以参与设计和研制的装备种类位居全国高校之最而自豪。经过数十年的建设和积累，国防特色已成为立校之本、强校之基、优势之源。学校将始终瞄准国家重大战略需求和世界科技发展前沿，按照“强地、扬信、拓天”特色发展路径，通过理工并重、交叉融合，构建引领国防科技发展的主干学科。学校将坚持军民结合，寓军于民，为国家工业化、信息化、国防现代化建设，为走中国特色新型工业化道路提供更多的优秀人才和原创性成果。

三是必须坚持实践育人，培养创新人才。自然科学院时期，学校始终坚持理论联系实际的办学方针，始终践行“三位一体”的育人思想。新中国成立后，学校更加注重工程实践环节教学，不断加强学生实践能力培养，教学相长，创造了多项“新中国第一”。近年来，学校根据高水平研究型大学需要，科学设计了由“基本教学实践、创新能力提升、知识技能拓展”三个子系统构成的实践育人体系，在培育“志向高远、学术精深、体魄强健、心境恬美”的拔尖创新人才道路上阔步前进。

栉风沐雨70年，披星戴月几辈人，受命于危难之际，腾飞于盛世之间。今天的北京理工大学，站在了新的历史起点上。面向现代化、面向世界、面向未来，我们制定了催人奋进办学目标：到2020年，建设成理工为主的亚洲一流大学；到2040年，建设成特色鲜明、理工为主的世界一流大学。

这一目标，既是全校师生激情进取、科学发展的共同理想，也是时代赋予学校的光荣使命。我们要以更加广阔的视野、更加开放的姿态、更加执着的努力，在学科建设、队伍建设、校园建设、办学国际化、体制机制创新上取得新进展，进而在人才培养、科学研究、社会服务上迈上新台阶，在振兴祖国教育和科技事业中发挥引领作用，在通往世界一流理工大学的道路上迈出更加坚定有力的步伐！

此时此刻，一首自然科学院时期广为传颂的诗歌在我们耳畔回响：

清清延河水抚育我茁壮成长，
悠悠岁月长磨炼我意志如钢。
我们的生活艰苦而又紧张，
我们的革命热情却日益高涨。
蓝天是我们的屋顶，
高山是我们的围墙。
为了祖国的新生，为了民族的解放，
任何困难也不能把我们阻挡！

同志们、老师们、同学们，70年筚路蓝缕，70年薪火传承，一代又一代北理工人，以振兴中华为己任，艰苦奋斗、耕耘不辍，为民族独立和国家富强做出了卓越贡献。

让我们踏着雄壮歌声，展开翱翔翅膀，迎接美好灿烂的明天；

让我们弘扬延安精神，继承先辈事业，创造壮丽璀璨的辉煌！

中国力学学会第九届理事会理事长任职讲话*

首先，我代表新当选的全体常务理事感谢中国力学学会第八届常务理事会推荐我们作为新一届常务理事候选人，感谢第九届理事会全体理事对我们的信任！从今天起，我们将从李家春先生和第八届常务理事会手中接过重任，与大家一起为中国力学学会共同工作4年。

此时此刻，我的心情既非常激动，又忐忑不安。心情激动是因为我仿佛看到在那激情燃烧的岁月，钱学森先生、周培源先生、钱伟长先生、郭永怀先生等老前辈共同开创我国力学事业，发起成立中国力学学会，凝聚起我国力学界的力量，投身于新中国建设和“两弹一星”工程；我仿佛看到沐浴改革开放的春风，钱令希先生、郑哲敏先生、王仁先生、庄逢甘先生等老前辈推进我国力学事业的发展，先后领导中国力学学会工作，把学会办成享誉盛名的学术团体，服务于国家经济建设和社会发展。12年前，我有幸当选为中国力学学会第六届理事，后又当选为第七届常务理事和第八届副理事长，先后在白以龙先生、崔尔杰先生、李家春先生三任理事长领导下投身学会工作，耳闻目睹他们的优秀品德、精湛学识、出色才华，从了解学会到熟悉学会，从融入学会到热爱学会。因此，当中国力学学会需要我为她继续工作时，我不仅没有任何理由推辞责任，而且应该为承担重任而自豪。

忐忑不安是因为我深知，自己距离称职的中国力学学会理事长差距甚远，品德、学识、能力都亟待提升。因此，以钱学森先生为代表的力学界老前辈将是我终身学习的榜样，以前任理事长为代表的学会老领导将是指导我做好学会工作的顾问，各位副理事长、秘书长、常务理事和理事将是帮助我做好学会工作的伙伴。我一定不辜负大家的厚望，虚心向前辈学习，经常向

* 本文系2010年10月18日在中国力学学会第九次全国会员代表大会上的讲话。

老领导请教，主动与伙伴们协商，凝聚起我们集体的智慧和力量，共同推进我国力学事业的发展。

各位理事、各位同仁，中国力学学会作为钱学森先生等伟大科学家亲手创建的学术团体，在我国学术界享有崇高声誉，在国际力学界具有重要影响。李家春先生领导第八届理事会将学会工作推进到一个新的高度，尤其是成功获得第23届世界力学家大会的举办权，实现了我国力学界20年的梦想。我在此提议，让我们以热烈的掌声感谢李家春先生和第八届理事会为我国力学事业做出的重要贡献！

站在新的历史起点上，如何发展和振兴中国力学事业成为我们面对的巨大挑战。一方面，作为工程科学主干的力学，需要引领和服务国家重大战略需求，成为我国建设创新型国家的动力。另一方面，作为基础学科的力学，需要瞄准世界科技前沿，不断向前开拓和发展。这样的责任和使命，要求我们延续而创造，继承以发展。

我们要努力学习以钱学森先生为代表的前辈力学家，加强常务理事会自身建设，使其成为一个团结进取、乐于奉献的领导集体。我们要加强学会组织建设，重点关注青年力学工作者的培育和成长。我们要努力弘扬科学精神，做好学术交流、科学普及、科技咨询、成果推广等工作，引领和服务国家重大战略需求。我们要以承办第23届世界力学家大会作为推进学会国际化进程的重要机遇，集全国力学界的智慧和力量，举办一届可与北京奥运会相媲美的全球力学界奥运会，促进我国力学学科走向世界科技前沿。

我坚信，在中国科协的领导下，在力学界前辈的指导下，在新一届学会领导班子和全体理事的共同努力下，我们一定能够把钱学森先生等老前辈开创的事业推向新的辉煌！谢谢大家！

在第 23 届世界力学家大会上的讲话*

尊敬的国际理论与应用力学联合会(IUTAM)主席佩德利(T. J. Pedley)教授，本次大会主席白以龙教授，女士们，先生们：

在第 23 届世界力学家大会(ICTAM)开幕之际，我谨代表中国力学学会，向各位来宾表示衷心感谢，向来自全世界的 2 000 多位代表表示热烈欢迎！

ICTAM 是世界力学界的学术盛会，也是世界力学界的奥林比克大会。自 1924 年冯·卡门等著名力学家在欧洲发起首次大会迄今，该系列会议首次在中国举办。这无疑是中国力学界的一件幸事，也是中国力学史上的一件大事。

中国力学的历史可追溯到公元前。中国古代的先贤们在探索自然和哲学的过程中，开始研究力学原理并应用于实践。例如，2 000 多年前张衡发明了浑天仪、地动仪，其成就可与古希腊学者媲美。又如，1 500 多年前李春设计了跨度 37 米、高 7 米的赵州拱桥，迄今仅仅下沉 5 厘米。遗憾的是，他们的研究没有形成力学专著得以传承和发展。宋代以后，中国的力学和其他科学分支一样，逐渐落伍。

中国近代力学的发展归功于 20 世纪 40—50 年代留学欧美后归国的一批力学家，尤其是钱学森、周培源、钱伟长、郭永怀等著名力学家。他们在湍流理论、喷气推进、空气动力学、板壳理论、工程控制论、物理力学等方面做出了开创性贡献，赢得了世界力学界的尊重。他们在中国创建了力学学科，形成了完整的人才培养和科学研究体系。例如，目前中国有 80 多所大学设有力学专业和研究机构，每年培养约 530 余名力学博士；全国从事力学基础研究的学者达到 3 400 余名。更重要的是，他们倡导理论联系实际的工

---

* 本文系 2012 年 8 月 20 日在第 23 届世界力学家大会上的讲话，由原英文稿译为中文。

程科学思想，促使力学服务于国家工业化发展的重大需求。在过去的50多年里，中国力学家为国家的航天、航空、航海、建筑、机械、交通、能源、环境、减灾等科学技术发展做出重要贡献。今天，我们非常自豪地看到，由新一代中国力学家领导的载人航天、高速铁路、三峡水电等重大工程在全世界产生了重要影响。

中国力学学会(CSTAM)成立于1957年，由钱学森教授担任首任理事长。今天与会的郑哲敏教授、白以龙教授、李家春教授曾先后担任第三届、第六届、第八届理事长。目前，CSTAM拥有2万多名会员，设有22个专业委员会和6个工作委员会，主办16种力学期刊。其中，有3种是国际期刊。自1980年CSTAM成为IUTAM的国家会员以来，积极组织中国学者参与IUTAM的各项学术活动。在过去的10年中，我们已在中国举办了7次IUTAM专题研讨会，4次IUTAM暑期学校。由CSTAM发起成立的北京国际力学中心于两年前被IUTAM批准为全球两个力学中心之一，正在亚太地区的力学发展中发挥积极作用。

CSTAM第九届理事会的任期是2010—2014年。这届理事会的最重要工作之一就是筹备好本次世界力学家大会。由于金融危机的影响，大会筹备工作遇到巨大挑战。在IUTAM的大会执行委员会(XCCC)领导下，在中国科学技术协会、国家自然科学基金委员会、众多中国学术机构的大力支持下，我们终于筹措到预算的资金，完成了预定的工作计划。会议期间，我们将努力做好会务工作，使各位来宾和代表感受一次高水平的、世界级的学术大会。

各位来宾，女士们、先生们，进入新世纪以来，中国科技进入又好又快的发展期，从科学研究理念到科技工作地位、从科技体制机制到科研环境条件、从科研布局到科技实力等各个方面都发生了历史性的深刻变化。我相信，这次盛会能够促使中国学者与世界各国学者建立更加紧密的联系，从而促进力学理论与应用的繁荣发展。中国力学的未来必定更加美好，世界力学的未来必将更加美好。

最后，预祝"第23届世界力学家大会"取得圆满成功！希望本次大会能给各位来宾留下美好的回忆。

在钱伟长先生百年诞辰纪念大会上的讲话*

在今年初安排工作计划时，我特意记下中国力学界在本年度有两项重要活动，务必预留时间，确保按时出席。一项是不久前在北京成功举办的第23届世界力学家大会，另一项就是今天在上海开幕的第13届现代数学和力学学术会议暨钱伟长先生诞辰100周年纪念大会。我参加这次会议，既是代表中国力学学会祝贺会议隆重开幕，更是和大家一起缅怀中国近代力学的奠基人、中国力学学会的创建者——钱伟长先生。

钱老是一位享誉世界的科学家、教育家、社会活动家。他一生自强不息，先天下之忧而忧，后天下之乐而乐，为祖国科技发展和社会进步做出了重大贡献。2010年，“感动中国”颁奖委员会对钱老的颁奖词非常贴切地概括了他伟大的一生：从义理到物理，从固体到流体，顺逆交替，委屈不曲，荣辱数变，老而弥坚，这就是他人生的完美力学，无名无利无悔，有情有义有祖国。

今天我们缅怀钱老，最好的方式是学习他的高尚品格和重要思想。人们钦佩钱老，因为他是一位伟大的爱国者。他在祖国命运处在十字路口、战争即将爆发的年代，义无反顾回国投身教育和科技事业；他在长期蒙受不白之冤、被剥夺从事学术研究的年代，坚持把自己的知识奉献给祖国和人民。人们钦佩钱老，因为他是一位真正的学者。他几十年如一日，勇于探索和坚持真理，不仅在固体力学、流体力学、应用数学、中文信息处理等多个领域做出了杰出贡献，而且坚持正确的教育理念，培养了一批批优秀人才，领导上海大学实现了科学发展。学习钱老的高尚品格和重要思想，就是要学习他对祖国和人民的热爱，学习他对真理的探索和坚持。

---

* 本文系2012年10月6日在钱伟长先生百年诞辰纪念大会上的讲话。

我第一次接受钱老教诲距今已 30 年。1982 年初，钱老作为中国力学学会副理事长出席山东省力学学会成立大会，并作学术演讲《力学工作者的任务和方向》。该演讲在全国力学界产生了重要影响，后被收入《钱伟长文选》（第二卷）。我当时正在攻读固体力学硕士学位，聆听演讲使我开阔了学术视野，并将钱老在演讲中首先倡导的非线性力学确立为自己今后的研究方向。此后的 30 多年中，我研读过钱老的许多论著，受益匪浅。2001 年我担任南京航空航天大学校长之后，多次向作为名誉校长的钱老汇报学校工作，有机会直接聆听教诲。钱老非常关心南航的建设和发展，几乎每次面谈都历时两个小时以上。钱老与我交谈最多的是如何办大学，如何培养人才。这其中，既有他在清华大学担任教务长、副校长时就提出的治学理念，又有他领导上海大学的办学思路，还有他在办学实践中遇到的阻力和挫折。担任大学校长 12 年来，每当我思考如何办大学、如何培养人才这个根本问题时，就会想起钱老的教育思想。

今天在座各位代表大多来自大学，或是教育者，或是受教育者。我们常议论当今大学的办学规模越来越扩大，校园、楼宇越来越宏伟，但干部、师生却越来越浮躁，大学精神越来越缺失。虽然人们对大学精神有不同的理解和诠释，但公认其基本要素是探索和传播真理，关怀和奉献社会，而这正是钱老毕生所坚持和实践的信念，也是他的教育思想之精髓。

我们学习钱老的高尚品格和重要思想，一定要弘扬大学精神，努力营造优良的校风和学风，面向国家重大需求和世界科技前沿，勇于发现、提出和解决重大难题，用我们的知识和才智去报效祖国，造福人类。

学术界的各位前辈，老师们，同学们，让我们共同传承和振兴钱老开创的中国近代力学事业，让她繁荣昌盛，走向世界，引领世界。

保证评审的“专业”和“良知”*

一、科学发现既要“正确”，还要“有用”

《中国科技奖励》：您从什么时候开始参加国家自然科学奖的评审工作？是何时加入工程技术组的？

胡海岩：我从2007年参加国家自然科学奖的评审工作，一直参加工程技术组的评审。自2009年起，我担任该评审组组长，一直到现在。

《中国科技奖励》：在评审国家自然科学奖中，主要看重哪些方面？请您结合工程技术组为我们讲讲。

胡海岩：评审国家自然科学奖最主要是看项目所取得的科学发现及其意义。首先，要看项目是否有原创性发现，这个发现在科学上是否站得住脚。工程技术领域的科学发现与自然科学领域的发现有些不同。物理、化学、天文学、地球科学、生命科学等学科关注大自然，而工程技术科学则关注人工设计和制造的系统，关注设计和制造这些系统中所产生的科学问题。即它关注的科学发现不是大自然中的某种现象，而是人造系统的客观规律。在工程技术组的项目评审中，大家关注这类客观规律的发现，关注所发现的客观规律能否有效利用并取得成效。例如，一个物理发现或化学发现只要有潜在应用就可以，但是工程技术科学的发现则要有实际应用并取得成效。也就是说，工程技术组与其他组不一样的地方在于，其科学发现不仅仅要正确，还要有与工程技术相关的实际意义。

在评审国家自然科学奖中，评委们非常关注代表性论文的学术水平和国

* 本文刊于：中国科技奖励，2012，1，28-30；采访记者叶蕾。

际影响。论文被他人引用次数是个一目了然的指标，但仅仅看这个指标并不能完全说明问题。评审中还要看他人具体引用的内容和评价。比如，要看项目的代表性论文是否获得了他人正面评价，包括有“里程碑”和“重大突破”等评价出现在引用中。

《中国科技奖励》：在评审期间，您所在的组的主要工作有哪些？

胡海岩：国家自然科学奖的评审主要分为三个阶段。第一个阶段是进行网络评议，由国家科学技术奖励工作办公室（以下简称“奖励办”）邀请一些相关专业专家，对项目进行评议打分。根据打分结果，排名靠前的项目进入会议答辩，即专业评审组的初评阶段。我担任组长所负责的就是初评阶段，评审组通过会议评审方式，听取这些项目的答辩，从中遴选出一定比例的优秀项目推荐进入第三个阶段，即国家自然科学奖评审委员会的评审。经过我们遴选推荐的项目，与数学、力学、物理、化学等共 9 个组推荐的项目一起，参加评审委员会审议。

在评审组的初评中，先逐个听取项目完成人的汇报，进行提问和答辩。然后，我们对所有项目进行讨论和比较，对于有疑问的项目则进行细致讨论。最后，进行投票表决。

《中国科技奖励》：您所在的小组初评持续了多久？进入小组初评的项目情况如何？

胡海岩：小组初评一般需要一天时间，若项目多则可能需要一天半时间。

2011 年推荐审报工程技术组的项目比往年多许多。通过各个渠道推荐到工程技术组进行评议的项目有 22 项，经过评议后提交初评的项目是 14 项，据说是国家自然科学奖各个专业组之最。除了项目数量多，项目的分布领域也很广。有些项目属于工程技术领域，还有些项目涉及材料领域、信息领域。这也反映出当前学科交叉发展的趋势。

二、把握尺度，保证公平、公正

《中国科技奖励》：在评审过程中，评审专家怎样把握公正、公平的

《中国科技奖励》：近年来，国家自然科学奖获奖项目的“含金量”如何？有没有出现什么问题？

胡海岩：我担任评委这些年，工程技术组的项目整体质量、学术影响力是提升的。比如，从项目的代表性论文被他人引用次数来看，五年前被他人引用五六百次就算不少了，现在往往有上千次他人引用。从更大范围来看，国家自然科学奖获奖项目的整体质量和学术影响都在逐步提升。

当然，我们不否认也有不良情况发生，例如有的获奖项目有明显的“打包”痕迹。在国家自然科学奖的评审中，需要项目完成人提供围绕项目主题所发表的一组论文，特别是8篇最主要的代表作。评委可以从这8篇代表作被他人引用的次数来大致判断这项研究在国际学术界的影响。为了追求论文被他人引用次数多，有的学者在报奖之前并没有合作，为了报奖而临时合作，我们称这种现象为“打包”。“打包”是一种不良风气，虽然尚不属于抄袭和剽窃，但用“打包”方式去获得奖项有悖于科学家的良知。对于“打包”行为，不仅是工程技术组，而且是整个国家自然科学奖评审委员会都旗帜鲜明地反对。

在评审过程中，我们会看项目内容的内在科学联系、逻辑是不是一个整体。如果项目内容是东一葫芦、西一瓢，依靠一个名字裹在一起，那是经不起推敲的。另外，我们会看几位项目完成人是否曾经联合发表过论文。如果几个项目完成人过去从未联合发表论文，只是为了申报奖励而临时凑到一起，则有“打包”之嫌。对于这类项目，一般经过认真讨论后，投票结果往往会被淘汰了。

《中国科技奖励》：您对基础研究工作者以及有意愿申报国家自然科学奖的人有什么建议？

胡海岩：从事基础研究要有十年磨一剑的精神。如果一项研究做了几年，还不成熟就匆匆报奖，是不太可能获奖的。很多项目没有获奖，就是因为评委认为这个项目还不够成熟。例如，有的理论研究项目尚未形成基本体系或框架，或没有获得实验验证。这时应该再积累几年，等形成一个完整的理论体系并获得实验支持，则认可度就会高许多。另外，希望大家用比较平和的心态来看待自己的工作，等项目在学术界产生了比较重要的影响，再考虑申报。对于工程技术组的项目来讲，最好要经过实践检验，证明该项目的科学发现有真正的用途，再来报奖时大家才会比较认可。

另外，如果有些交叉研究项目可以报工程技术组，也可以报其他组，则建议完成人优先考虑申报其他组。这几年工程技术组的项目太多，学科跨度太大，评审工作量和难度都比较大。

让校训成为大学的精神风骨*

——专访北京理工大学校长胡海岩院士

中国的车轮滚滚向前，引导车轮的是中华民族伟大复兴的核心价值追求。当代中国大学要担当起民族复兴的重任，必须要追求社会主义核心价值，致力于人才培养、科学研究、服务社会、文化传承和创新。贯穿这些使命的一条无形主线是大学精神，而校训，可谓其风骨之精髓。

从育人的训诫之意图到集学校历史文化之精粹而成的一种精神标志，校训自然是大学价值观念的核心，与社会主义核心价值体系的“契合”，使弘扬贯彻校训成为当前高校对社会主义核心价值体系的“脚踏实地”的贯彻落实。为此，记者专访北京理工大学校长胡海岩院士。

记者：您认为北京理工大学的校训与社会主义核心价值观有哪些契合之处？

胡海岩：任何价值观念的形成与凝练，都源于时代对过往历史、文化和传统的高度总结，并融入了当代的追求。中国特色社会主义核心价值体系的形成，正是在继承发扬中华民族优秀文化传统的基础上，总结新中国成立以来的文化建设实践，高度凝练而成的。

北京理工大学的校训是“德以明理、学以精工”，它在发展形成上与社会主义核心价值观是高度契合的。它要求师生要道德高尚，达到以探索客观真理作为己任之境界；还要治学严谨，实现以掌握精深学术造福人类之理想。这个校训，凝练了学校自抗日烽火中诞生，艰苦创业发展，甘做国防基石，与新中国共同成长的心路历程。

“德以明理、学以精工”的校训精神与社会主义核心价值观在教化育人的

* 本文刊于：《人民日报》专家专栏版，文教周刊版，2014-12-31；采访记者赵婀娜。

功能意义上也高度契合。在弘扬社会主义核心价值观的过程中，学校充分挖掘人才培养、科学研究、社会服务和文化传承与创新方面的精神内涵，以育人为第一价值追求，凝练出“团结、勤奋、求实、创新”的校风，“实事求是，不自以为是”的学风，“高远的理想，精深的学术，强健的体魄，恬美的心境”的育人目标和“干部要为教师服务，教师要为学生服务，学校所有工作都要为人才培养服务”的“三服务”工作理念等，形成了比较完备的北理工精神文化体系，体现了学校的精神风骨，铸就了创建高水平研究型大学的精神基石。

记者：学校是怎样通过弘扬校训精神来激励和培养一代代青年学子的？

胡海岩：北理工的校训精神中，一方面蕴涵了自延安建校以来，一代代师生投身抗战建国、献身国防科技、服务国家发展的光荣历史和高尚品格；另一方面体现了北理工人身上务实严谨、追求真理的科学精神，和矢志不渝、勇于探索的开拓精神。学校坚持以社会主义核心价值观为引领，将其内化于校训精神之中，贯穿于校风、教风、学风的建设过程。通过育人模式和手段的创新，切实将弘扬校训精神融入人才培养体系之中，引导学生树立远大理想，明德济世，坦荡做人；鼓励学生投身科学实践，笃学尚行，踏实做事。

学校于 2003 年在全国高校中率先创设“德育答辩”制度，经过十余年的坚持和完善，已经形成贯穿大学 4 年的完备思想教育体系，成为大学生学习和感悟校训精神的重要平台，有效推动了专业教育与思想政治教育、文化素质教育的有机融合。“德育答辩”的全过程始终以校训精神为指引，抓住学生成长的几个关键节点，组织学生制度化、情感化、规模化地不断小结自己在学业、生存、生活、人际交往等诸多层面的成败得失，督促学生自我规划与反思，引导学生感悟大学之道、确立青春坐标、掌控人生航向。

学校始终将“实践育人”作为办学特色来抓。我们认识到：“实践育人”不仅是促进大学生对所学知识进行消化内化、提升综合素质、做到知行合一、自主创新的重要形式，更是引导大学生关注社会、了解国情、放眼世界、树立崇高理想的有效途径。学校强调第一、二课堂的结合，不仅组织学生在校内实验室从事科技创新，而且组织学生开展赴海外著名大学进行项目设计、毕业设计，积极参与“服务西部”和“走一千个村，走一千个企业”等实践活动。学校鼓励学生深入社会、深入基层，开展行业调研、科技推广、企业帮扶、环境保护等活动，将课外实践活动与专业学习、服务社会相结合，将个人发展同国家、社会发展相结合；鼓励学生走出国门看祖国，亲身体会中外差异，深刻理解中华民族伟大复兴任务的艰巨和光荣；鼓励学生在上述实践活动中中践行校训精神，在实践成才的过程中弘扬校训精神。

记者：未来，还将怎样通过校训进一步在校内弘扬社会主义核心价值观？

胡海岩：学校将继续坚持学术为基、育人为本、德育为先，传承延安精神和军工文化，努力将以校训为核心的大学精神发扬光大，夯实北理工立校之本，激励全校师生勤学、修德、明辨、笃实，以培育和践行社会主义核心价值观为总开关，为国家培养具有扎实基础、全球视野和实践能力的拔尖创新人才，为实现两个百年战略目标提供人才和智力支撑。

我们将以校训精神为指引，深化学校育人体制机制改革。积极实施“明精计划”等教育教学改革举措，继续探索拔尖创新人才培养的有效机制；继续鼓励高年级本科生参与科学研究，探索在不同学科领域之间进行协同育人，促进教学与科研相互支撑、相互融合；推进校内评价体系改革，把师德教育植入教学科研活动中，激发教师对人才培养工作的积极性，致力于培养德才兼备、知行合一的优秀人才。

一所大学既要有大学章程为代表的科学规范治理作为制度保障，更要有道德精神层面的价值导向作为精神牵引。我们将紧扣校训中的“德、学”二字，努力实现育人过程的“德学统一”。将坚持以校训精神指导生活、指导工作、指导人生，号召和鼓励师生员工将北理工人的特质、风格和气派带到广阔的奋斗天地中，带到为国效力的事业中，带到社会各行各业中去。

“学”比“大”更重要*

——北京理工大学校长胡海岩院士谈大学之道

9月19日，对北京理工大学(以下简称“北理工”)来说是个特别的日子，很多老校友自发回到母校相聚并探望师长。但除此之外，校园里几乎一切如常。没有盛大的庆典，没有云集的记者，这所被誉为“国防科技高级人才摇篮”的学府低调地迎来75周年华诞。

沉稳、扎实、严谨，是北理工一向给人的印象。但北理工校长胡海岩在接受本报记者访问时所谈及的办学理念，却让人耳目一新：“大学定位中‘学’比‘大’更重要”“解决创新问题应从道德培养着手”“一流大学不是大而全，而是会取舍”。

一、大学是教师与学生的学术共同体

大学的本质是什么？大家可能都会想到以往关于“大师”与“大楼”的讨论。对此问题，胡海岩给出了自己的答案：大学是教师与学生的学术共同体。大学的本质应该落在‘学’上，而不是‘大’上。

胡海岩在就任北理工校长之前，曾担任南京航空航天大学校长多年，对于大学的本质与功能，他已有长期思考。他强调，20世纪末我国高等教育从精英化向大众化转变，很多大学都把精力放在了“大”上，努力争取各种资源，扩大办学规模。这本无可厚非，但走完这一步之后，大学必须把更多精力放在学术追求上。

“对于大学来说，人才培养是最重要的”。胡海岩认为，在人才培养、科

* 本文刊于：《人民日报》专家专栏版，人才版，2015-11-10；采访记者罗旭。

学研究、社会服务、文化传承与创新这四项大学的主要功能中，人才培养是核心，另外三项功能必须与人才培养互动，有利于提高人才培养质量，否则就有损于大学的健康发展。

胡海岩强调，在大学这个“学术共同体”中，教师与学生是利益攸关的两个方面。两者的价值取向，应该高度一致。即教师的工作必须能够促进学生成长，学生的求学亦可提升教师学术水平。

胡海岩坚持，国家社会赋予大学很多种任务，但大学自身要有独立判断，敢于做出正确的取舍。“比如，某些科研项目与人才培养无关，甚至会影响、削弱人才培养质量，那就不应该由大学来承担，而应由其他研究机构去完成”。他说，“再比如，我最反对学生在校学习期间去忙着考各种技能证书。大学是研究高深学问的地方，不是职业技术学院，大学生不应为了就业而追求各种技术技能证书”。

二、敬畏法制与道德才有创新的氛围

自 2010 年起，中国在 SCI 数据库收录的科技论文数量上排名世界第一；2011 年起，中国超越美国、日本成为世界上申请专利最多的国家……这些看似风光无限的世界第一，却没有真正改变我国自主创新能力相对较弱的局面。

很多人都讲，中国的教育出了大问题，导致年轻人创新能力不足。各类高校也纷纷从招生方式、教学模式、课程设置上进行改革探索。对于这个问题，胡海岩既主张积极推进教育教学改革，同时还有自己的看法：“当前我国科技创新能力不尽如人意，原因有很多，但不必怀疑中国人的创造力，而要找准影响国人创造力正常发挥的原因，对症下药”。

首先，他认为，“中国人创新能力不强”这个命题值得深入推敲。美国顶尖科学家有多少是土生土长的？以我所从事的力学学科为例，美国著名大学中的许多顶级中青年学者来自中国。他们在中国接受了大学教育，甚至是研究生教育。中国教育界不应妄自菲薄，而应针对具体问题做具体分析。

胡海岩说，如果去看看人均 GDP 水平、科技人员工资水平与我国大致相当的国家，就会发现我国的科技创新能力已位居前列。我们要有自信心，“两弹一星”就是中国人自己干出来的。我国自主研制的大型预警机，其雷达性能在多方面位居世界领先，而它的总设计师王小谟院士——国家最高科学技术奖获得者，就是北理工的毕业生。在共和国的各个历史时期，北理工都承担了大量国防科技人才培养、技术攻关、产品研制的任务，对国家做出了重要贡献。只是由于涉密原因，有很多突出成果和“第一”不能公之于众。

当然，找原因需要看存在的问题。胡海岩说，现在有些人搞假冒伪劣、网络诈骗的水平和想象力，非常“高明”。例如，在各类考场上出现的作弊工具和通信手段，堪称“世界顶级”。北理工曾承接过北京考试院的任务 — 研究反作弊的信息技术。“我们基于先进的国防科技开展研究，竟发现对手的信息对抗技术相当强，肯定是专业人士所为。由此看来，这些专业人士的创造力不是没有迸发出来，而是用错了地方”。

联想到不断曝光的学术品德事件，比如论文抄袭、科研伦理、数据来源、成果剽窃等，胡海岩认为，当前我国对知识产权保护与尊重的不足所带来的危害，对科技创新的杀伤力非常大。当前全社会对知识产权的保护与尊重不足，许多人作弊、抄袭而没有承担应有的法律责任。照抄别人的东西当然比自己去研究省事，而如果大家发现这么做不会受到惩罚的时候，谁会去潜心研究和自主创新？

“一个社会没有基本法则，便会导致人人都是拿来主义”。他说，“中国不解决最基本的道德约束问题，不可能建立真正规范的学术生态，更不可能成为创新型国家”。

胡海岩说，对当代大学生的成长，他一直在观察和思考。这是伴随着互联网发展成长起来的一代，与父辈相比，他们思想更自由，意识更独立，敢于挑战权威、解构传统，志向理想和人生方式更多样。“我相信，他们能成就比父辈更加精彩的人生。但对于当代大学生来说，如果没有道德底线的坚守，任意乱来的危害将难以预计。尤其是掌握国防技术的大学毕业生，没有道德底线就有可能成为恐怖分子或其他罪犯”。

也正因此，胡海岩坚持北理工把“科研诚信”设为必修课。在 2015 届毕业生典礼上，他这样说：“我更关心的，是你们是否还坚守着对法制和道德的敬畏感，是否真正成长为一个有责任、有爱心、有智慧、有能力的人”。

三、以崇尚科学之心做好脚踏实地之事

一所大学要在世界范围内的竞争中取胜，就必须要有自己的特色。来到北理工后，胡海岩一直在思考如何使学校的特色更加鲜明，他将“创建世界一流理工大学”作为学校的战略发展目标。

“前几年，高等教育界一度重视大学的综合性，对大学的独特性有所忽视”。他说，“社会对人才需求是多元化的，不同大学人才培养目标也不同，不必非得统一思想，要让百家争鸣，允许各校找准自身定位，培养好社会需要的一类或几类人才就行了”。

不同人才要有不同的培养方式。长期以来，北理工特别重视通过实践方式来培养人才，让学生在实践中把课堂知识变成自己的知识，变成活的知识。同时，北理工也十分重视团队精神的培养。“当今时代，重大创新成果不可能是一个人能做出来的”。胡海岩说，“现在已和当年牛顿时期大为不同，成才必须要学会与团队协作”。

此外，胡海岩更看重的是，认真、踏实的作风。关于做科研，一直有一个争论 — 聪明重要，还是认真更重要。胡海岩建议，大家应思考一下二战之后德国是如何重新成为世界科技强国的。当年，德国的一流科技人才基本被美国、苏联“一抢而空”，剩下为数不多的人才担当起了重建世界科技强国的重任。或许他们个体上难以达到世界一流，但德意志民族那种严谨求实的工作作风举世公认，因而战后的德国很快复苏，一跃再次成为世界科技强国。

近年来，从北理工走出了许多青年科学家、发明家、企业家。他们身上，无一不体现出在校期间培养出的优秀品质——志存高远、脚踏实地、专业精湛、真挚朴实。例如计算机学院的年轻毕业生徐一华，在校学习期间打

下宽厚的理论基础，是北理工第一位“微软学者”殊荣获得者。他毕业后在北理工科技园创办的“天准科技”，如今已成功上市，为苹果公司等世界顶级企业提供高端精密测量设备。

“正是有了一大批像王小谟、徐一华这样的优秀学子，北京理工大学才赢得社会的尊重”。胡海岩不止一次对全校学生这样说，“希望你们在未来的道路上，塑造执着，培养坚毅，时刻提醒自己再踏实一些，再认真一些，再严谨一些，以崇尚科学之心做好脚踏实地之事”。

在深圳北理莫斯科大学奠基仪式上的致辞*

尊敬的纳雷什金主席、刘延东副总理，女士们、先生们：

从 2014 年 5 月习近平主席与普京总统共同见证两国教育部签署协议、支持创建中俄合作大学，到今天两国领导人和各位嘉宾为深圳北理莫斯科大学奠基，我们已经历了不平凡的两年。

两年来，我们更加深刻地认识到，人类正处在一个前所未有的新时代，各种文化的交流、碰撞和融合正日益加速和深化。这个时代最需要拥有全球视野、民族责任、现代意识、科学素养的年轻人。培育这样的人才，正是北京理工大学和莫斯科大学的共同使命。两校合作并在深圳市扎根的深圳北理莫斯科大学，将坚定地、责无旁贷地担负起这一历史使命。

深圳北理莫斯科大学的创建，源于两校拥有共同的社会责任和办学理念。莫斯科大学是俄罗斯民族的骄傲，学科门类齐全、学术根基宽厚，享有崇高的办学声誉。北京理工大学诞生于中华民族独立的烽火中，具有鲜明的国防特色、突出的创新能力，正在迈向世界一流理工大学。我们两校均致力于高水平的人才培养、科学研究、社会服务、文化传承和创新，致力于民族的伟大复兴，致力于推动人类的文明和进步。

深圳北理莫斯科大学的创建，是两校面向 21 世纪全面合作的标志性成果。自 20 世纪 50 年代起，北京理工大学就与俄罗斯一批著名大学开展合作，显著提升了办学水平。20 世纪 80 年代以来，学校与包括莫斯科大学在内的 12 所俄罗斯著名高校成为合作伙伴，在学生交换、教师交流、科学研究等方面开展深入合作，并于 2010 年倡导发起了“中-俄-白俄大学联盟”。长期的历史积淀了友谊，深厚的友谊滋养了信任。今日的合作大学，正是诞

---

* 本文系 2016 年 5 月 6 日在深圳北理莫斯科大学奠基仪式上的致辞。

生在这种友谊和信任的牢固基础之上。

深圳北理莫斯科大学的创建，顺应着高等教育国际化的时代潮流。合作大学重点引进俄罗斯大学的优质教育资源，这将为中国高等教育改革和发展提供富有特色的探索和借鉴。合作大学既招收中国学生，还积极招收俄罗斯学生以及“一带一路”沿线国家的学生，为中国与欧亚地区乃至世界高等教育的交流与合作搭建平台。

自深圳北理莫斯科大学筹建以来，两校领导和教授组成的筹建团队深入分析世界高等教育、科学技术、政治和经济的发展态势，拟定了以强强合作模式建设一批体现科学与技术融合、两国文化相互融合的特色学科和专业，目标是将合作大学建设成为一所独具特色的世界一流综合性大学。

我衷心感谢支持合作大学建设的两国领导人、两国政府部门，特别感谢深圳市人民政府为合作大学提供的优质办学条件，感谢每一位关心和支持合作大学的社会各界的朋友们。

我深信，在这个环境优美、融合多元文化的校园里，来自世界各地的教育同仁将汲取两校精华、博采世界众长，立足深圳创新人才培养，明理求真成就学生未来。谢谢大家！

在深圳北理莫斯科大学开学典礼上的致辞*

尊敬的刘延东副总理、格洛杰茨副总理、萨多夫尼奇校长，各位领导和来宾，老师们、同学们：

首先，我代表北京理工大学祝贺深圳北理莫斯科大学开学，感谢各位领导和来宾对这所中俄联合大学的鼎力支持！

北京理工大学诞生于第二次世界大战的烽火之中，在民族危亡之际凝聚了一批有志青年。他们在艰苦的环境中立志救国、发奋图强，打下了坚实的学术基础。战争胜利后，他们中的优秀代表赴苏联留学深造，接受跨中俄文化的滋养和培育，成长为国家栋梁。在他们中，有杰出政治家、中华人民共和国总理李鹏先生，有杰出工程师、“中国核潜艇之父”彭士禄院士，有杰出企业家、东方电气集团创始人丁一先生。他们为中俄两国在教育、科技、文化等领域的合作做出了重要贡献。他们早年播下两国友谊的种子，让我们今天迎来了深圳北理莫斯科大学这枚中俄合作的硕果。

深圳，是中国改革开放的前沿，是多种文化交融共生的典范，是深圳北理莫斯科大学的理想栖息之地。筹建三载，同道者相助相济，不忘初心，砥砺前行。这所正在拔地而起的大学，已成为北京理工大学和莫斯科大学历史的一部分，成为深圳历史的一部分；而她的未来，则将寄托在每一位学子身上。

我希望，同学们在这里融会两国文化之精髓，继承两校精神之风尚，创新自我发展之格局。期待着你们在未来四年中努力学习，快乐生活，修身治学，勇争一流，他日成为母校最为耀眼的荣光。

最后，预祝深圳北理莫斯科大学一切顺利，祝各位领导和来宾万事如意！谢谢大家！

---

* 本文系 2017 年 9 月 13 日在深圳北理莫斯科大学开学典礼上的致辞。

在北京理工大学校长任免大会上的讲话*

首先，我衷心拥护党中央、国务院的决定，向新任校长张军同志表示衷心祝贺！

在卸任北京理工大学校长之际，我深深地感谢国家和人民对我的培养，使我从40年前的工人成长为恢复高考、建立学位制度后的首批学士、硕士和博士，20年前又走上高校领导岗位。我深深地感谢党中央、国务院对我的信任，赋予我北京理工大学校长的历史使命。我有幸在这个岗位上工作了10年零4个月，成为改革开放以来学校任职最久的校长，推动和见证学校进入世界一流大学建设行列。

与此同时，我深深地感谢与我共事过的所有学校领导，特别是四任党委书记焦文俊同志、郭大成同志、张炜同志和赵长禄同志！感谢全校师生员工、老领导、离退休教职工和广大校友！是你们的爱校情感和大力支持，使我拥有了不断进取、勤奋工作的力量。是你们的努力，成就了学校的事业发展。

10年来，我和同志们一起贯彻党的教育方针，汲取徐特立教育思想精髓，提出并坚持"学术为基、育人为本、德育为先"的办学理念，探索符合教育发展规律的办学道路，推动学校事业发展和改革。10年来，学校培育优秀人才，产出优秀成果，服务国家需求，综合实力和办学水平显著提升，奠定了建设世界一流大学的基础。作为这段不平凡历史发展的推动者和见证者，我为北京理工大学而自豪！

刚才，中共中央组织部、工业和信息化部、中共北京市委的领导同志高度评价了学校近年来的工作，并给予我肯定、鼓励和鞭策。我深知自己与国

---

* 本文系2017年12月26日在北京理工大学校长任免大会上的讲话。

家、人民和全校师生员工对校长的期盼相距甚远，工作中留下不少遗憾，我深表歉意，恳请大家的理解和宽容！

此时此刻，使我感到特别高兴的是，张军同志将肩负起北京理工大学校长的使命。张军同志是从优秀学者成长起来的著名大学党委书记，具有社会主义政治家、教育家的素养，具有深厚的学术造诣和丰富的管理经验。我相信，长江后浪推前浪，张军校长一定会和赵长禄书记通力合作，履行好校长职责，开创学校工作的新局面。

抚今追昔，北京理工大学的“延安根、军工魂”已经融入我的血脉。今后，我将铭记“德以明理、学以精工”的校训，回到教师岗位上为学校建设和发展继续贡献力量。

最后，衷心祝愿北京理工大学在新时代创造新辉煌，早日建设成为世界一流大学。谢谢大家！

后　　记

今年，北京理工大学迎来80周年华诞。她是中国共产党创建的第一所理工科高校，是新中国第一所国防工业院校，也是新中国成立后国家历批次重点建设的大学。2007年8月—2017年12月，我有幸担任北京理工大学校长，与全校师生员工共同推动学校建设和发展，见证学校步入创建世界一流大学的新阶段。

为了庆祝学校80周年华诞并为学校发展留下史料，姚利民、林杰、肖雄、张博等几位和我一起工作过的同事利用业余时间，将我任校长期间从事高校管理工作的论文、报告、讲话、致辞、访谈等进行遴选和整理，编纂成这本《知理善工集——大学建设的思考与实践》。在此，我由衷致谢他们的辛勤工作！

在这本文集中，有许多受校党委委托作的报告和讲话。它们体现了校党委的办学思想和工作实践，汇集了全校师生员工的集体智慧。在此，我由衷感谢一起共事过的学校领导同志，特别是四任党委书记焦文俊同志、郭大成同志、张炜同志和赵长禄同志！感谢全校师生员工、老领导、离退休教职工和广大校友！

最后，特别感谢北京理工大学的杰出校友、全国人大常委会委员、教科文卫委员会副主任委员、中国高等教育学会会长杜玉波同志为本书作序！

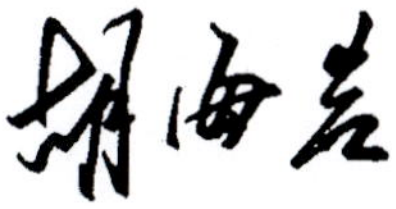

2020年7月